Dirk Reiche / Rainer Wietstock / Klaus Wolf
Von der Mitbestimmung zur Mitgestaltung

Hans **Böckler**
Stiftung ■■□

Diese Publikation entstand mit Unterstützung der
Hans-Böckler-Stiftung

Dirk Reiche / Rainer Wietstock / Klaus Wolf

Von der Mitbestimmung zur Mitgestaltung

Handbuch zum Aufbau proaktiver, professioneller und profitabler Betriebsratsarbeit

Bibliografische Information der Deutschen Nationalbibliothek
Die Deutsche Nationalbibliothek verzeichnet diese Publikation in der
Deutschen Nationalbibliografie; detaillierte bibliografische Daten sind im Internet über
http://dnb.d-nb.de abrufbar.

Schüren Verlag GmbH
Universitätsstr. 55 · D-35037 Marburg
www.schueren-verlag.de
© Schüren Verlag 2019
Alle Rechte vorbehalten
Gestaltung: Erik Schüßler
Umschlaggestaltung: Annette Reiche, changes-design
Bildlizenzen: 50605096 © alphaspirit/ 56971803 © style-photography.de/ 12998228
© Sylwia Nowik @ www.fotolia.com
Druck: Westermann, Zwickau
Printed in Germany
ISBN 978-3-7410-0264-9

Inhalt

Danksagungen   7

Lesehinweis   8

Vorwort von Jörg Hofmann und Christiane Benner   9

Einführung   11

Das «Haus der Entwicklung»   15

Teil 1 Der Bauplatz   19

1 Der Betriebsrats-Check   19

2 Proaktiv, professionell und profitabel   21

3 Grundlegende Werkzeuge am Bauplatz   25

Teil 2 Der Hausbau   39

1   Das Fundament   39

1.1   Leitbild   41
1.1.1 Wer sind wir und wo wollen wir damit hin?   41
1.1.2 Ein Leitbild erstellen und nutzen   45
1.1.3 Beispiele aus den Betrieben   48

1.2   Strategie   52
1.2.1 Was ist der beste Weg?   52
1.2.2 Strategisch denken und handeln   58
1.2.3 Versuchen wir das Unmögliche!   62

1.3   Miteinander   66
1.2.1 Wie wollen wir miteinander umgehen?   66
1.2.2 Gemeinsam handeln lernen   73
1.2.3 Ohne Spaß kein Erfolg!   79

2   Die Wände   81

2.1   Gremium   82
2.1.1 Weiß die rechte Hand, was die linke tut?   83
2.1.2 Arbeitnehmer professionell vertreten   88
2.1.3 Von den Besten lernen   99

2.2	**Bereichsbetreuung**	106
	2.2.1 Für wen arbeiten wir?	106
	2.2.2 Herz und Kompetenz zeigen	107
	2.2.3 Der Dienst am Kollegen	113
2.3	**Ausschuss- und Projektarbeit**	114
	2.3.1 Wie machen wir uns das Leben leichter?	114
	2.3.2 Der eigenen Kompetenz vertrauen	117
	2.3.3 Denn sie wissen, was sie tun	121
3	**Das Dach**	126
3.1	**Öffentlichkeitsarbeit**	127
	3.1.1 Wie wollen wir wahrgenommen werden?	127
	3.1.2 Uns selbst darstellen	133
	3.1.3 Nichts ist so sexy wie Erfolg!	135
3.2	**Kommunikation**	138
	3.2.1 Wie wollen wir uns einander verständlich machen?	138
	3.2.2 Real zuhören und prägnant reden	141
	3.2.3 Konflikte und Lösungen	145
3.3	**Sondereinsätze**	157
	3.3.1 Wie meistern wir besondere Herausforderungen?	157
	3.3.2 Veranstaltungen mit Leben füllen	159
	3.3.3 Bei uns kann jeder mitgestalten	162
Teil 3	**Die Nachbarn**	165
1	**Das Unternehmen**	166
2	**Die Gewerkschaft**	176
3	**Die Region**	184
	Anhang	189
	Literatur	189
	Autoren	190

Danksagungen

Allen Betriebsratsgremien
mit denen wir in den vergangenen zehn Jahren zusammenarbeiten konnten.
Jedes einzelne Gremium hat auf seine Art zum Gelingen dieses Buches beigetragen, durch die praktische Erprobung der vorgestellten Ansätze, gute
Ideen, praktische Beispiele und viel Inspiration.

Ana Kreysing
Für Lektorat und Textcoaching

Annette Reiche
Für Umschlagsgestaltung und Grafiken

Hans-Böckler-Stiftung
Für finanzielle und logistische Förderung

Johannes Saß
Für Anstoß und Umsetzungsbegleitung

Jupp Bechtel
Für seine Anregungen und seine fortlaufende Unterstützung im vorangegangenen «Bosch-Projekt», auf dessen Basis dieses Buch entstanden ist

Und der Intelligenz des Lebens
Die uns den Verstand gab, neue Möglichkeiten zum Mitgestalten auszuloten,
das Herz gab, uns dafür zu engagieren und die Hände gab, sie in diesem Buch
auszuformulieren.

Lesehinweis

Im Sinne einer guten Lesbarkeit werden in diesem Buch Rollenbezeichnungen (Arbeitnehmer, Kollegen, Betriebsräte, etc.) häufig im Plural geschrieben, der für diese Rollen eine geschlechtsneutrale Formulierung zulässt. Auf eine Doppelnennung beider Geschlechter wird verzichtet. Wird dennoch die männliche Form im Singular gewählt, so ist immer auch die Betriebsrätin, die Kollegin oder die Arbeitnehmerin mit einbezogen und angesprochen.

Vorwort
von Jörg Hofmann und Christiane Benner

Die deutsche Industrie steht angesichts von beschleunigter Globalisierung, Digitalisierung, neuen Mobilitätskonzepten, rasanten technologischen Entwicklungen, Energiewende und demografischem Wandel vor großen Herausforderungen. Trotz dieser weitreichenden Zukunftsthemen dominieren in weiten Teilen der Wirtschaft Wettbewerbsstrategien, die sich eher an kurzfristigen Gewinnzielen als nachhaltiger Unternehmensentwicklung orientieren. Missbrauch von Leiharbeit und Werkverträgen, Unterschreitung von Arbeitsstandards oder Verschwendung von Ressourcen und Innovationspotential durch fehlende langfristige Investitionen gefährden mittelfristig unsere Wettbewerbsfähigkeit und gute Arbeit.

Für die IG Metall steht fest, dass wir diesen Herausforderungen nicht durch einen Wettbewerb um die niedrigsten Kosten, sondern nur durch eine stetige Verbesserung von Prozessen und Produkten begegnen können. Zur langfristigen Lösung dieser Probleme benötigen wir intelligente Alternativen, um die Innovationsfähigkeit unserer Unternehmen von Grund auf zu stärken. Nur mit einem ganzheitlichen Verständnis von Innovation, in dem sämtliche Fähigkeiten der Beschäftigten sich auf breiter Linie entfalten können, wird das gelingen. In unserem Verständnis ist Arbeit die Quelle von Wertschöpfung, Zufriedenheit und Gesundheit. Arbeit hört dann auf, nur ein Kostenfaktor zu sein – sie wird zu guter Arbeit. Damit liegt der Schlüssel für die Zukunftsfähigkeit eines Unternehmens im Zusammenspiel der strategischen, technologischen, organisatorischen und sozialen Kompetenzen aller Beteiligten.

Unserem Anspruch, die Arbeit von morgen im Interesse der Beschäftigten zu gestalten, werden wir dann gerecht, wenn wir auf allen gewerkschaftspolitischen Gestaltungsebenen unseren Einfluss geltend machen und uns aktiv am Innovationsgeschehen beteiligen. Betriebsräte, Vertrauensleute und die Arbeitnehmervertreter in Aufsichtsräten müssen deshalb gemeinsam noch stärker all ihre Möglichkeiten ausschöpfen. Dies gilt besonders für die vor uns liegende Transformation durch Digitalisierung und neue Antriebstechnologien.

Das bedeutet für uns, dass wir gemeinsam auf der strategischen Ebene mit eigenen Ideen Alternativen zu Managementstrategien entwickeln. Die aktive

Einbindung aller Arbeitnehmerinnen und Arbeitnehmer, ihr Einmischen in das Unternehmensgeschehen wird dabei mitentscheidend sein für die Innovationskraft und die industrielle Standortentwicklung der Bundesrepublik Deutschland. Dies erfordert einen zusätzlichen Handlungsspielraum für die Arbeitnehmervertreter, den sie durch die Festigung und den Ausbau ihrer betrieblichen Verankerung, die Stabilisierung und Modernisierung ihrer Organisationsstrukturen und eine bessere mediale Profilierung erreichen können.

Das vorliegende Buch bietet Ansatzpunkte für Betriebsräte, ihre Gremienarbeit in diesen Feldern zu stärken. Es unterstützt bei der systematischen Erfassung der internen Prozesse und Abläufe und beschreibt Ideen zu einer strukturierten Anpassung an die modernen Herausforderungen.

Als Handbuch für die Praxis liefert es Methodik, Beispiele und Vorschläge für Veränderungsprozesse. Die Kombination aus der Außensicht zweier Berater und der Innensicht eines Betriebsratsvorsitzenden ergibt eine gelungene Mischung aus Herzblut, theoretischem Know How und praktischer Machbarkeit. Es lädt von ganzem Herzen dazu ein, neue Herangehensweisen auszuprobieren und die Innovationskraft in den eigenen Reihen zu stärken.

Wir wünschen allen Betriebsräten viel Freude bei der Arbeit mit diesem Buch und damit einhergehend eine spürbare Erleichterung bei der Umsetzung von mehr Mitgestaltung im Unternehmen.

Jörg Hofmann   Christiane Benner
Erster Vorsitzender   *Zweite Vorsitzende*
der IG Metall   *der IG Metall*

Einführung

Kürzlich wollte ein befreundeter Trainer aus den USA wissen, was Betriebsräte seien und wie das System der Mitbestimmung in Deutschland funktioniere. Wir berichteten ihm über Wirkungen und Erfolge der Mitbestimmung in deutschen Unternehmen; erzählten ihm von den vielen Betriebsräten, die mit Courage, Einsatz, Stehvermögen und Menschlichkeit für die Kollegen und ihr Unternehmen Unmögliches möglich machten. Nach unseren Ausführungen fragte er uns: «Nimmt man sie als Helden der Arbeiterschaft wahr?»

Helden? In guten Actionfilmen sind Helden oft gewöhnliche Leute, die in ungewöhnlichen Situationen weit über sich hinauswachsen und Unmögliches möglich machen. Im Laufe unserer Arbeit haben wir eine ganze Reihe von Betriebsrätinnen und Betriebsräten kennengelernt, die solche Heldentaten vollbracht haben. In der breiten Öffentlichkeit nimmt man sie leider nur sehr selten wahr, meist sind sie nur in ihrem Unternehmen bekannt und geschätzt. Jedoch haben alle unsere Heldinnen und Helden komplexe Managementaufgaben bewältigt, obwohl sie weder Betriebswirtschaft, Ingenieurswissenschaften, Jura noch Rhetorik studierten. Oft sind es Menschen mit einfacher Ausbildung, die ihren hochrangigen Verhandlungspartnern lediglich mit gesundem Menschenverstand, dem Gespür für die Realität an der Basis und nächtelangem Aneignen von nötigem Know-how sehr gute Lösungen abgerungen haben. So fuhr der gelernte Maschinenschlosser eines Automobil-Werkes zur Verhinderung von Massenentlassungen gemeinsam mit seinem Personalleiter zum Arbeitsamt, um Kurzarbeit zu beantragen. Seine Berufskollegen aus einer Maschinenfabrik bewahrten mit viel Witz und Basiswissen ein Viertel der Belegschaft vor dem sicheren Stellenabbau – das Unternehmen war beim Wiederaufschwung heilfroh, über diese Kräfte verfügen zu können. Ein Stahlarbeiter bewahrte gemeinsam mit seinen Kollegen in beispiellosem Einsatz ein ganzes Stahlwerk vor dem sicheren Aus und machte es sogar zum Best-Practice-Beispiel seines Konzerns. Eine ehemalige Bandarbeiterin rettete mit ihrer Umsicht und Ausdauer, ihrem Herz und unter enormen persönlichen Opfern – nunmehr als Betriebsratsvorsitzende an der Spitze ihrer Kollegen stehend – das Werk eines Haushaltsgeräteherstellers vor der Schließung und bewahrte damit eine ganze Region vor dem Niedergang. Ein einfacher Werkzeugmacher führte, gemeinsam mit seinen Kollegen, den größten Arbeitgeber seiner strukturschwachen Region aus der beschlossenen Schließung heraus, in dem er diese Region gemeinsam mit den Gewerkschaften, Kirchen, allen Parteien, Landräten und Landfrauen zum «Aufstand» brachte. Heute schreibt dieses Werk satte schwarze Zahlen und ist eingebettet in die Zukunftsregion Elektromobilität des Landes Bayern.

Wir könnten diese Liste unserer Helden noch einige Seiten weiterführen. Darüber hinaus ließen sich unzählige weniger spektakuläre Heldentaten anführen: Die vielen jungen Menschen, die ihre Zukunftschancen dem vorausschauenden Ringen der Betriebsräte um jeden einzelnen Ausbildungsplatz verdanken; die vielen Konflikte an den verschiedensten Stellen im Unternehmen, die durch das beherzte Eingreifen von Betriebsräten gelöst werden konnten; der weitsichtige Vorstand, der keine wesentliche Entscheidung fällt, ohne sich vorher mit seinem Betriebsratsvorsitzenden beraten zu haben, weil er dessen praktischem Urteilsvermögen vertraut.

Die hier genannten Betriebsräte sind weit über das Maß der gesetzlichen Mitbestimmung hinausgegangen, denn mit der normalen Mitbestimmung alleine hätte kein einziges der oben genannten Unternehmen gerettet werden können. Sie sind aufgestiegen in die Königsklasse der Mitbestimmung: die Mitgestaltung. Sie haben begriffen, dass die globalisierte Unternehmenswelt so komplex geworden ist, dass man die Gestaltung des Unternehmens nicht mehr nur den Managern alleine überlassen kann. Selbst die besten Manager verlieren manchmal die Bodenhaftung, haben nicht die notwendige Orientierung oder verfügen nicht über ausreichende Informationen über das, was an der Basis ihres Unternehmens tatsächlich vor sich geht.

Diese Arbeitnehmervertreter haben verstanden, dass sie inmitten häufiger Führungswechsel oft die einzige Konstante sind, an der sich der Betrieb in manchen Fällen ausrichten kann. Vor allem in Konzernen wechseln Manager meistens nach wenigen Jahren zur nächsten Führungsaufgabe in andere Konzernteile und verlieren dadurch nicht selten den Bezug zu den längerfristigen Auswirkungen ihrer Führungsentscheidungen. Dann sind auf einmal die Betriebsräte die Einzigen, die voll und ganz für den Standort mit seinen Beschäftigten, mit seinen Besonderheiten, Werten, seiner Identifikation und mit der dahinterliegenden Region einstehen. Sie sind diejenigen, die seit Jahrzehnten um die Ecken und Kanten ihrer Fabrik wissen, ein vitales Interesse am Wachsen und Gedeihen «ihrer» Firma und an jedem Einzelnen in dieser Firma haben. Sie kennen ihre «Pappenheimer» genau, wissen, dass nicht alle Kollegen und Kolleginnen Heilige sind und sie helfen auch gerne dabei, neue Führungskräfte in die Besonderheiten der Firma «einzulernen». Mit ihrem Wissen können sie enorme Potenziale in der Firma heben, wenn sie gefragt werden. In Krisenzeiten tun sie genau das auch ungefragt und liefern dadurch entscheidende Hinweise zu nachhaltigen Lösungen für die Arbeitnehmer und das Unternehmen.

Die Mitbestimmung alleine reicht in den modernen komplexen Gemengelagen schon lange nicht mehr aus, um Standorte zu erhalten und dadurch auch die Interessen der Arbeitnehmer langfristig wahren und sichern zu können. Die Mitgestaltung ist zur Standortfrage geworden. Wohl und Wehe der Arbeitnehmer hängen immer stärker davon ab, wie aktiv sich der Betriebsrat in die Gestaltung seines Betriebes mit einbringt.

Betriebsräte haben Mitgestaltung in der Vergangenheit häufig teuer erkauft: mit Vorwürfen des Co-Managements oder gar «von denen gekauft zu sein»; mit der Mit-Verantwortung für schwerwiegende unternehmerische Entscheidungen und daraus resultierenden schlaflosen Nächten sowie persönlichen Anfeindungen aus der Belegschaft; mit Spaltungen in den eigenen Reihen; mit einem enormen persönlichen und zeitlichen Einsatz, der Familien, Freundschaften und auch die eigene Gesundheit an den Rand des Erträglichen brachte.

Unser Anliegen ist es mit diesem Buch, engagierten Betriebsräten ihren enormen Einsatz zu erleichtern, in dem sich ihr Team besser aufstellt und ausrichtet, Arbeit sich gleichmäßiger verteilt und alle Teammitglieder aus einem gemeinsamen Verständnis für die Bedeutsamkeit ihrer Arbeit schöpfen können. Wir möchten dazu beitragen, dass Freude einen größeren Anteil an guter Betriebsratsarbeit bekommt und Betriebsräte sich auch im herausfordernden Mitgestaltungsgeschäft vor allem eines bewahren können: Spaß an der Arbeit. Das ist für uns kein Luxus, sondern die Voraussetzung für das erfolgreiche Gelingen von Mitgestaltung, ohne dabei auszubrennen. Denn nur auf diese Art lässt sich der weitverbreiteten Freudlosigkeit in vielen Unternehmen ein Kulturwandel entgegensetzen, der vom Betriebsrat ausgehend ein ganzes Unternehmen menschlicher macht. Nur so lassen sich unkonventionelle Lösungen finden.

Da Betriebsräte oft das Spiegelbild ihrer jeweils vorherrschenden Unternehmenskultur sind, wirkt sich ein Wandel in ihrer eigenen Betriebsratskultur auf das ganze Unternehmen aus. Wir haben im Laufe der Jahre eine Reihe von Beispielen dafür erlebt. Wenn es Betriebsräten gelingt, in ihrer Arbeitskultur mehr Respekt, Wertschätzung, Beteiligung und Proaktivität zu leben, dann haben sie die besten Chancen, diese Werte im Unternehmen zu verstärken und dadurch Mitgestaltung bei wichtigen unternehmerischen Weichenstellungen zu erleichtern. Inmitten von Globalisierungsängsten, zunehmender Komplexität von Unternehmensprozessen und der wachsenden Unsicherheit gegenüber immer kurzzyklischeren Märkten bleiben uns diese Werte als einzige Stützen und Differenzierungsmöglichkeiten im internationalen Wettbewerb. Sie sind kein Luxus, sondern elementare Standortfaktoren.

Mit diesem Beitrag erheben wir keinen wissenschaftlichen Anspruch. Wir sind keine Wissenschaftler. Dieses Buch ist eine Bedienungsanleitung, die von Mechanikern geschrieben wurde, der eine davon gelernter Automechaniker, der andere Mechaniker aus Leidenschaft und der dritte ein Elektromechaniker. Auf die gleiche Art, wie gute Mechaniker mit einem Gespür für die Sache anderen Menschen technisch weiterhelfen können, kann dieses Buch von großem Nutzen für die Betriebsratsgremien sein, die Unternehmensgeschicke aktiv mitgestalten wollen. Es ist eine Bedienungsanleitung, die einfach und nachvollziehbar ist. Ihre praktische Anwendung führt zum Erfolg. Sie beschreibt für freigestellte und nichtfreigestellte Betriebsräte über die Dauer von einer Amtsperiode einen systematischen und strukturierten Entwicklungsweg, dessen Ziel die praktische Machbarkeit von Mitgestaltung ist. Zudem schreiben wir über nichts, was wir nicht aus eigener Erfahrung kennen und das belegbar praktisch funktioniert.

Das vorliegende Buch in der Hand, hätten wir uns gewünscht, etwas Vergleichbares schon zu Beginn unserer Arbeit mit Betriebsräten gehabt zu haben. Sehr oft wurden wir im Laufe der Jahre nach einem Programm zur systematischen, strukturierten und ganzheitlichen Entwicklung von Gremien gefragt. Mit dem «Haus der Entwicklung» legen wir ein solches Programm vor und wünschen allen Beteiligten viel Freude und Anregung beim praktischen Ausprobieren.

Freiburg im Breisgau, im Februar 2019
Dirk Reiche, Rainer Wietstock und Klaus Wolf

Das «Haus der Entwicklung»

In vielen deutschen Unternehmen findet ein Umbruch statt, infolge dessen die betriebliche Situation sich stark verändert. Durchläufe sind schneller geworden, Entscheidungen müssen bei höherer Komplexität schneller getroffen werden und allen Beteiligten wird ein großes Maß an Flexibilität abverlangt. Außerdem handeln Unternehmen heute global, mit all den bekannten Auswirkungen für Gewinnerwartung und Arbeitsplatzsicherheit. Das Management wechselt zudem schneller, was wiederum den Betriebsrat zur einzigen Konstante, zum einzigen Fürsprecher für ein bestimmtes Werk mit seinen daran hängenden Arbeitsplätzen macht.

Wollen die Betriebsräte dieser Entwicklung nicht hilflos ausgeliefert sein, sondern weiter gute Arbeit leisten, dann müssen sie sich selbst weiterentwickeln. Sie müssen sich professionalisieren, proaktiv-gestaltend wirken und profitabel arbeiten, um auf Augenhöhe mit der Unternehmensführung verhandeln zu können. Ein bloßes Verwalten des Mitbestimmungsrechts reicht heute in vielen Fällen nicht mehr aus. Mitgestaltung ist das Gebot der Stunde.

Im Rahmen unserer langjährigen Arbeit in und mit Betriebsratsgremien, Personalräten, Gewerkschaften und Vertrauenskörpern haben wir diese Entwicklung sehr eng mitverfolgt. Dabei arbeiten wir sowohl in den Werken und Niederlassungen großer Konzerne, wie Daimler, Bosch oder John Deere als auch mit Gremien in mittelständischen Unternehmen. Das vorliegende Buch beschäftigt sich nicht mit rechtlich-formalen Themen, wie z. B. «Meine Rechte und Pflichten als Betriebsrat», sondern filtert die Faktoren erfolgreicher Betriebsratsarbeit aus unseren Erfahrungen, «Best-Practice-Beispielen» und inspirierenden Erlebnissen heraus. Dieses Buch ist ein Handbuch, mit dessen Hilfe sich eine Arbeitnehmervertretung zu einem «modernen», schlagkräftigen Team entwickeln kann, das in den Bereichen Team, Struktur, Strategie und Vision gut aufgestellt ist. In unserer Arbeit unterstützen wir Gremien darin, sich auf diesen Gebieten zu professionalisieren, proaktiv-gestaltend zu wirken und profitabel zu arbeiten. Gleichzeitig sind uns die Themen Wertschätzung und gutes Miteinander im Gremium und im Betrieb ein zentrales Anliegen.

Die zündende Idee zum Aufbau dieses Handbuchs stammt aus dem Qualitätsmanagement, wo der Begriff «Haus der Qualität» weiten Eingang in den betrieblichen Alltag gefunden hat. Über das «Haus der Qualität» können sämtliche Prozesse des Qualitätsmanagements erfasst, bewertet, standardisiert und verbessert werden.

Basierend auf dem häufig von Betriebsräten geäußerten Wunsch nach einer systematischen und strukturierten Verbesserungsmöglichkeit ihrer Arbeit stellen wir mit dem «Haus der Entwicklung» ein allgemein übertragbares System zur Stärkung von Arbeitnehmervertretungen im Betrieb zur Verfügung. Behandelt werden sämtliche Prozesse, mit denen Arbeitnehmervertretungen im Betrieb zu tun haben. Erstmals werden diese Vorgänge hier in ihrer Gesamtheit erfasst und bewertet, um daraus konkrete und punktgenaue Ansätze für eine systematische Weiterentwicklung des Gremiums abzuleiten.

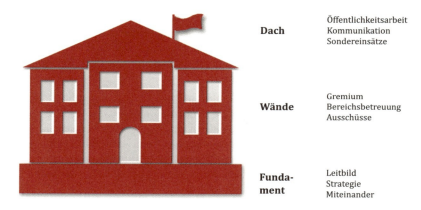

Dach	Öffentlichkeitsarbeit Kommunikation Sondereinsätze
Wände	Gremium Bereichsbetreuung Ausschüsse
Fundament	Leitbild Strategie Miteinander

Auf dieser Grundlage können Betriebsräte systematisch und strukturiert am Ausbau ihres bestehenden Hauses arbeiten. Prozesse können transparent abgebildet und die Strukturen klar zugeordnet werden. Der Hausbau ist auf eine Amtsperiode angelegt und geschieht ein Teil nach dem anderen. Je besser die Grundlagenarbeit getan wurde, umso stärker, durchsetzungsfähiger und attraktiver ist das «Haus der Entwicklung», und damit der Betriebsrat.

Bevor das Haus jedoch gebaut werden kann, muss erst einmal der Bauplatz, also das bestehende Umfeld des Betriebsrats im einzelnen Unternehmen untersucht werden. Dazu stellen wir im ersten Teil des Buches einige Werkzeuge vor, wie zum Beispiel den «Betriebsrats-Check». Hiermit können die optimalen Rahmenbedingungen für das anstehende Bauvorhaben geschaffen werden.

Im zweiten Teil des Buches widmen wir uns dem Bau des «Hauses der Entwicklung» und zeigen anhand vieler Beispiele an welchen Stellen sich Gremien jeweils am besten weiter entwickeln können. Wir beleuchten, wie sie sich die günstigsten Rahmenbedingungen schaffen können, welche Strategien Erfolg versprechen und wie der Spaß an der Betriebsratsarbeit erhalten bleibt. Durch die strukturierte Verbesserung einer Vielzahl von einzelnen Prozessen entsteht ein solides Haus mit einem tragfähigen Fundament (Leitbild, Strategie, Miteinander), stabilen Wänden (Strukturen, Zusammenarbeit, Prozesse) und einem wetterfesten Dach (Öffentlichkeitsarbeit, Kommunikation, Sondereinsätze).

Im dritten Teil beschäftigen wir uns mit den anderen Teilnehmern des betrieblichen Geschehens, dem Unternehmen selbst, der Gewerkschaft und der Region. Dieser Buchabschnitt beschreibt vor allem, wie Gremien mit dem Maximum an Mitgestaltung auf diese Einflüsse einwirken können.

Mitgestaltung ist kein Luxusgut. Auf lange Sicht gesehen ist sie ein entscheidender Baustein zur Sicherung der Zukunftsfähigkeit für die deutsche Wirtschaft. In einer globalisierten Welt, in der Wettbewerbsvorteile vor allem durch noch billiger, noch schneller, noch austauschbarer erzielt werden, ist die Mitgestaltung das einzige Alleinstellungsmerkmal, das tatsächlich in der Lage ist, die weltweit größten ungenutzten Ressourcen zu erschließen: die Köpfe und Herzen der Mitarbeiter.

Möge dieses Buch einen Beitrag dafür leisten, Arbeitnehmervertretungen ihre Weiterentwicklung zu erleichtern, sie zu stärken und ihnen langfristig ihre Gesundheit und ihre Freude an der Betriebsratsarbeit sicherzustellen.

Teil 1
Der Bauplatz

«Jeder Schritt ‹Über-die-Linie› ist ein Fortschritt.»
Ullrich Zinnert

Jeder Hausbau wird von vielen Faktoren beeinflusst, die mit den Wünschen des Bauherren in Einklang gebracht werden müssen. Eine entscheidende Rolle spielt die Beschaffenheit des Bauplatzes. Der Architekt muss zum Beispiel klären, ob es Altlasten auf dem Grundstück gibt, wie zugänglich das Gelände für Maschinen und Materialtransporte ist und wie die Häuser der Nachbarn beschaffen sind. Ohne eine solche gründliche Analyse wird man an dem späteren Haus wenig Freude haben.

Die Bearbeitung des Grundstücks

Dasselbe Prinzip gilt auch für den Bau des «Hauses der Entwicklung». Für die Analyse des Bauplatzes im Unternehmen haben wir einige sehr effektive Werkzeuge entwickelt, die wir im ersten Teil des Buches vorstellen werden.

1 Der Betriebsrats-Check

Wenn wir mit Betriebsratsgremien am Aufbau des «Hauses der Entwicklung» arbeiten, können wir oft nicht auf der grünen Wiese planen und die optimale Gestaltung auf Anhieb verwirklichen. Wir stoßen überall auf langjährig gewachsene Strukturen, Abläufe und Kulturen des Miteinanders. Es gibt oft eine breite Streuung von Wissen und Fähigkeiten im Gremium und höchst unterschiedliche betriebliche Voraussetzungen. Bei den meisten Gre-

Untersuchung der vorhandenen Substanz

mien gleicht diese Arbeit eher einer Altbausanierung als einem Neubau. Das Bestehende muss auf seine Tragfähigkeit und Erweiterungsmöglichkeiten hin untersucht werden. Die Bausubstanz, Heizung und Leitungen müssen gegebenenfalls erneuert werden.

Ausgangspunkt für die Sanierung ist eine fundierte strukturelle Bewertung des bestehenden Systems in einer Arbeitnehmervertretung. Wir haben diese Analyse über die Jahre hinweg verfeinert bis zum heutigen «Betriebsrats-Check». Hierbei wird die Beschaffenheit der einzelnen Prozesse im Hinblick auf ihren Nutzen für Betriebsräte und deren Wähler hin untersucht. Der Check liefert uns präzise Angaben über die Stellen, an denen Betriebsräte sich mit einfachen Mitteln die Arbeit erleichtern können, wenn sie dort mit ihrer Entwicklung ansetzen.

Bewertung der eigenen Arbeit in allen Aspekten

Einen Vorgeschmack auf die im Betriebsratscheck gestellten Fragen ist im Anhang dieses Buches zur Verfügung gestellt. Hier haben wir Fragen gesammelt, die jedem einzelnen Betriebsrat helfen, seinen persönlichen Entwicklungsstand zu ermitteln.

Der ausführliche Betriebsrats-Check-Fragebogen beleuchtet den aktuellen Zustand sämtlicher für die Betriebsratsarbeit notwendiger Bereiche des «Hauses der Entwicklung». Bei einer Reihe von detailliert beschriebenen Aspekten können die Betriebsräte mithilfe einer Skala von 1 bis 10 gezielte Bewertungen zum Entwicklungsstand ihrer Arbeit abgeben. Zum Beispiel wird anhand der folgenden Fragen detailliert festgestellt, wie das Gremium seine Arbeit aufteilt:

1. Wie ist das Gremium aufgestellt?
2. Wie werden Arbeit und Verantwortung verteilt?
3. Wie teilen sich Freigestellte und Nichtfreigestellte die Arbeit auf?
4. Wie sehen Führung und Selbstverantwortung im Betriebsrat aus?
5. Welche gezielte Personalentwicklung betreibt der Betriebsrat?
6. Wie wird die Bereichsbetreuung vor Ort ausgeübt?
7. Wie werden Ausschuss- und Projektarbeit genutzt, um die Ziele des Betriebsrates zu erreichen?

Die erfragten Bewertungen beziehen sich nicht darauf, ob der eine oder andere Aspekt für «gut» oder «schlecht» befunden wird, sondern wie viel Entwicklungspotenzial innerhalb einer Amtsperiode in den jeweiligen Bereichen gehoben werden kann, wenn man gezielt daran arbeitet. Von hier aus kann die strukturierte Weiterentwicklung einzelner Bereiche auf den Weg gebracht werden, in dem die richtigen Maßnahmen zur Erschließung des größten Potenzials an den richtigen Stellen vorgenommen werden können.

Es geht hierbei immer um die Entwicklung von mehr Handlungs- und Mitgestaltungsmöglichkeiten zum Wohle der Kollegen im Betrieb. Der Betriebsrats-Check liefert eine belastbare Datengrundlage, mit der Entwicklungsschritte auch quantitativ nachvollzogen werden können. Damit kann das Gremium seine eigenen Entwicklungsfortschritte in einzelnen Bereichen objektiv erfassen.

Als Nebeneffekt baut sich mit zunehmender Verbreitung des Betriebsrats-Checks eine wachsende Datenbank auf, die bei genügend Rückläufen auch eine direkte Vergleichbarkeit mit anderen Gremien erlaubt. In der Auswertung ist auf Anhieb erkennbar, wie man im Verhältnis zu den anderen in welchen Bereichen unterwegs ist. So kann es sein, dass zum Beispiel die Qualität der eigenen Öffentlichkeitsarbeit mit 5,5 bewertet, und dabei der Gesamtdurchschnitt von 4,2 klar übertroffen wird, während man das eigene Miteinander mit 3,2 deutlich unter dem Gesamtdurchschnitt von 5,1 % ansiedelt. Damit ist auf Anhieb verständlich, dass in der Entwicklung des Betriebsratsgremiums die Priorität zunächst auf dem Miteinander liegt, und erst wenn dort objektiv nachvollziehbare Fortschritte erzielt werden konnten, kann sich der Öffentlichkeitsarbeit gewidmet werden. Effektive Entwicklung lebt von einer nachvollziehbaren Priorisierung von Entwicklungsschritten.

Vergleichbarkeit

Gremien, deren Entwicklungsziel die Königsklasse der Betriebsratsarbeit – Mitgestaltung – ist, erhalten auch wertvolle Hinweise auf die Platzierung der Besten, wobei keine spezifischen Namens- oder Betriebsnennungen stattfinden.

2 Proaktiv, professionell und profitabel

Nachdem der Betriebsrats-Check den «Ist-Zustand» in den Plan des Hauses eingezeichnet hat, kann der Betriebsrat nun gemeinsam den Ausbauplan erstellen. Wichtigstes Ziel dabei: Den größtmöglichen Nutzen für die Kollegen stiften.

Ausbauplan

Zur bestmöglichen Erfüllung dieser Bedingung hat sich die Verknüpfung der drei Grundelemente des Hauses mit drei Grundprinzipien der erfolgreichsten Betriebsratsgremien bewährt:

Die drei erfolgreichsten Grundelemente

- Das **Fundament** ist die Grundlage für **Proaktivität**
- Gut aufgestellte **Wände** erzeugen **Professionalität**
- Ein wetterfestes **Dach** (mit Fahne) sichert die **Profitabilität**

Proaktiv

Gut aufgestellte Gremien wissen genau, was sie in dieser Amtsperiode erreichen wollen und wie sie das anstellen können. Sie haben sich einen roten Faden durch die kommenden vier Jahre gelegt und behalten ihn – allen

Wissen, was man will und wie man es will

Umständen zum Trotz – stetig in der Hand. Statt immer nur auf die Bewegungen des Arbeitgebers und auf äußere Umstände zu reagieren, als Feuerwehrleute für fortlaufende Versäumnisse einzuspringen und in der betrieblichen Wahrnehmung als zweiter Sieger vom Platz zu gehen, agieren sie. Sie sehen die Themen, die ohnehin kommen werden, ergreifen von sich aus die Initiative, erarbeiten Lösungsvorschläge und definieren Verhandlungsinhalte. Außerdem haben sie sich gut genug organisiert (siehe unter «professionell»), um diese Initiativen auch mit personellen Ressourcen zu hinterlegen und Worten auch jederzeit Taten folgen lassen zu können.

Kein Mehraufwand Proaktives Arbeiten muss nicht notwendigerweise mehr Aufwand sein. Es kostet häufig mehr Energie, die Scherben von betrieblichen Ereignissen aufzukehren, als diesen Ereignissen präventiv durch Eigeninitiative vorzubeugen.

Der wesentliche Unterschied liegt im Wechsel von der Opfer- in die Protagonistenrolle. Das schafft viel mehr Gestaltungsmöglichkeiten und sorgt zudem in der betrieblichen Öffentlichkeit für eine positive Wahrnehmung, für höhere Zufriedenheit im Gremium und mehr Bereitschaft der einzelnen Betriebsräte, sich aktiv in die erforderliche Arbeit einzubringen.

Professionell

Der gleiche Maßstab wie der eines guten Handwerkers Professionalität ist der Hebel, der aus vielen durchschnittlichen die wenigen überdurchschnittlichen Ergebnisse macht. Was genau damit gemeint ist, wollen wir am Beispiel eines Handwerkers darstellen.

Wenn der Bauherr seinem Handwerker einen Auftrag erteilt, erwartet er, dass diese Arbeit professionell ausgeführt wird. Er betrachtet seinen Vertragspartner dann als professionell,

- wenn sein Auftritt sowohl Sachverstand als auch Zuverlässigkeit erkennen lässt,
- er bis ins Detail verstanden hat, was man von ihm erwartet,
- er bestätigt hat, dass er genau das Besprochene ausführen wird und wann er es ausführen wird,
- er am Ende zuverlässig genau das getan hat, was er angekündigt hat,
- er notfalls zwischendurch bereit war, auch unvorhergesehene Schwierigkeiten zu bewältigen, ohne dass der Auftraggeber davon viel mitbekommen hätte, und
- er idealerweise inmitten aller Schwierigkeiten noch freundlich bleibt.

Bestmögliche Vertretung der Arbeitnehmer Will ein Betriebsrat die Interessen der Arbeitnehmer bestmöglich vertreten, so gilt für ihn der gleiche Maßstab, den der Bauherr seinem Handwerker gegenüber anlegen würde. Professionalität ist der Anspruch, dass der

Betriebsrat seinen Auftrag sehr ernst nimmt, dass er zu den Besten seines Faches gehören will und dass sich seine Wähler in jeder Situation zu 100 % auf ihn verlassen können. Er tut, was er sagt und lässt sich auch daran messen.

Professionalität erfordert von Betriebsräten, folgende Prinzipien zu beherzigen:

Grundlage der Professionalität

1. Sie haben einen Außenauftritt, der ansprechend und vertrauenerweckend ist.
2. Sie eignen sich hohen Sachverstand an und haben den Willen, ihn laufend zu verbessern.
3. Sie haben Klarheit über die angestrebten Ergebnisse und können diese formulieren.
4. Sie sind entschlossen, unter allen Umständen die bestmögliche Umsetzung der Ergebnisse zu erreichen.
5. Sie liefern eine aktuelle und nachvollziehbare Darstellung der erreichten Meilensteine und Ergebnisse.

Professionalität im Team bedeutet Klarheit in Struktur, Arbeitsorganisation, gemeinsamer Ausrichtung und einheitlichem Auftritt nach außen. Sie beruht in allen Aspekten auf einem wesentlichen Prinzip: Zuverlässigkeit.

Profitabel

Das Wort Profit bedeutet im ursprünglichen Sinne Nutzen stiften oder Gewinn erzielen und hat erst in den vergangenen 200 Jahren auf Arbeitnehmerseite einen negativen Beigeschmack erhalten. Zu oft wurde in diesem Zeitraum versucht, höchstmögliche Gewinne auf Kosten der Arbeitnehmer zu erzielen.

Nutzen stiften

Viele Betriebsräte glauben, es würde nicht zu ihnen passen, selbst unternehmerisch zu denken, Profit zu machen, Gewinn zu erzielen und die Frage nach Kosten und Nutzen der eigenen Handlungen aufzustellen. Sie stehen von ihrem Anspruch her für die Menschen im Unternehmen. Profit und Menschlichkeit scheinen für sie nicht zusammenzupassen. Dieses Dilemma führt dazu, dass viele Betriebsräte viel Gutes für ihre Kollegen tun, dabei hervorragende Arbeit leisten und nicht im Traum daran denken, den Lohn dieser Arbeit einzufahren.

Profit und Menschlichkeit

Wie frustrierend dies sein kann, wird am Beispiel einer Firma deutlich, die sich mit dem Titel «Arbeitgeber des Jahres» schmücken kann. Der Betriebsrat hatte in der Kantine des Unternehmens mit viel Aufwand einen Gesundheitstag organisiert und durchgeführt. Es gab Informationsstände, interessante Vorträge und praktische Betätigungsmöglichkeiten für die Besucher. Die Ver-

Der Betriebsrat ging als zweiter Sieger vom Platz

anstaltung kam bei den Mitarbeitern sehr gut an. Als zum Schluss der gut gelaunte Personalleiter auf die Bühne ging und sagte: «Ich glaube, das haben wir heute sehr gut gemacht!», erntete er großen Applaus. Der Betriebsrat ging als zweiter Sieger vom Platz. Der mögliche Profit in Form von Imagegewinn für den Betriebsrat, in Form von Anerkennung für die geleistete Arbeit und in Form von Stärkung der eigenen Position im Betrieb wurde geschickt vom Arbeitgeber eingestrichen.

Hohe Profite bei: «Gute Arbeit – Gutes Geld!»

Viele Betriebsräte können sich mit dem oben genannten Beispiel identifizieren. Damit ihnen das nicht passiert, denken gut aufgestellte Betriebsratsgremien für die bestmögliche Durchsetzung von Arbeitnehmerinteressen selbst unternehmerisch und wollen in dieser Angelegenheit hohe Gewinne erzielen. Sie können die angestrebten Gewinnspannen klar formulieren: gute Arbeit, gutes Geld, gute Arbeitsbedingungen, zukunftsfähige Arbeitsplätze, gutes Betriebsklima, gute Weiterbildung und gute Durchsetzungsfähigkeit durch mehr gewerkschaftliche Mitglieder. Sie stellen alle Aktivitäten ihres Gremiums dafür rückhaltlos auf den Prüfstand von unternehmerischen Fragen: Lohnt sich das? Ist das der bestmögliche Nutzen, den wir für unsere Belegschaft erzielen können? Selbst wenn der Nutzen für einen bestimmten Bereich gegeben ist, passt das wiederum ins Gesamtbild? Wird sich ein kurzfristig machbarer Erfolg auch auf lange Sicht auszahlen?

Priorisierung auf Bereiche mit hohem Profit für Arbeitnehmerinteressen

Erfolgreiche Betriebsräte wissen, dass ihnen inmitten einer Fülle verschiedenster komplexer Anforderungen nur begrenzte Ressourcen zur Verfügung stehen, mit denen sie haushalten müssen. Sie reiben sich nicht am Anspruch der eierlegenden Wollmilchsau auf und versuchen auch nicht, es jedem im Betrieb recht zu machen. Die besten Betriebsräte kalkulieren den tatsächlichen Gewinn für ihre Belegschaft genauso nüchtern durch, wie die Unternehmer auf der anderen Seite. Unprofitable Bereiche, wie zum Beispiel funktionslose Ausschüsse, Teilnahmen an zahllosen unprofitablen Meetings im Unternehmen, langweilige Arbeitskreise oder zusammenhanglose Bildungsmaßnahmen im Gremium werden gekürzt oder geschlossen zugunsten von Bereichen, in denen größere Profite für die Arbeitnehmer erwirtschaftet werden können.

Gut aufgestellten Betriebsräten reicht es nicht, das Betriebsverfassungsgesetz im Betrieb zu verwalten und lediglich das zu tun, was schon immer in diesem Betrieb getan oder unterlassen wurde. Sie wollen profitabel arbeiten in einem profitablen Unternehmen. Zur Sicherstellung der Arbeitnehmerprofite müssen sie häufig mitdenken bei unternehmerischen Entscheidungen. Manchmal müssen sie dafür sogar ihren praktischen Menschenverstand zur Sicherung des Unternehmensprofits gegen Managementfehler durchsetzen.

3 Grundlegende Werkzeuge am Bauplatz

Das «Linien-Werkzeug»

Eine Baustelle ist ein rauer Ort. Das bekam einer unserer Partner zum ersten Mal zu spüren auf der Baustelle einer Windenergieanlage im Februar 1995 auf der Insel Fehmarn: Des Plattdeutschen nicht mächtig, verstand er fünf Stunden lang im VW-Bus eines ostfriesischen Bautrupps kein einziges Wort. Am Ende der Fahrt riss der Vorarbeiter die Rolltür auf und sprang hinaus auf den verschneiten Boden. Einen Augenblick später war er bis zu den Knien im Schlamm versunken. Er drehte sich langsam um, fing an zu lachen und sagte gedehnt: «Nütsch ja nix!» Die anderen mussten ihn mit vereinten Kräften wieder hochziehen, die Stiefel einzeln aus dem Schlamm reißen und noch ein Stück weiterfahren, bis sie wieder festen Boden unter den Füßen hatten.

Allgegenwärtig auf dem Bauplatz: Schlammpfützen

Schlammpfützen gehören genauso zum Baustellenleben, wie Betonmischer und Mauersteine. Sie sind einfach da und laden ständig dazu ein, hineinzutreten oder zu fahren und womöglich noch stecken zu bleiben. Ihre Größe schwankt zwischen Schlagloch und Baustellentümpel, ihre Tiefe ist oft schwer abschätzbar und somit tückisch.

Schlammpfützen sind genauso gegenwärtig beim Bau des «Hauses der Entwicklung» von Betriebsratsgremien: Hier sind sie menschlicher Natur und behindern den Aufbau. Man kann jederzeit in ihnen stecken bleiben.

Wir nennen den Bereich voll schlammiger Brühe «Unter-der-Linie»[1], Hier tummeln sich eine Reihe von Strategien des Umgangs miteinander, die am besten sichtbar werden, wenn ein Problem auftaucht. Wir haben im Laufe der Jahre die wichtigsten sieben davon wie folgt identifiziert:

«Unter-der-Linie»

1. Beschuldigung
2. Rechtfertigung
3. Groll
4. Recht haben
5. Jammern
6. Aussitzen
7. Aktionismus

---

[1] Ein ähnliches, sehr inspirierendes Modell haben wir in dem Buch «The OZ-Principle» (Connors, R. / Smith, T. / Hickmann, C: *The OZ Principle*, New York 2004) entdeckt. Die dort erschienenen Anregungen wurden von uns aufgegriffen und haben unser Werkzeug an einigen Stellen ergänzt und verfeinert.

Alle sieben Strategien tragen jede auf ihre Weise dazu bei, dass das Miteinander im Betriebsrat unschön ist und die Zusammenarbeit unproduktiv.

1. **Beschuldigung:** Die erste Reaktion auf ein Problem ist häufig, dass ein «Schuldiger» her muss. Im Gegensatz zu berechtigter Kritik und sachlicher Analyse dient die Beschuldigung im Wesentlichen einem Zweck: sich selbst besser zu stellen als jemand anderen nach dem Motto: «Wenn der andere ‹schuld› hat und ich nicht, bin ich der bessere von uns beiden.» Durch die Beschuldigung wird das eigentliche Problem aber nicht behoben.

2. **Rechtfertigung:** Die erste Reaktion eines Beschuldigten ist die Rechtfertigung. Rechtfertigung dient hierbei aber meistens nicht der Richtigstellung von Fakten, sondern dazu, den Rechtfertiger in ein besseres Licht zu rücken nach dem Motto: «Ich kann nichts dafür, die Umstände sind schuld. Ich bin besser als ich gerade in dieser Situation aussehe.» Das Problem ist noch nicht gelöst.

3. **Groll:** Nachdem beide Seiten viel Energie in Beschuldigung und Rechtfertigung investiert haben, ohne das Problem zu lösen, bleibt bei allen Beteiligten vor allem eines zurück: Frust. Manchmal nennen wir viel Frust auch Groll, ein Wort für unterdrückten Ärger. Groll führt dazu, dass man einander meidet oder wechselseitig auf seinen «Zahltag» wartet, an dem unbeglichene persönliche Rechnungen mit den anderen auf den Tisch kommen. Dann gibt man vielleicht Informationen nicht weiter oder heizt den Tratsch mit negativen Aussagen über Dritte an. Groll kann ganze Organisationen lahmlegen. Das Problem bleibt davon unberührt.

4. **Recht haben**: Eine vor allem unter Führungskräften weitverbreitete Reaktion auf Probleme ist das «Recht haben». Es fühlt sich gut an, hat aber leider noch kein einziges Problem gelöst. Die Funktion vom «Recht haben» ist die gleiche wie die von Beschuldigung: «Wenn ich Recht habe und der andere Unrecht, dann bin ich der Bessere von uns beiden.» Diese Art der Kommunikation unterscheidet sich stark von der wertfreien Wiedergabe von Fakten. Das Problem besteht weiter.

5. **Jammern** ist großartig und wir können jedem nur wärmstens empfehlen, es ab und zu einmal für ein paar Minuten aus vollem Herzen und mit Leibeskräften zu tun. Aber wenn es über eine kurze verbale Befreiung von der täglichem Mühsal hinausgeht, ist es ein Energievergeudungsmechanismus ersten Grades. Jammern kennzeichnet die Kultur der chronischen Opfer, die sowieso nichts ändern können. Niemand sieht, dass sie die Guten sind. Es wurde bislang noch kein Problem durch Jammern gelöst.

6. **Aussitzen** ist eine sehr effektive Strategie, einem Problem aus dem Weg zu gehen. Mit dieser Methode ist die stille Hoffnung verbunden, dass es sich «von selbst löst» oder ein anderer dafür einspringt. Das Problem bleibt dadurch ungelöst.

7. **Aktionismus:** Manchmal passiert auch das genaue Gegenteil in Form von hektischem Aktionismus. Dabei spielt es keine Rolle, ob die ergriffenen Maßnahmen tatsächlich zur Problemlösung geeignet sind. Die Hauptsache ist, dass etwas getan wird. Damit wird der Anschein gewahrt, «Herr der Lage» zu sein. Alle arbeiten mit Hochdruck und wenn dann trotzdem nur klägliche Ergebnisse herauskommen, ist zumindest «alles versucht» worden. Das Problem bleibt weiter bestehen.

«Unter-der-Linie» dreht sich alles um das Problem, ohne dass ein ernsthafter Versuch unternommen wird, es zu lösen. «Unter-der-Linie» spielen alle miteinander ein Opfer-Spiel, in dem niemand zuständig ist und die Verantwortung übernehmen muss. Alle sind nur Opfer der äußeren Umstände, von anderen Menschen oder höheren Gewalten. Sie können nichts dafür, wenn gerade etwas schief gelaufen ist. Die Macht über die Ereignisse liegt immer bei den anderen, die Opfer selbst sind ohnmächtig. Das führt zu Stagnation, schwelender Unzufriedenheit, schlechten Ergebnissen, Zunahme von Krankheit und Freudlosigkeit bei der Arbeit. **Das Opfer-Spiel**

Der gemeinsame Nenner hinter allen Reaktionen «Unter-der-Linie» lässt sich auf ein einziges Wort herunterbrechen und das heißt «nein!» Nein, ich bin nicht zuständig, ich übernehme keine Verantwortung, ich will meine Bequemlichkeit nicht aufgeben. Das ist häufig die Grundhaltung, mit der Menschen dem Leben und seinen fortlaufenden Veränderungen begegnen. **«Grundhaltung = Nein!»**

Wir haben über Jahre hinweg insgesamt rund 100 Betriebsratsgremien folgende Frage gestellt: «Stellt euch vor, ihr kommt morgens frisch mit einhundert Prozent Tagesenergie in den Betrieb und in das Gremium und geht abends erschöpft mit nahezu null Prozent Energie wieder nach Hause. Wie viel Prozent eurer Energie ist in den oben genannten ‹Unter-der-Linie›-Reaktionen hängen geblieben, ohne dass dadurch irgendetwas bewegt wurde?» Die einhellige Antwort lautete: «Durch ‹Unter-der-Linie›-Reaktionen verlieren wir Betriebsräte über die Hälfte unserer Tagesenergie, ohne, dass damit irgendetwas real bewegt werden konnte.» Der Durchschnitt aller 100 Gremien lag bei 57,5 % «Unter-der-Linie»-Verlust. In angeschlagenen Unternehmen oder Unternehmen mit einer schlechten Unternehmenskultur lag dieser Prozentsatz noch höher. **«Wohin verschwindet unsere Tages-Energie?»**

Das ist erschütternd viel!

Enormes Potential Gleichzeitig können wir uns darüber freuen, was für ein gewaltiges Energiepotenzial uns zur Verfügung steht, wenn wir es schaffen aus den Pfützen herauszukommen. Schlamm ist ein unbewusster Zustand, der automatisch entsteht, wenn wir uns nicht bewusst dafür entscheiden, Verantwortung für eine Herausforderung zu übernehmen. Das ist eine Entscheidung, die jeden Augenblick neu getroffen werden kann.

Werkzeug «Das Linien-Werkzeug» Das folgende Schaubild fasst das bisher über das «Linien-Werkzeug» Gesagte noch einmal zusammen. Oberhalb der Linie geht es um Handeln, Lösen und Erkennen unterhalb um Groll und Recht haben.

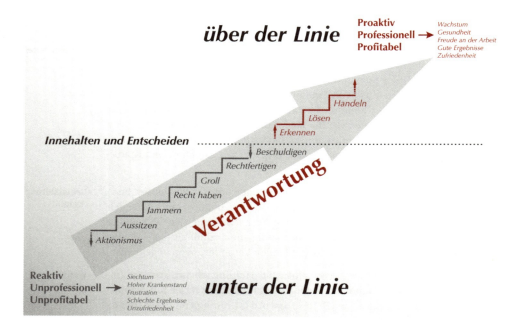

Auf festen Boden gelangen

In Lösungen denken Fester Boden unterscheidet sich von den Schlammpfützen dadurch, dass in Lösungen statt in Problemen gedacht und gehandelt wird. Es ist jedoch manchmal gar nicht so einfach, in einen Zustand zu kommen, wo Verantwortung, Verbindlichkeit und Zuverlässigkeit herrschen. In unserer Arbeit mit Betriebsräten haben wir festgestellt, dass sich bestimmte Trittstufen sehr gut eignen, die Pfützen zu überbrücken. In der richtigen Reihenfolge genommen, führen uns folgende Steine auf den Boden der Tatsachen zurück:

Innehalten: Innehalten ermöglicht für einen Augenblick, Abstand zwischen sich und der Situation zu schaffen. Oft reicht es schon, einmal tief Luft zu holen und nichts zu tun.

Trittstufe 1: **Erkennen**
      Erkennen der Situation
      Hinterfragen der eigenen Absicht
      Einschätzen entgegenstehender Kräfte

Trittstufe 2: **Lösen**
      Entscheidung zur Verantwortungsübernahme
      Formulieren von Lösungsansätzen
      Erstellen eines Umsetzungsplanes

Trittstufe 3: **Handeln**
      Umsetzung
      Nachhaltung
      Bilanz

Da fester Boden für die Betriebsratsarbeit sehr wichtig ist, lohnt es sich, die Trittstufen im Einzelnen zu untersuchen.

Trittstufe 1: Erkennen der Situation.

Als hilfreich hat sich die Frage erwiesen: «Was ist hier wirklich gerade los?» Wir können den Zustand der aktuellen Situation überprüfen und auf «Unter-der-Linie»-Reaktionen hinterfragen. Ist hier gerade schlechte Stimmung? Finden gerade Beschuldigungen, Recht haben, Aktionismus oder andere Reaktionen statt? Drehen wir uns um das Problem oder arbeiten wir an der Lösung?

Es geht im ersten Schritt nur darum die «Unter-der-Linie»-Situation zu erkennen und benennen zu können, und zwar ohne jegliche Bewertung. Niemand ist perfekt und jeder, ohne Ausnahme, fällt ab und zu «Unter-die-Linie». Das ist nicht verwerflich, sondern einfach nur menschlich. An diesem Punkt können alle miteinander entspannen und brauchen weder sich selbst noch andere für ihre menschlichen Unzulänglichkeiten zu verurteilen. Niemand ist als Mensch verkehrt, wenn er «Unter-der-Linie» landet. Er hat dann jedoch die Möglichkeit, eine Alternative zum «Unter-der-Linie»-Dasein zu wählen. Es ist möglich, sich vollständig aus dem Sumpf des Opferdaseins zu lösen.

Es erfordert viel Mut, der Realität ins Auge zu sehen und zu erkennen, dass hier gerade etwas anderes läuft, als ursprünglich beabsichtigt. In Sitzungen haben wir es häufiger ausprobiert, an solchen Punkten einfach zu sagen: «Es fühlt sich an, als ob wir uns gerade in einer ‹Unter-der-Linie›-Situation befinden.» Das ist eine einfache und sehr unpersönliche Feststellung, die allen Beteiligten hilft inne zu halten und los zu lassen aus der bestehenden Anspannung.

Mit dem eigenen Beispiel vorangehen

Am effektivsten wirkt dieser Schritt, wenn wir selbst mit gutem Beispiel vorangehen und unseren eigenen Beitrag in dieser Situation würdigen: «Ich habe mich gerade dabei erwischt, wie ich versucht habe, mich nach Kräften zu rechtfertigen.» Wenn wir uns darin trainieren, immer ehrlicher gegenüber unseren eigenen Unzulänglichkeiten zu werden, können wir klar erkennen, dass wir in den allermeisten Situationen einen eigenen Beitrag am Geschehen haben.

Zum Erkennen der Situation gehört das **Hinterfragen der eigenen Absicht.** «Was wollen wir eigentlich an dieser Stelle?» «Unter-der-Linie»-Situationen sind meistens sehr diffus. Es sind die unausgesprochenen Gedanken, Gefühle und Erwartungen, in deren Morast Groll und Rechtfertigung gedeihen. Wenn Menschen von unbewusst zu bewusst umschalten, können sie Klarheit schaffen, erst mit der Feststellung, dass sie sich im Morast befinden und dann mit der Überlegung, was sie eigentlich stattdessen wollen. Viele sind sich selbst unklar darüber, was sie eigentlich wollen. Manchmal wissen sie es auch, trauen sich aber nicht, das auch tatsächlich auszusprechen. Denn in dem Moment beziehen sie eine Position und werden sichtbar für andere. Ihre Mitmenschen könnten diese Position nicht gut finden und das wiederum könnte dann unbequem werden. Das Leben an sich kann schon unbequem genug sein, da will niemand noch weitere Unbequemlichkeiten dazu bekommen. Außerdem haben viele Menschen in ihrem Leben meistens sowieso nicht das bekommen, was sie wollten. Also lohnt sich noch nicht einmal der Versuch, das überhaupt einmal zu formulieren. So erspart man sich Enttäuschungen.

Absicht formulieren

An dieser Stelle hilft es, sich selbst über seine Absicht klarzuwerden und das nach außen zu formulieren. Für das Betriebsratsgremium stellt sich in diesem Moment die Frage: «Was wollen wir eigentlich an dieser Stelle?» Nachdem die Mitglieder den Mut aufgebracht haben, innezuhalten und die «Unter-der-Linie»-Situation anzuerkennen, zieht sie diese Frage automatisch nach oben in Richtung festen Boden. Es ist die Schlüsselfrage, um von reaktiv nach proaktiv umzuschalten. Die meisten Menschen machen etwas, weil es schon immer so gemacht wurde, weil man es halt so macht, und weil schon irgendetwas dabei herauskommen wird. Sich die Frage zu erlauben, was man tatsächlich will, erscheint als Luxus. Wir stecken von morgens bis abends in so vielen Sachzwängen, dass es unmöglich erscheint, einen eigenen Anspruch darin geltend zu machen.

Wenn man die Kraftentfaltung des «Für etwas sein» für sich nutzen möchte, dann muss man benennen können, wofür man eigentlich ist. Dadurch entsteht der Zug, der uns ‹Über die Linie› bringen wird. Einer aus unserem Autoren-Team war jahrelang in der Anti-Atomkraft Bewegung aktiv, besuchte Demonstrationen und organisierte Unterschriftensammlungen. Irgendwann reichte es ihm, immer nur dagegen zu sein. Er wollte viel lieber für etwas sein. Darin liegt viel mehr Kraft und das macht auch wesentlich mehr Spaß. Schließlich landete er bei der Windenergie zu einer Zeit, als man sie noch für spinnert und exotisch hielt. Damit hatte er für viele Jahre seinen kleinen Anteil an der sich entwickelnden Erfolgsgeschichte, die schließlich zur Energiewende führte.

Als letzten Schritt des Erkennens der eigenen Situation ist das Erkennen der Gegenkräfte hilfreich. Aus der Physik kennen wir das Gesetz actio = reactio, das besagt, dass jeder Aktion eine Reaktion entgegensteht. Jede Bewegung ruft entsprechende Gegenkräfte hervor. Je schneller etwa die Bewegung eines Autos wird, umso höher werden der Luftwiderstand an der Karosserie und der Rollwiderstand der Reifen. Dieses Naturgesetz lässt sich genauso auf Menschen übertragen: Jede Veränderung ruft entsprechende Gegenkräfte auf den Plan, unabhängig davon, wie notwendig, nützlich oder menschlich ein Vorhaben auch erscheinen mag. Windenergie mag im Vergleich zur Stromgewinnung aus Uran oder Kohle wesentlich umweltfreundlicher erscheinen, zu dem ist sie dezentral, kann Bürger beteiligen, schafft Arbeitsplätze und vieles mehr. Dennoch brauchte sie Jahrzehnte, um sich gegen die Ängste nach dem Motto «dann gehen die Lichter aus», «unbezahlbar», «nicht realistisch» durchzusetzen.

Erkennen der Gegenkräfte

Das Wissen um die Gegenkräfte hilft uns, auftauchende Widerstände bei unseren Vorhaben nicht persönlich zu nehmen. Wenn wir klar formulieren können, was wir wollen, dann werden automatisch Gegenkräfte auftauchen. Solange wir diese Kräfte persönlich nehmen, sind sie eine ständige Einladung, wieder «Unter-die-Linie» zu fallen. Die Gedanken bewegen sich dann in Sätzen wie: «Da können wir sowieso nichts ändern». «Das haben wir doch alles schon versucht» oder «Dagegen anzukämpfen hat keinen Sinn.»

Wenn Betriebsräte «Über-die-Linie» wollen, müssen sie den Stier bei den Hörnern packen und benennen, was im Weg stehen könnte. Erst dann haben sie das vollständige Bild. Sie greifen ein Stück weit dem voraus, was sowieso kommen wird. Dadurch können sie nicht mehr überrascht werden. Oft sind es schon unsere eigenen Gedanken, die als ständige Hintergrundkonversation (siehe Abschnitt 3.2.2) mitlaufen und dagegen reden. Es kann allseitig entspannend sein, die ganzen inneren Stimmen gegen Vorhaben einfach auszusprechen, und den Gegenmeinungen Raum und Wertschätzung einzu-

Den Stier an den Hörnern packen

räumen. Dann liegen sie auf dem Tisch und man kann in Ruhe schauen, wie man gemeinsam damit umgehen möchte, ohne dass jemand dafür verkehrt gemacht werden muss.

Ein großer Teil von Widerständen verschwindet dadurch, dass sie überhaupt Gehör finden. Weitere Widerstände können einen wichtigen Beitrag dazu leisten, Schwachstellen zu identifizieren und dadurch das Vorhaben zu verbessern.

Nachdem auch die Gegenkräfte sichtbar wurden, ist die Phase des Erkennens vollständig und der nächste Schritt in die Formulierung von Lösungen kann gegangen werden.

Trittstufe 2: Lösen des Problems

«Sind wir bereit, Verantwortung zu übernehmen?» Um das Problem zu lösen, bedarf es erst einmal einer Antwort auf die Frage: «Sind wir bereit, dafür Verantwortung zu übernehmen?» Im nächsten Schritt gilt es die grundsätzliche Entscheidung zu treffen, tatsächlich die Verantwortung zu übernehmen.

In vielen Betriebsratsgremien gibt es Mitglieder, die die bisher beschriebenen Prozesse ganz gut finden. Wenn aber die Frage aufkommt, wie weit man bei der Umsetzung auf sie zählen kann, dann wird ihnen klar, dass sie ihren Einsatz auf den Tisch legen müssen, um weiter dabei zu sein. Jede Bewegung bringt Veränderung mit sich und jede Veränderung bringt Unbequemlichkeiten, sei es durch zusätzliche Arbeit, Gegenkräfte oder das Loslassen von liebgewonnenen Gewohnheiten. An dieser Stelle steigen viele aus. Der Begriff Verantwortung ist in unserer Kultur an vielen Stellen eher negativ behaftet.

Verantwortung Von Verantwortung wird meistens gesprochen, wenn etwas schief gegangen ist oder wenn Ursachenforschung betrieben wird mit der Absicht, Beschuldigungen loszuwerden und mit dem Finger auf jemanden zu zeigen. Wenn Dinge gut laufen oder ordentliche Zahlen geschrieben werden, fragen die Leute selten: «Wer ist verantwortlich für diesen Erfolg?» Es scheint, als ob die Verantwortlichen immer nur dann gesucht werden, wenn das Fass übergelaufen ist. Kein Wunder, dass selbst im Duden der Begriff Verantwortung nicht sehr einladend definiert wird:

> «[mit einer bestimmten Aufgabe, einer bestimmten Stellung verbundene] Verpflichtung, dafür zu sorgen, dass (innerhalb eines bestimmten Rahmens) alles einen möglichst guten Verlauf nimmt, das jeweils Notwendige und Richtige getan wird und möglichst kein Schaden entsteht.
> Verpflichtung, für etwas Geschehenes einzustehen [und sich zu verantworten].»

Klar ist jedoch, dass die Mitglieder an dieser Stelle voll hineinspringen müssen, wenn die Betriebsratsarbeit ernsthaft weiterkommen soll. Halbe Sachen nützen nichts. Man kann nicht nur ein bisschen verantwortlich sein.

Deshalb ist es ein Anliegen von uns, diesen Schritt mit einer anderen Definition von Verantwortung zu erleichtern. Unsere Definition lautet:

«Verantwortung ist die persönliche Entscheidung, über meine äußeren Umstände hinauszuwachsen und zuständig zu sein für die Umsetzung meiner angestrebten Ziele durch die Anwendung von Erkennen, Lösen und Handeln.»

Die Gewissheit zuständig zu sein, trägt uns auch dann weiter, wenn das gute Gefühl bei Beginn eines Vorhabens schon verflogen ist. Aufgrund der vollständigen Verantwortungsübernahme als Ausdruck des freien Willens können unmöglich erscheinende Dinge möglich gemacht und die machbaren Dinge mit dem geringsten möglichen Kraftaufwand vollbracht werden. *Übernahme von Verantwortung*

Zum Lösen des Problems gehört das Formulieren von Lösungsansätzen, basierend auf die Frage: «Wie machen wir es am besten?» *Formulierung von Lösungsansätzen*

Im Prinzip könnte es jetzt sehr einfach werden, vorausgesetzt die folgenden Punkte werden sorgfältig beachtet:

Die meisten guten Lösungen sterben bereits bei ihrer Geburt in einem Sperrfeuer von todbringenden Äußerungen. Wir nennen sie «Killerphrasen»: «Geht nicht!», «zu teuer!», «zu billig!», «… der schon wieder!», «ganz schön naiv!», «Das war schon immer so!», «Das war noch niemals so!», «Das darf nicht sein!» All diese Sätze sind zutiefst menschlich, aber sie helfen an dieser Stelle nicht weiter. Wir haben bei unserer Arbeit gelernt, dass es sinnvoll ist, beim Generieren von Lösungen eine Zeit einzurichten, in der auf jegliche Bewertung verzichtet wird und die beteiligten Menschen die Sicherheit haben, ohne Angst, bloßgestellt oder lächerlich gemacht zu werden, ihre Lösungsansätze aussprechen zu können. Erst im Anschluss ist die Gelegenheit, die Lösungsvorschläge im Hinblick auf ihren tatsächlichen Nutzen und ihre Umsetzbarkeit zu bewerten. Irgendwann muss natürlich aus den gesammelten Ideen die geeignetste ausgesucht werden. *Killerphrasen*

Lösungsvorschläge beantworten die Frage: «Wie machen wir es am besten?» Was dabei tatsächlich am besten ist, orientiert sich am Leitbild und den strategischen Zielen. Eine zentrale «Über-der-Linie»-Frage ist dabei, wie etwas gemacht werden soll. Diese Frage kann zum Dreh- und Angelpunkt für Beteiligung werden, in dem man etwa die Belegschaft in die Erarbeitung von Lösungsvorschlägen miteinbezieht. «Wie würdest Du es machen, Kollege?» ist ebenfalls eine sehr hilfreiche Frage, um diejenigen unserer Kollegen zu *«Wie würdest Du es machen?»*

entlarven, denen nichts recht gemacht werden kann. Üblicherweise verstummen sie, da sie selber nichts beizutragen haben.

Perfektionismus

Perfektionismus ist nicht gleichbedeutend mit bester Lösung. Der VW- Käfer war unter anderem deshalb das erfolgreichste und meistgebaute Automobil der Welt, weil er nicht perfekt war. Wenn die Heizbirnen zu schwach waren, hatten Käferfahrer im Winter an ihrer Windschutzscheibe manchmal sprichwörtlich alle Hände voll zu tun und viele Familienväter wurden zu wahren Meisterpackern, um den Bedarf für den Jahresurlaub überhaupt im Auto verstaut zu bekommen. Aber entgegen aller Unzulänglichkeiten war die Ausführung unerhört robust und tat auch unter extremen Klima- oder Straßenbedingungen noch ihren Dienst. Die Beschleunigung des 1200er-Motors war alles andere als legendär, aber der Motor selbst konnte auch ohne Hebebühne bequem binnen 20 Minuten aus- und wieder eingebaut werden. Auch Lösungen für den Einsatzfall von Betriebsräten müssen genügend Toleranzen aufweisen und können getrost auf den Anspruch von Erhabenheit verzichten. Es ist auch wichtig zu erkennen, dass man es nie allen recht machen kann. Dafür gibt es ein Leitbild, das bei anstehenden Entscheidungen Orientierung bietet.

Aktionismus

Mit Aktionismus bezeichnen wir den Drang, sofort, ohne Erkennen und Verantwortungsübernahme die erstbeste Möglichkeit aus dem Hut zu zaubern. Dies geschieht unabhängig von der tatsächlichen Eignung. Hauptsache man zeigt, dass man was tut. Das ist noch gefährlicher als auf Perfektion zu setzen, denn zu kurz greifende Lösungen können mehr Schaden hinterlassen als Nutzen bringen.

Diskussionismus

Das Phänomen Diskussionismus ist vor allem in Arbeitnehmervertretungen weit verbreitetet. Diskussion ist zwar ein elementarer Bestandteil jeder demokratischen Kultur, wird jedoch meistens für ganz andere Zwecke missbraucht: Recht haben zu wollen und Handlung zu vermeiden. Auf diese Art wird viel Zeit vertan, ohne dass sich irgendetwas real bewegt.

Erstellung eines detaillierten Umsetzungsplans

Zum Schluss gibt es einen sehr wichtigen Schritt beim Handeln, der sehr häufig missachtet wird. Dabei geht es darum, einen Umsetzungsplan zu erstellen. Dieser beantwortet die Frage: «Wer macht was, wann, wie und wo?»

Wir haben häufig folgende Situation erlebt: Alle Beteiligten hatten die Lage erkannt, waren willens zur Verantwortungsübernahme, voll guter Ideen und trotzdem passierte nichts. Der Umsetzungsplan wurde nicht mitgeliefert und vereinbart. Dieser Plan bricht die Lösung in konkrete und vor allem machbare Schritte herunter, regelt die Zuständigkeiten, legt Zeitläufe und Ressourcen fest. Jeder Beteiligte muss wissen, was er wann und in welchem Umfang zu tun hat. Genau an den Dingen, die offensichtlich und selbstverständlich scheinen, passieren die meisten Fehler. Die Lösung muss nicht perfekt sein, aber der Umsetzungsplan sollte kein Detail ungeregelt lassen. Oft tauchen bei der Erstellung des Umsetzungsplans über einer Zeitachse die kniffeligen Fragen auf, die über Erfolg oder Misserfolg bestimmen.

Der Hauptgrund für zu wenige Freiwillige für einzelne Aufgaben ist meistens eine unklare Ziel- und Aufgabenbeschreibung, die zudem nicht in übersichtliche und machbare Schritte unterteilt wurde. Das hinterlässt bei den gesuchten Freiwilligen oft die Befürchtung, sich mehr einzuhandeln als das, wofür sie sich gemeldet haben.

Zu guter Letzt sollte der Umsetzungsplan die vorab erörterten Gegenkräfte mit ins Kalkül ziehen und gegebenenfalls einen «Plan B» bereitstellen. Auch wenn man den meistens gar nicht braucht, ist es beruhigend, einen zu haben und beschleunigt neue Weichenstellungen im Fall von auftauchenden Hindernissen.

Trittstufe 3: Handeln

Die dritte Trittstufe besteht in einem simplen, aber manchmal nicht einfachen Schritt: Handeln. Dabei geht es erst einmal darum zu überlegen, was zu tun ist. Handlung ist der Moment, an dem der Plan der Realität begegnet. **«Was ist zu tun?»**

Viele Vorhaben scheitern daran, dass die Beteiligten bei der Umsetzung sich selbst überlassen bleiben und bei auftauchenden Schwierigkeiten keine ausreichende Unterstützung erfahren, um Alternativen zu entwickeln und den «Plan B» aus der Tasche ziehen. Darum ist es wichtig, sich bereits bei der Entwicklung des Handlungsplans um die Nachhaltung zu kümmern und Unterstützung bis zum Ziel anzubieten. **Nachhaltung**

Die Ergebnisse von Vorhaben werden alleine durch die Ankündigung eines weiteren Schrittes verbessert: «Bilanz ziehen, aus Fehlern lernen und Erfolge würdigen». **Bilanz**

Jeder Beteiligte weiß dann, dass die Ergebnisse und deren Zustandekommen überprüft werden. Ganz wichtig für erfolgreiche Betriebsratsarbeit ist es zudem, Erfolge gebührend zu feiern.

Das Werkzeug der gemeinsamen Zuständigkeit

Das «Linien-Werkzeug» hat sich zu einem unserer wichtigsten Werkzeuge entwickelt, um Arbeitnehmervertretungen darin zu unterstützen, die bestmöglichen Ergebnisse für ihre Kollegen zu erzielen. Um dieses Werkzeug komplett zu machen, betrachten wir zum Schluss dieser Einführung noch ein Instrument, das wir «Gemeinsame Zuständigkeit» nennen und das sich eng an ein im «Oz-Principle» aufgeführtes Prinzip anlehnt: **Werkzeug «Gemeinsame Zuständigkeit»**

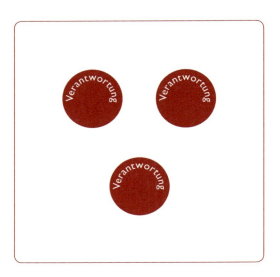

Es ist sehr wichtig, dass jeder Einzelne in einer Organisation verantwortlich ist, aber es muss genauso eine gemeinsame Zuständigkeit mit den anderen geben:

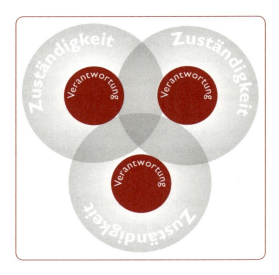

Betrachten wir folgende Geschichte: Ein Hersteller von Kühlschränken hatte in seiner Fabrik zwei parallel laufende Montagelinien, die getrennt waren durch einige Meisterbüros und Lagerstellen. Jede Linie funktionierte nahezu autonom und entwickelte im Laufe der Zeit ihre eigene Betriebskultur. Unter Führung des Linienverantwortlichen wurde die Linie eins bald in die Lage versetzt, Montagefehler an jeder der 20 Einzelstationen rasch zu erkennen. Wenn jemand einen Montagefehler entdeckte, konfrontierte der Linienverantwortliche sofort den verantwortlichen Monteur mit dem Problem und beschämte ihn vor aller Augen mit der ausführlichen Korrektur des Problems und der Abnahme des Versprechens auf künftige Besserung. Natürlicherweise wurde der Betroffene von den anderen Monteuren der Linie, die sich in dem Moment beschützt von der Illusion der eigenen Sicherheit wähnten, dafür beschuldigt, die ganze Linie mit seinem Fehler zu verlangsamen. Nach einer Weile begannen die Leute, ihre Fehler zu verbergen, in der Hoffnung, dadurch diesen Beschuldigungen zu entgehen. Sie gaben ihren Fehler selbst dann nicht zu, wenn sie von ihrem Linienverantwortlichen damit konfrontiert wurden. Als Resultat sank die Produktionsleistung bei gleichzeitig steigendem Ausschuss.

Währenddessen hatten die Arbeiter auf der zweiten Linie eine erstaunlich andere Kultur entwickelt: Wenn einer der Monteure an seiner Station einen Fehler machte, boten seine Kollegen ihm umgehend Hilfestellung an, um das Problem schnell und ohne große Diskussionen zu lösen. Als Teil eines Teams operierend, fühlte jeder Monteur eine gemeinsame Zuständigkeit für die Endergebnisse, also für die Erstellung von funktionierenden Qualitätsprodukten innerhalb der Zeitvorgaben. Befreit von der Illusion einer Sicherheit durch Rechtfertigungen und Opfergeschichten, halfen und wertschätzten die Werker einander und identifizierten ihre Fehler rasch auf eine Art, die niemals einen einzelnen dafür beschuldigte, die Gruppenleistung zu mindern. Die Ergebnisse der zweiten Linie lagen konstant auf hohem Niveau mit einem Ausschuss, der gegen null ging.

Anstatt langer arbeitshumanistischer Interpretationen dieses Phänomens war unsere Schlussfolgerung ganz einfach: Die einen operierten in Bezug auf ihre Verantwortung «Über-der-Linie» und praktizierten gemeinsame Zuständigkeit. Die anderen verbrachten ihre Zeit in Schlammpfützen.

Beispiel
Zwei Montagelinien eines Kühlschrankherstellers

Teil 2
Der Hausbau

1 Das Fundament

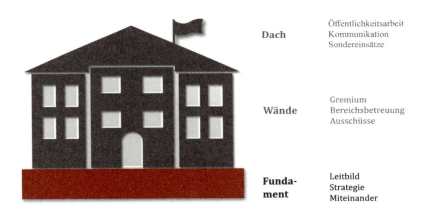

Dach	Öffentlichkeitsarbeit Kommunikation Sondereinsätze	
Wände	Gremium Bereichsbetreuung Ausschüsse	
Funda-ment	Leitbild Strategie Miteinander	

Wer ein Haus bauen will, der prüft zunächst einmal den Untergrund, auf dem das Haus stehen soll. Mit dem Betriebsrats-Check aus Teil 1 dieses Buches, der Ausrichtung der Arbeit nach den Prinzipien proaktiv, professionell und profitabel und der Verinnerlichung des «Linien-Werkzeugs» ist der Untergrund gut vorbereitet.

Nun wird jeder Bauherr dafür sorgen, dass das Haus ein solides Fundament hat. Beim «Haus der Entwicklung», das wir effektiv, nachvollziehbar und nachhaltig aufbauen wollen, setzt sich das Fundament aus drei Komponenten zusammen:

1. Dem Leitbild, das Rollenverständnis und Ausrichtung der Arbeitnehmervertretung beschreibt,
2. der daraus abgeleiteten Strategie und
3. dem grundsätzlichen Miteinander, das angestrebt wird.

Das Leitbild übernimmt die Funktion, die eigene Absicht zu formulieren, an der alle späteren Handlungsschritte gemessen werden können. «Passt das zu dem in unserem Leitbild formulierten Anspruch an uns und unsere Arbeit?», wird zur zentralen Frage bei allen anstehenden Entscheidungen. **Leitbild**

Strategie   Die Strategie geht aus von der emotionslosen Analyse der eigenen Situation, wie sie jetzt gerade ist. Sie berücksichtigt eigene Ressourcen und entgegenstehende Kräfte. Aus der Entscheidung, die Verantwortung für die Veränderung der Situation zu übernehmen, ergeben sich Lösungsansätze, die in einen strategischen Handlungsplan münden.

Miteinander   Das grundsätzliche Miteinander wird getragen von dem Anspruch, Leitbild und Strategie auf der Basis von Respekt, Beteiligung und tatsächlichem Miteinander zu gestalten.

1.1 Leitbild

> «Es ist nicht das Schiff, das durch das Schmieden der Nägel und Sägen der
> Bretter entsteht. Vielmehr entsteht das Schmieden der Nägel und Sägen der
> Bretter aus dem Drang nach dem Meere und dem Wachsen des Schiffes.»
> *Antoine de Saint-Exupéry*

1.1.1 Wer sind wir und wo wollen wir hin?

Ein starkes Fundament als belastbarer Untergrund einer souveränen Betriebsratskultur ist ein klares gemeinsames Verständnis über die beiden grundlegenden identitätsstiftenden Fragen jeder Kultur: Was macht uns aus? Und: Wo wollen wir damit hin?

«Was macht uns aus?»

In der Management-Literatur wird ein solches gemeinsames Rollenverständnis oft mit dem Begriff «Leitbild» benannt, den wir hier übernehmen. Wir tun dies, auch wenn uns aus vielen Gesprächen mit Betriebsräten bewusst ist, dass der Begriff mittlerweile sehr belastet ist. Vor allem in großen Unternehmen haben die Entwicklung und Einführung von sogenannten «Leitbildern» – oder genauer gesagt der Widerspruch zwischen dem darin formulierten Anspruch und der gelebten Wirklichkeit – viel verbrannte Erde hinterlassen. Wie sollen die Betriebsräte diese veröffentlichten Worthülsen auch ernst nehmen, wenn in einer repräsentativen Studie selbst drei Viertel der befragten Führungskräfte auf die Frage, wie viel ihr Unternehmensleitbild mit dem Alltag in ihrem Unternehmen zu tun habe, antworten: «wenig bis gar nichts!»* (Hans Rudolf Jost: *Best of Bullshit*, S. 90).

Ein Leitbild kann jedoch sehr viel mehr sein als schöne Worte und hehre Absichten, die niemand in die Tat umzusetzen gedenkt. Die Antwort auf die

Fragen «Was macht uns aus? Wo wollen wir damit hin?» ermöglicht es, als Team auf einer stabilen Grundlage zusammenzukommen. Welche Kraft ein gutes, lebendiges Leitbild entfalten kann, wird am besten deutlich bei der Beschäftigung mit Beispielen, die so große Wirkung entfaltet haben, dass wir sie fast alle kennen.

Einigkeit und Recht und Freiheit

Beispiel
**Ein ganzes
Land an
Leitsätzen
orientieren**

Im großen Maßstab lässt sich die gestalterische Kraft eines Leitbildes an der Entwicklung der Bundesrepublik ablesen. Das Grundgesetz legte 1949 klare Leitlinien aus, die nicht nur den äußeren praktisch-physischen, sondern vor allem den inneren geistig-seelischen Wiederaufbau eines verwüsteten Landes ermöglichten. Zum Beispiel legt Artikel 1 fest: «Die Würde des Menschen ist unantastbar. Sie zu achten und zu schützen ist Verpflichtung aller staatlichen Gewalt». Auch wenn dieses Land weit entfernt ist vom perfekten Leben seiner Grundsätze, sind Rechtssicherheit, Soziale Marktwirtschaft oder die Existenz eines Betriebsverfassungsgesetzes gute Beispiele für die Früchte des Ringens unserer Gründermütter und -väter nach dem Krieg. Diese Früchte wären ohne die solide Basis und Ausrichtung des Grundgesetzes unmöglich gewesen.

Atomkraftwerke vom Netz schicken

Beispiel
**In 25 Jahren
zur 30-fachen
Leistung eines
Atomkraft-
werks**

Der Ingenieur Alois Wobben gründete 1984 seine Firma, den Windenergieanlagenhersteller Enercon, in seinem Heimatort Aurich. 1985 errichtete er die erste Windenergieanlage mit einer Nennleistung von 55 kW, das entsprach der Leistung eines VW-Golf-Motors, in seinem Garten. Bei der Einweihungsrede sagte er sinngemäß, dass er die effizientesten aller Windenergieanlagen baue und solange arbeiten wolle, bis er mit seinen Windenergieanlagen das erste Atomkraftwerk vom Netz schicken könne.

Diese Ankündigung rief angesichts der damaligen energiepolitischen Verhältnisse bei vielen Anwesenden ein Schmunzeln hervor. Wobben ließ sich nicht beirren, aus den ursprünglich drei Mitarbeitern wurden in den folgenden 25 Jahren 13.000 und aus den ursprünglich installierten 55 Kilowatt Nennleistung wurden weltweit rund 30.000.000.000 kW, was etwa der 30-fachen Leistung eines durchschnittlichen Atomkraftwerks entspricht. Diese Dynamik war Ausdruck eines klaren Selbstbewusstseins und einer ambitionierten Ausrichtung, die eine ungeheure Anziehungskraft auf die Mitarbeiter, Kunden und das ganze gesellschaftspolitische Umfeld hatten. Die Gestaltungskraft dieser attraktiven Vision wurde zu einem wesentlichen Kristallisationspunkt für die so viel gescholtene deutsche Energiewende, die die umfassendste energiepolitische Umwälzung seit der industriellen Revolution darstellt.

Acht Stunden arbeiten, acht Stunden schlafen und acht Stunden Freizeit und Erholung

In der ersten Hälfte des 19. Jahrhunderts waren Arbeitszeiten von mehr als 14 Stunden an sechs Arbeitstagen die Regel im durchschnittlichen europäischen Arbeiterleben.

Es gab keinen Urlaub, keine Arbeitsschutz- und Sozialgesetzgebung und keine Absicherung für den Krankheitsfall. Die gezahlten Löhne reichten kaum zum physischen Überleben.

Bereits seit dem Jahre 1830 war deshalb der Achtstundentag bei vollem Lohnausgleich eine der ältesten Forderungen der Arbeiterbewegung. Die Idee wurde erstmals in England von dem Unternehmer und Sozialreformer Robert Owen in dem Slogan «Acht Stunden arbeiten, acht Stunden schlafen und acht Stunden Freizeit und Erholung» formuliert. Dieses Leitbild fand rasch internationalen Anklang und wurde einer der Dreh- und Angelpunkte in der Entwicklung menschenwürdiger Arbeitsbedingungen, die in den kommenden Jahrzehnten Stück für Stück durch Streiks erkämpft wurden. Die Umsetzung des Leitbildes erforderte einen langen Atem, aber sie war erfolgreich: In Deutschland wurde der Achtstundentag Ende 1918 gesetzlich eingeführt und prägt bis heute unsere Arbeitswelt.

Solidarisch und kompetent

«Solidarisch und kompetent,
zuverlässig und kreativ,
politisch und stark,
viele und gut.»

Leitbild der IG Metall-Geschäftsstelle Gaggenau

Erst mit einem stabilen gemeinsamen Grundverständnis wird eine so nachhaltige Entwicklung möglich, wie sie die oben genannten Beispiele genommen haben. In der Betriebsratsarbeit sind seine Früchte mehr Profitabilität, Proaktivität, Professionalität, Beteiligung und Respekt in der Betriebsratsarbeit.

Nach unserer Erfahrung ist eine solche Grundlage in den allermeisten Unternehmens- und Betriebsratskulturen nicht vorhanden. Weitverbreitet hingegen ist ein diffuses Gemisch aus dem kleinsten gemeinsamen Nenner möglichst harmloser oder gut klingender Begriffe. Da kann sich jeder sowohl angesprochen als auch gut fühlen, ohne dass sich daraus gleich reale oder gar messbare Verhaltensprinzipien an das Gremium oder seine Mitglieder ableiten lassen. Die am weitesten verbreiteten Wörter unter Arbeitervertretern sind im Allgemeinen: Solidarität, Gerechtigkeit, Schutz, Sicherheit, Hilfe und Respekt. Je nach politischer Ausprägung folgen dann entweder: Forderung, Durchsetzung und Gegenmacht, oder: Vermittler, gemeinsames Wohlergehen und Ausgewogenheit.

Befragt nach der praktischen Anwendung dieser Begriffe in der konkreten Situation des eigenen Betriebes gehen die Meinungen mitunter sehr weit auseinander. Respekt etwa muss auf jeden Fall der Arbeitgeber den Mitarbeitern entgegenbringen, aber nicht jeder Betriebsrat würde das auch umgekehrt für notwendig erachten, von einem respektvollen Umgang der Betriebsratskollegen untereinander ganz zu schweigen.

Rollenverständnis Einzelne Betriebsräte haben oft große Klarheit über ihr Rollenverständnis und eine Vision für die betriebliche Entwicklung im Sinne der Arbeitnehmer. Den meisten Teams fehlt jedoch ein gemeinsames Verständnis über die eigene Rolle, die Prinzipien, mit denen die Rolle gelebt wird und die Richtung, die auf Basis dieser Rolle eingeschlagen werden soll. Schaut man sich hingegen gute Unternehmen mit starken Marken und Produkten an, so zeichnen sie sich oft dadurch aus, dass sie es geschafft haben, ihren Nutzen und ihr Alleinstellungsmerkmal nach innen und nach außen erfolgreich herauszustellen und praktisch zu leben. Sie können folgende Fragen kurz und prägnant beantworten: «Wozu sind wir da? Was können nur wir? Was ist auch in Zukunft von uns zu erwarten?» Sie verfügen über ein hohes Selbstbewusstsein und eine klare Ausrichtung.

Das gleiche Prinzip gilt auch für Arbeitnehmervertretungen: Wenn sie die Besten werden wollen, die sie für ihre Wähler sein können, dann benötigen sie ein gemeinsames Grundverständnis. Jeder Einzelne muss wissen, wofür die Gemeinschaft steht und welche Werte und Prinzipien das gemeinsame Handeln leiten sollen. Aus einem solchen Rollenverständnis ergibt sich ein gemeinsames Selbstbewusstsein, das sowohl den einzelnen Betriebsratsmitgliedern als auch gemeinsamen Aktionen Überzeugungsraft verleiht. Zudem muss der Betriebsrat kollektive Einigkeit darüber haben, was er zukünftig auf Basis seines Rollenverständnisses gemeinsam erreichen will. Er muss sich auf einen gemeinsam angepeilten Zielzustand ausrichten.

Orientierung nach innen und außen Nach innen gibt das Leitbild Orientierung und wird somit handlungsleitend und motivierend für das Gremium als Ganzes und die einzelnen Mitglieder. Nach außen, also für die Unternehmensführung und die Mitarbeiter, macht es deutlich, wofür das Gremium steht. Es beschreibt außer dem Wesen und der Ausrichtung des Betriebsrats auch die angestrebte Kultur für Betriebsrat und Unternehmen. Wenn es im folgenden Schritt auch noch gelingt, diese Grundorientierung auf die strategische und operative Ebene herunterzubrechen, lassen sich von dem Leitbild aus problemlos künftige Strategien, Ziele und operative Handlungen des Betriebsrats ableiten. Das Leitbild wird für den Betriebsrat zum Ausgangspunkt seines Veränderungsprozesses. Wenn es sorgfältig erstellt wurde, werden alle weiteren Schritte wesentlich leichter fallen.

1.1.2 Ein Leitbild erstellen und nutzen

Nach dem intensiven zweitägigen Ringen um ein gemeinsames Leitbild herrschte im Betriebsratsgremium eines Werkes aus dem Kolbenschmid-Pierburg-Konzern am Nachmittag des 16. Februar 2011 plötzlich Stille. Jeder der Anwesenden wusste, dass die hart selektierten, hin und her geworfenen, gelöschten, wieder aufgenommenen Begriffe in diesem Moment ihren Platz gefunden hatten. Sie brachten genau das auf den Punkt, was die 33 Menschen in diesem Raum bewegte:

Am Ende des Entstehungsprozesses

> «Wir sind ein zielorientiertes Team und stehen zu unserer Verantwortung.
> Wir kämpfen für eine sichere Zukunft des Standortes und der Arbeitsplätze.
> Wir arbeiten für die Interessen aller Mitarbeiter.
> Wir leben ein respektvolles Miteinander als gemeinsame Unternehmenskultur vor.»

In diese Stille sagte einer der Betriebsräte: «Das Ding ist gefährlich! Wenn wir das glaubhaft leben und umsetzen wollen, wird es uns zwingen, uns zu verändern. Jeden Einzelnen von uns. Es wird uns in den Hintern treten und uns jeden Tag rückhaltloses Feedback geben.»

Ein gutes Leitbild ist tatsächlich gefährlich. Von der Erstellung eines Leitbilds sei daher allen abgeraten, die Zweifel an seiner Umsetzung hegen, denn sie gehen das gleiche Risiko ein, dem so viele Leitbild-Kollegen in den Unternehmen erlegen sind: Als Tiger zu starten und als Bettvorleger zu enden.

Leitbilder sind gefährlich

Was ein sprachlich gelungenes Leitbild von einem praktisch gelebten Leitbild unterscheidet, ist die grundsätzliche Bereitschaft und das Stehvermögen, das zu tun, was man ankündigt.

Die Umsetzung gelebter Leitbilder war immer mit viel Unbequemlichkeit verbunden. Sie bedurfte eines großen Einsatzes durch schwierige Phasen hindurch und erfuhr oftmals starken Gegenwind, selbst aus den eigenen Reihen. Die Erkämpfung des Achtstundentages war beispielsweise kein Sonntagsspaziergang, aber sie war auch kein sinnloses Ankämpfen gegen Windmühlen. Eine starke Idee, verfolgt von entschlossenen Frauen und Männern, bahnte sich ihren Weg. Nicht immer geht es darum, umwälzende Veränderungen durchzusetzen. In vielen Unternehmen geht es um solide Betriebsratsarbeit, die Nutzen bringt und Spaß macht.

Leitbilder haben ihren Preis

Die Umsetzung eines guten Leitbilds erfordert jedoch immer einen Preis: Der Betriebsrat wird daran gemessen! Er muss aufhören, Dinge zu tun, die nicht seinem Leitbild entsprechen und anfangen, die Dinge zu tun, die es befördern. Das bedeutet immer eine Veränderung und die beginnt bei jedem Einzelnen selbst. Liebgewonnene Gewohnheiten müssen vielleicht abgebaut werden und eingeübte Routinen verändert. Es gilt, eigene Vorlieben oder manchmal auch Abneigungen zu überwinden und die Konversation im eigenen Kopf zu verändern.

Leitbilder schaffen Klarheit

Der positive Effekt eines guten Leitbildes überwiegt jedoch jeden Aufwand. Es führt zu einer nie da gewesenen Klarheit, die große Kräfte freisetzt.

Der Entstehungsprozess

Leitbilderstellung

Wenn man seine eigene Identität beschreiben und dabei den Kern treffen möchte, der unter der Oberfläche von Allgemeinplätzen ruht, dann ist es so, als ob man in einen Ringkampf eintritt.

Unternehmen überlassen das gerne ihren PR-Agenturen. Oder sie bilden eine Projektgruppe aus chronisch überlasteten Führungskräften und Mitarbeitern, die neben ihrem Alltagsgeschäft, oft über lange Zeiträume hinweg, ihr Bestes geben. Diese Projektgruppe versucht, einigermaßen plausible Formulierungen zustande zu bringen. Einige dieser am grünen Tisch entstandenen Wortgebilde sind an äußerer Schönheit kaum zu überbieten, erzeugen aber weder innere Resonanz noch praktisch umsetzbare Handlungsanleitungen für die tägliche Arbeit.

Geduld, starke Nerven und Humor

Wenn man hingegen ein Leitbild erhalten möchte, das die Kraft, den Gestaltungswillen und den «Spirit» eines Gremiums aus der Tiefe heraus erfasst und sprachlich gelungen auf den Punkt bringt, benötigt man Geduld und starke Nerven. Unabdingbar ist auch ein guter Schuss Humor für die langwierigen, vergeblichen und frustrierenden Formulierungsversuche auf dem Weg dorthin. Dieses Ringen selbst ist bereits ein wertvoller Bestandteil für den Aufbau des «Hauses der Entwicklung». Es zwingt alle Beteiligten, ihre Arbeit vom Grundsatz her zu durchdringen und sich selbst und das Gremium in Bezug auf Ansprüche und Bedürfnisse zu hinterfragen:

- Wofür ist man Betriebsrat geworden?
- Für welche Werte steht dieser Betriebsrat?
- Was wäre, wenn es ihn nicht gäbe?
- Woran will der Betriebsrat sich gegenüber der Belegschaft messen lassen?
- Was will man im Betrieb in den kommenden zehn Jahren für die Beschäftigten erreichen?

Während der Leitbilderstellung werden diese und eine Reihe weiterer Fragen aufgestellt und gemeinsam bis in die Tiefe durchgearbeitet. Im folgenden Schritt wird der Extrakt aus den Antworten herausgefiltert und priorisiert und dann folgt das gemeinsame Ringen um Formulierungen, die den gewonnenen Extrakt in die stimmige Form, Abfolge und Gewichtung bringen.

Jede Gruppe weiß intuitiv, wann das Leitbild vollständig ist. Eine unausgesprochene Resonanz erfasst den Raum und plötzlich ist nichts mehr hinzuzufügen. Ein gutes Gefühl breitet sich aus: Jeder fühlt sich gesehen, jeder fühlt sich gemeint und jeder hat sich selbst erkannt. Dieser Moment ist wichtig für die künftige gemeinsame Identität. Er festigt das gemeinsame Grundverständnis und in schwierigen betrieblichen Phasen kann man sich immer wieder daran erinnern, wofür man eigentlich miteinander angetreten ist.

Resonanz zum Leitbild

Ein Gremium ist in jedem Fall gut beraten, sich dafür Unterstützung von außen zu holen. Ansonsten besteht die Gefahr, in den bereits erwähnten Allgemeinplätzen hängen zu bleiben oder die führenden Köpfe mit einer zusätzlichen Extremanforderung zu belasten. Vorsicht ist auch bei der Auswahl der Unterstützenden geboten: Sie brauchen ausreichende Erfahrung im Umgang mit Leitbildprozessen und die einhundertprozentige Entschlossenheit, mit dem Gremium bis zum Ende des Kampfes im Ring zu bleiben. Außerdem benötigen sie die strategische Klarheit, das Leitbild anschließend in ein schlüssiges Gesamtkonzept einzubetten.

Externe Unterstützung

Ebenfalls sollte sich das Gremium darüber bewusst sein, dass dieses Leitbild erst einmal für die aktuelle Amtsperiode gültig ist. Bereits in der kommenden Amtsperiode kann durch eine andere Zusammensetzung des Gremiums oder andere betriebliche Ereignisse eine andere Auswahl und Gewichtung der Schwerpunkte entstehen. Ein bereits bestehendes Leitbild sollte also spätestens nach der Konstituierung des neuen Gremiums Wort für Wort auf den Prüfstand gestellt und gegebenenfalls angepasst werden.

Die Anwendung

Damit ein gutes Leitbild nicht nutzlos in seiner ganzen Erhabenheit verstaubt, müssen daraus umgehend die nächsten Schritte abgeleitet werden. Diese sind die Bestimmung der strategischen Ausrichtung und die Festlegung der jährlichen Prioritäten und der damit einhergehenden Bereichsziele. Diese wiederum münden in strategischen und operativen Prinzipien und Zielen. Zum Schluss werden machbare und täglich anwendbare Handlungspläne erstellt.

Ein Leitbild will genutzt werden

Das folgende Schaubild veranschaulicht noch einmal, wie nach dem Programm des «Hauses der Entwicklung» die Betriebsratsarbeit anhand des Leitbildes gesteuert wird.

Steuerung der Betriebsratsarbeit anhand des Leitbilds nach dem System des «Hauses der Entwicklung»

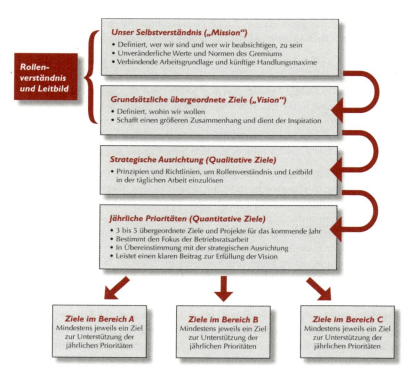

1.1.3 Eine lebenswerte Arbeitswelt schaffen

Beispiel Neuausrichtung bei Audi

Es gibt viele gute Beispiele dafür, wie Betriebsräte aus der Entwicklung eines gelebten Leitbildes eine schlagkräftige Strategie für die Herstellung einer lebenswerten Arbeitswelt entwickelt haben. Wir hatten die Freude mit zu erleben, wie das Programm des «Hauses der Entwicklung» im Audi-Werk von Neckarsulm ungeahnte Kräfte freisetzte.

Der Betriebsrat und Vertrauenskörperleiter Jürgen Mews beschreibt den Gewinn des Leitbildprozesses aus seiner eigenen Erfahrung so:

«In unserem Werk mit seinen nahezu 15.000 Beschäftigten haben wir rund 600 Vertrauensleute. Über Jahrzehnte hinweg hatte diese Masse von Menschen mit Ausnahme der Tarifrunden eine eher untergeordnete und kaum eigenständig wahrnehmbare Rolle. Wir entschlossen uns 2012 dazu, die Rolle der Vertrau-

ensleute neu zu definieren und sie in eine eigenständige gestalterische Kraft im Werk für die bessere Vertretung der Interessen unserer Beschäftigten zu entwickeln. Wir wussten von Anfang an, dass für die Entfaltung dieses Prozesses ein Zeitraum von mindestens 4 bis 6 Jahren anzusetzen ist.
Der Ausgangspunkt dieser Entwicklung war die Beschreibung unseres neuen Rollenverständnisses. Wir nutzten die Gelegenheit, die Vertrauensleute an dieser Entwicklung zu beteiligen und das Ergebnis war eine überwältigende Resonanz, weil sie sich zum ersten Mal wirklich gesehen, gefordert und gefördert fühlten. Sie nutzen die Chance, aus ihrer Passivität herauszutreten und hatten sichtlichen Spaß daran, als Protagonisten in Erscheinung zu treten. Statt der üblichen 150–160 Anwesenden arbeiteten 300 auf der Vertrauensleute-Vollversammlung im März 2013 am Leitbild mit. Bereits der Entstehungsprozess unseres Leitbilds hatte die Menschen aktiviert und ihre Bereitschaft hervorgerufen, künftig mehr Verantwortung zu übernehmen.»

Die angesprochene Vollversammlung war auch für uns als Moderatoren ein herausragendes Ereignis. Zehn Gruppen mit jeweils 30 Teilnehmern standen in Halbkreisen vor den zehn im Saal verteilten Pinnwänden. Auf jeder Pinnwand war eine Frage zu betrieblichen und gewerkschaftlichen Themen sowie Themen für das Leitbild an die Vollversammlung gerichtet. Die Vertrauensleute konnten zu den Fragen Ihrer Wahl arbeiten, Antworten, Ideen und Stellungnahmen entwickeln. An jeder der Wände stand ein Moderator aus der Vertrauenskörperleitung, der flankiert wurde durch eine Person der Jugendausbildungsvertretung (JAV). Auf Zuruf aus der Gruppe schrieb der JAV-Vertreter an der Pinnwand rasch die zugerufene Information auf, während der Moderator für eine konzentrierte Arbeitsatmosphäre sorgte und die Teilnehmenden in den Formulierungen ihrer Beiträge unterstützte. Anschließend konnten alle den für sie wichtigsten Beitrag markieren und damit eine Gewichtung in die Fülle an Informationen bringen. Nachdem die Ergebnisse der Pinnwände von den Vertrauenskörperleitern und den «JAV'is» vorgestellt wurden, gab es große Zustimmung im Saal. Die Vertrauensleute fühlten sich gesehen und gemeint, sie konnten ihren Beitrag leisten. Sie halfen dabei, ein größeres Bild zusammenzufügen, das ihnen allen eine gute Orientierung geben wird. Mit relativ einfachen Mitteln konnte in der Leitbilderstellung Beteiligung hergestellt und alle Vertrauensleute mit an Bord genommen werden.

Das Leitbild, das die 600 Vertrauensleute für sich aufstellten, lautet:

**LEITBILD UND ROLLENVERSTÄNDNIS
DES VERTRAUENSKÖPERS VON AUDI NECKARSULM**

Unsere Kernaufgabe ist, die Interessen der Belegschaft zu vertreten und eine lebenswerte Arbeitswelt zu schaffen.

Die Basis unseres Handelns ist ein respektvoller und beteiligungsorientierter Umgang mit allen Beschäftigten.

Durch die Nähe zu unseren Kolleginnen und Kollegen finden wir gemeinsam Lösungen für ihre Themen vor Ort.

Veränderungen gestalten wir aktiv durch gemeinsames Handeln, Transparenz und Offenheit.

Wir schaffen damit Vertrauen und machen Gewerkschaft für alle erlebbar.

Wie die Entwicklung des Leitbildes zu einem größerem Selbst-Bewusstsein der Vertrauensleute beigetraten hat, beschreibt der Betriebsrat und Vertrauenskörperleiter in seinen weiteren Ausführungen:

«Dieser Entstehungsprozess hat auch dazu beigetragen, aus unserer Vertrauenskörperleitung ein einheitliches und schlagkräftiges Team zu formen. Im folgenden Schritt diente uns das Leitbild als Werkzeug, die Strategie für unsere weitere Entwicklung und die dafür notwendigen operativen Handlungsschritte festzulegen. Wir haben Klarheit über die Aufgaben der kommenden Monate und unsere Leute sind motiviert, mitzugehen. Wir können jetzt zum ersten Mal beschreiben, wie wir konkret mehrere hundert Menschen operativ bewegen und aktiv am betrieblichen Geschehen beteiligen. Nach anfänglicher Skepsis war auch der Betriebsrat vom Mehrwert einer großen aktiven Bewegung überzeugt, weil diese Schlagkraft natürlich auch seine eigenen Möglichkeiten deutlich verbessert. Schon bei den kommenden Betriebsratswahlen zeichnet sich dadurch eine wesentlich stärkere Ausgangsposition für die IG Metall-Fraktion im Betriebsrat ab. Zudem wurde unsere Außenwirkung als IG Metall-Fraktion deutlich verbessert, als wir das Leitbild auf gedruckten Roll-Up-Bannern zur Betriebsversammlung in den Saal stellten, es auf Flyern weiter ausführten und die Belegschaft zum Dialog darüber einluden.
Einen besseren Einstieg für unseren Veränderungsprozess, als diese Leitbildentwicklung hätten wir uns gar nicht wünschen können. Das war der Katalysator für unsere bisherige Erfolgsstory und hat uns sehr viel Mut und Kraft gegeben, diesen Weg fortzusetzen.»

Die Vertrauenskörperleitung des genannten Automobilwerks besteht aus Frauen und Männern der Praxis, für die Taten einen höheren Stellenwert haben, als Worte. Da sich konkrete, belastbare Ergebnisse des Leitbildprozesses und seiner Strategieerstellung gerade erst entfalten, und der praktische Nutzen des Prozesses noch nicht ausreichend bewiesen werden konnte, zögerten sie mit der Freigabe dieses Beispiels für das vorliegende Buch. Alleine unsere Einschätzung, dass es als wirklich gelungenes Leitbild bereits für sich stehend anderen Arbeitnehmervertretungen zur Inspiration für die Entfaltung ihrer eigenen Prozesse dienen würde, konnte ihre Zustimmung hervorrufen. Diese Bescheidenheit macht uns noch dankbarer, Zeuge dieses außergewöhnlichen Prozesses geworden zu sein.

Zusammenfassung

Ein gutes Leitbild ist

1. profitabel, weil es in wenigen Worten den grundsätzlichen Nutzen des Betriebsrats aufzeigt,
2. proaktiv, weil es die Richtung aufzeigt, in die das Gremium von sich aus gehen will,
3. professionell, weil es Klarheit schafft und des Gremium messbar macht,
4. beteiligungsorientiert, weil bereits der Entstehungsprozess die Mitwirkenden in einen gemeinsamen Zusammenhang einbettet
5. respektvoll, weil es davon ausgeht, einander die besten Absichten zu unterstellen.

Ein gutes Leitbild dient als Werkzeug

1. zur Beschreibung des Gremiums in Bezug auf Sinn, Ziel und grundsätzliche Prinzipien seiner Betriebsratsarbeit
2. um die strategische Ausrichtung und die operativen Prioritäten der Amtsperiode davon abzuleiten
3. um wiederkehrend Motivation und Einigkeit zu stiften
4. zur Erschaffung einer unverwechselbaren und klaren Identität nach innen und nach außen
5. um das Image des Betriebsrats in der betrieblichen Öffentlichkeit aufzuwerten und darüber mehr Handlungsfreiheit zu generieren.

1.2 Strategie

1.2.1 Was ist der beste Weg?

Strategie-definition

Strategie ist der grundsätzliche Weg, auf dem die Hauptziele des Betriebs-rats erreicht werden sollen. Frei nach dem Duden definieren wir: Die Stra-tegie ist ein Plan, wie man sein Ziel am besten, günstigsten oder schnellsten erreichen will. Dabei versucht man von vornherein, diejenigen Faktoren oder Ereignisse mit einzukalkulieren, die die eigenen Aktionen positiv oder nega-tiv beeinflussen könnten.

Im «Haus der Entwicklung» kommt der Strategie eine elementare Bedeutung zu. Sie ist die Voraussetzung dafür, intelligenter zu arbeiten, statt einfach nur härter. Strategie ist die Planung für proaktives Arbeiten. Sie dient uns als Bin-deglied zwischen dem Leitbild und dem täglichen Handeln. Während das Leit-bild als Richtungsgeber für übergeordnete Ziele dient, z. B. «eine lebenswerte Arbeitswelt zu schaffen», ist es die Aufgabe der Strategie, diese übergeordneten Ziele in eine Wegstrecke aus umsetzbaren Teilschritten herunter zu brechen.

Die drei Kernelemente der Strategie-entwicklung

Die Kernelemente der Strategieentwicklung sind bereits in unserem «Linien-Werkzeug» mit den Treppenstufen «Über-der-Linie» angelegt. Sie seien hier noch einmal genannt:

1. Erkennen
2. Lösen
3. Handeln

Im Erkennen ist die umfassende Betrachtung des Ist-Zustandes enthalten: **Erkennen**

1. Was sind die Rahmenbedingungen im Unternehmen und unter den Kollegen?
2. Was sind unsere Stärken und Schwächen?
3. Was wollen wir?
4. Was ist unsere Hintergrundkonversation?

Beim Erkennen fokussiert der Betriebsrat seine Kernkompetenzen. Er überlegt, was er besonders gut kann, was sein Alleinstellungsmerkmal ist, also was niemand außer ihm kann und an welchen Stellen er seine Stellung ausbauen kann.

Außerdem analysiert die Arbeitnehmervertretung die Bedürfnisse der Kollegen und überlegt, wer in Zukunft die «Kunden» sein werden und was für Bedürfnisse sie haben werden. Am Ende dieser Überlegungen steht die Frage welcher spezifische «Kundennutzen» gestiftet werden kann.

Wenn durch das Erkennen der Ist-Zustand und die Bedürfnisse klar geworden sind, kann die Strategie durch das Lösen weiter vorangetrieben werden.

Das Lösen **Lösen**

1. beinhaltet die Bereitschaft zur Verantwortungsübernahme
2. betrachtet Szenarien mit einem Blick auf die längerfristige Zukunft
3. fragt nach den Chancen und Risiken möglicher Entscheidungen und Veränderungen
4. bedenkt die Auswirkungen möglicher Entscheidungen auf die eigene Ausrichtung, Aufstellung, die Strukturen und Prozesse

Beim Lösen werden Prioritäten gesetzt, Entscheidungen getroffen und die Weichen für die Streckenführung gestellt. Die Strategie wird in einen konkreten Umsetzungsplan überführt, der die notwendigen Maßnahmen in Bezug auf Zeitläufe und Zuständigkeiten aufeinander abstimmt. Maßnahmen sind konkrete Aktionen oder operative Schritte, die zur Zielerreichung notwendig sind.

Der anspruchsvollste Teil der Strategie beginnt beim Handeln. **Handeln**

1. Sind wir verbindlich und tun wir tatsächlich, was wir sagen?
2. Sind wir bereit, auch besondere Anstrengungen zu unternehmen, um für unsere Kollegen den vollen Nutzen unserer Strategieumsetzung sicherzustellen?
3. Ist unser Zusammenwirken professionell genug, um unser Wort einzulösen?
4. Sind wir bereit, uns am Erreichen unserer Ziele und Meilensteine messen zu lassen?

Nachhaltung

Aus unserer Sicht kommt dabei der Nachhaltung eine Schlüsselfunktion für die zufriedenstellende Strategieumsetzung zu. Es geht nicht nur darum, dem altbekannten Phänomen «aus den Augen, aus dem Sinn» entgegenzuwirken, sondern vor allem darum, die Ausführenden nicht alleine mit der Umsetzung zu lassen und ihnen immer wieder zur Seite zu stehen mit Interesse, Entscheidungen und Hilfestellungen. Der letzte Teil der Strategieumsetzung besteht aus der Bewertung dessen, wie sich die angestrebten Ergebnisse von den tatsächlich erzielten unterscheiden. Auch die gewählte Strategie gehört auf den Prüfstand, um festzuhalten, wo beim nächsten Mal nachjustiert werden müsste.

Freiraum zur Strategieentwicklung

Strategieentwicklung ist klassischerweise eine Führungsaufgabe. Sie erfordert eine übergeordnete Sicht auf die Dinge, eine Art Vogelperspektive. Aus den Verstrickungen des täglichen operativen Geschäfts heraus ist es in der Regel äußerst schwierig, über den Tellerrand zu schauen und Sachverhalte in das größere Bild einordnen zu können. In einem Betriebsratsgremium ist Strategieentwicklung aus unserer Sicht die Aufgabe eines Führungskreises, der in kleineren Gremien aus den Freigestellten oder dem Betriebsausschuss besteht, in den größeren aus einer Art Leitungskreis, der aus praktischen Erwägungen auf fünf bis sieben Teilnehmer begrenzt bleiben sollte.

Aus unserer Sicht sind hauptamtliche Betriebsräte nicht dafür freigestellt, dass sie für alle anderen die operativen Aufgaben außerhalb der Betriebsratssitzung übernehmen. Sie sollten vor allem den Freiraum haben, strategische Entwicklungen voranzutreiben, damit das Gremium proaktiv, professionell und profitabel für die Kollegen agieren kann. Die Führung ist gehalten, mögliche Richtungen und Schritte auf ihre strategischen Optionen hin zu durchdringen und einen roten Faden auszulegen, an dem sich spätere gemeinsame Betrachtungen im Gremium entlang hangeln können.

Einbindung des Gesamtgremiums

Wer das volle Engagement des Gremiums erhalten und die Betriebsratskollegen nicht nur als Mitläufer des Vorgedachten nutzen möchte, der muss sorgfältige Information und Kommunikation über die angestrebte Strategie gewährleisten, sobald die Richtung der Reise klarer wird. Es stimmt zwar, dass bei Weitem nicht alle Betriebsräte bei der Erarbeitung der Gesamtstrategie mitwirken möchten und die Form ihrer Beteiligung stufengerecht gestaltet werden muss. Auf der anderen Seite müssen die Mitglieder des Betriebsrats nach Möglichkeit alle die Strategie von proaktiven Handlungen nachvollziehen können und auf die eine oder andere Art an ihrer Umsetzung beteiligt sein. Wenn der Führungskreis schon selbst mit dem Durchdringen komplexerer Sachverhalte ringen musste, dann ist besondere Sorgfalt darauf zu verwenden, dem Rest des Betriebsrats mit gut aufbereiteten Informationen Orientierung für Entscheidungen und daraus hervorgehende Handlungen zu geben.

Wenn der rote Faden ausgelegt ist, ist es an der Zeit die anderen Betriebsrats-kollegen in den Prozess mit einzubinden, in dem sie eine Diskussions- und Entscheidungsvorlage erhalten. Diese gibt Auskunft über:

- alle geprüften strategischen Optionen
- die Vor- und Nachteile der einzelnen Varianten
- Argumente für die Wahl einer eventuell empfohlenen Marschrichtung
- Umsetzungsschritte der Strategie
- zu treffende Entscheidungen

Das Gremium prüft die Vorlage aufgrund von drei Kriterien: Was spricht für den gewählten Weg? Was könnten die Gegenkräfte sein? Und gibt es darüber hinaus weiterführende oder gar bessere Ideen?

Diese Stelle ist äußerst kniffelig: Der Führungskreis muss mit der Entschei- **Transparenz** dungsvorlage vollkommene Transparenz herstellen, um auf keinen Fall in den Vorwurf der Geheimniskrämerei zu geraten, oder den Verdacht zu pro-vozieren, dass sowieso schon alles beschlossene Sache sei. Umgekehrt darf die Strategieentscheidung auf keinen Fall von Mitgliedern des Gremiums für «Unter-der-Linie»-Interessen missbraucht werden. Häufig werden genau an diesem Punkt Entscheidungen nur deshalb blockiert oder zerredet, weil unterschwellig ganz andere Motive, wie etwa Machtgerangel, Veränderungs-ängste, Überforderung durch die Komplexität der Thematik oder das Scheuen vor unliebsamen Maßnahmen die objektive Entscheidung beeinflussen.

Sollte dieses Phänomen in einer Betriebsratssitzung auftauchen, dann emp-fehlen wir die folgende Vorgehensweise: Der Sitzungsleiter geht an das Flip-chart und bittet alle Anwesenden für 5 bis 10 Minuten vollständig «Unter-die-Linie» zu gehen: zu beschuldigen, zu rechtfertigen, zu grollen, recht zu haben, zu jammern, etc. Er fasst die Äußerungen in Stichworten zusammen. Anschließend lädt er für 5 bis 10 Minuten dazu ein, die Frage zu beantworten: «Wie sieht die gleiche Konversation ‹Über-der-Linie› aus, wenn wir erken-nen, lösen und handeln?» Danach fällt es in der Regel viel leichter, gemein-sam objektive und belastbare Entscheidungen zu treffen.

Strategieentwicklung braucht Zeit. Diese Zeit ist oft nicht vorhanden, weil alle Beteiligten so tief im operativen Geschäft versunken sind, dass jede zusätzliche Stunde, die mit grundsätzlichen Überlegungen verbracht wird, als Luxus oder Zumutung erscheint.

Dieses Phänomen wurde bereits Ende der 1950er Jahre von Taichi Ono, dem **Von der** damaligen Produktionsleiter von Toyota erkannt. Es wird erzählt, dass er **Löwenjagd** eine Fernsehsendung über Löwen anschaute und fasziniert von der Tatsa- **zum Qualitäts-** che war, dass diese Tiere nur zehn Prozent ihrer kompletten Jagdzeit mit der **führer** eigentlichen Handlung des Rennens und Beutereißens beschäftigt waren. Er erkannte, dass die Tiere fast drei Viertel der Zeit nur damit beschäftigt waren, zu beobachten. Sie beobachteten die Beschaffenheit des Geländes, die Vegetation, die Windrichtung, die vorbeiziehenden Tiere und mögliche Hindernisse. Erst, wenn alle notwendigen Rahmenbedingungen erfasst waren, dann begannen sie, sich auf einzelne Tiere in einer Herde zu konzentrieren, bei denen sie bessere Chancen für eine erfolgreiche Jagd sahen. Erst in dieser Phase äußerster Konzentration fiel die Entscheidung, die dann auch prompt und entschlossen ausgeführt wurde.

Prinzip «Scan-Focus-Act»
Ono nannte die von ihm erkannten Prinzipien später «beobachten, fokussieren, handeln» («scan, focus, act»). Er verglich diese, aus seiner Sicht äußerst effektive Herangehensweise mit seiner eigenen Arbeitsweise und stellte fest, dass er fast nur noch rasch zwischen «Fokussieren und Handeln» hin- und herpendelte und gar keine Zeit mehr für das «Beobachten» verwenden konnte. Oft fehlten ihm wesentliche Informationen oder er konnte Themen nicht mehr ausreichend inhaltlich durchdringen, um intelligente Entscheidungen zu treffen. Er hatte eher das Gefühl, in einem Hamsterrad noch schneller rennen zu müssen, anstatt aus dem Rad auszusteigen und zu hinterfragen, welche Alternativen man zu diesem Rad entwickeln könnte. Der Erzählung nach war das der Beginn der Erfolgsgeschichte vom Toyota-Produktionssystem, das von ihm entwickelt wurde.

Strategieentwicklung beruht auf sorgfältigem «Beobachten und Fokussieren». Hier entstehen die Lösungen, die uns intelligenter, statt härter arbeiten lassen. Jede Stunde, die hierfür zusätzlich aufgewendet wird, spart meistens viele Stunden an anderer Stelle. Regelmäßige und ausreichende Zeit für die Strategieentwicklung ist also kein Luxus. sondern die Voraussetzung für gute Betriebsratsarbeit.

Beispiel Monatliche Strategierunde
Beispiel: Nachdem der Betriebsausschuss vom Daimler-Werk-Mannheim erkannt hatte, dass er sich nach eigenem Empfinden fast ausschließlich im Hamsterrad des operativen Geschäfts gefangen sah, beschloss er die Einführung einer monatlich stattfindenden Strategierunde. Hier wurde ein halber Tag ausschließlich darauf verwendet, in gelockerter Atmosphäre mit ausreichender Zeit vorzudenken und vorausschauend die anstehenden Themen auf ihre strategischen Optionen hin zu untersuchen. Als Resultat davon verbesserte sich die Qualität der Lösungsoptionen und es entstanden sehr gut ausgearbeitete Entscheidungsvorlagen, die es dem Gremium wesentlich leichter machten, objektive Kriterien nachzuvollziehen und entsprechende Entscheidungen fällen und umsetzen zu können.

Im Folgenden illustriert ein sehr bekanntes Beispiel, wie eine gelungene Strategieanwendung zum Erfolg führt.

Rumble in the Jungle

1974 fand in Zaire der legendäre Kampf um die Boxweltmeisterschaft zwischen Muhammed Ali und George Foreman statt. Foreman, der Schwergewichtsolympiasieger von 1968, war in 40 Profikämpfen ungeschlagen und hatte die meisten seiner Gegner innerhalb weniger Runden durch Knockout besiegt. Muhammed Ali war der Außenseiter, zudem mit 32 Jahren der Ältere, und führende amerikanische Sportjournalisten erwarteten, dass seine Karriere in diesem Kampf durch einen schnellen Knock-out beendet werden würde.

Strategie überwindet Aussichtslosigkeit

Ali schien chancenlos zu sein, aber im Kampf selbst überraschte er durch seine Strategie sowohl Gegner und Publikum als auch seine eigenen Trainer und Betreuer. Ihm war offensichtlich bewusst, dass er seinen körperlich überlegenen Gegner unter normalen Umständen nicht bezwingen konnte. Zeitzeugen wollen sogar Angst in seinem Blick erkannt haben. Daher ging seine Strategie dieses Mal in eine völlig andere Richtung: Anstatt – wie früher – durch Schnelligkeit und leichtfüßige Ausweichmanöver zu versuchen, harte Schläge seines Gegners ins Leere laufen zu lassen, ließ er sich nun von Foreman zunächst freiwillig in die Seile drängen und lehnte sich dabei mit dem Oberkörper noch weit nach hinten. Damit war sein Kopf fast immer außerhalb von Foremans Reichweite. Seinen Rumpf schützte er dabei durch permanente Doppeldeckung mit seinen Unterarmen. Die Wucht von Foremans Schlägen wurde zusätzlich durch die relativ locker gespannten Seile abgefedert – diese Taktik ist heute als *Rope-a-Dope* bekannt. Obwohl ihm sein Trainer ständig zurief, er solle unbedingt weg von den Seilen, setzte Ali seine Strategie unbeirrt fort. Entgegen seinem üblichen dynamischen Kampfstil klammerte sich Ali auch recht häufig an seinen Gegner und wich ansonsten einer Vielzahl von Schlägen zum Kopf aus. Während «Big George» wütend auf ihn einschlug, sprach Ali fortwährend mit ihm und provozierte ihn hörbar mit Sätzen wie: «Ist das alles, George? Ich habe mehr erwartet! Ist das alles, was du drauf hast?» Foreman, damals noch jung und ungestüm, nahm die permanente Provokation an und schlug gnadenlos auf Alis Körper ein, ohne jedoch einen entscheidenden Wirkungstreffer zu erzielen.

Er baute bald konditionell ab und Ali konnte sich nun aus der Deckung heraus mit Kontern immer besser in Szene setzen. Etwa ab der 4. Runde begann er – kurz zuvor noch «in den Seilen liegend» – zunehmend mit präzisen und schnellen Kombinationen seinen Gegner zu attackieren. Bis zur achten Runde verfolgte Ali seine Taktik, sich bis zur Rundenmitte in die Seile zu lehnen, um zum Ende der Runden hin seine präzisen und schnell geschlagenen Kombinationen anzusetzen, die immer mehr Wirkung bei Foreman hinterließen, körperlich und vor allem psychisch. Ende der 8. Runde schlug Ali dann mit zwei schnellen Links-rechts-Kombinationen und insgesamt neun aufeinanderfolgenden Kopftreffern seinen Gegner nieder; Foreman taumelte, drehte sich zur Hälfte um seine eigene Achse, sank zu Boden und wurde ausgezählt. Ali war wieder Weltmeister.

1.2.2 Strategisch denken und handeln

> **«Nur eine bewusste Entscheidung für das Wichtige verhindert eine unbewusste Entscheidung für das Unwichtige.»**
> *Stephen Covey*

Feuerwehreinsätze

Viele Betriebsräte haben das Gefühl, dass sie häufig Feuerwehreinsätze zur Bewältigung von plötzlich auftretenden Konflikten oder Krisen fahren müssen und meistens nur noch reagieren statt agieren können. Wer sich beim Lesen dieser Zeilen damit identifizieren kann, den bitten wir an dieser Stelle, über folgende Fragen nachzudenken, die Steven Covey in seinem Buch *Die sieben Wege zur Effizienz* aufwirft:

Welche Tätigkeit vor allen anderen, wenn sie konsequent ausgeübt würde, hätte Ihres Wissens nach bedeutende positive Folgen für Ihr Privatleben?

Welche Tätigkeit vor allen anderen, wenn sie konsequent ausgeübt würde, hätte Ihres Wissens nach bedeutende positive Folgen für Ihr Berufsleben?

Wenn Sie wissen, dass diese Dinge soviel bewirken würden, warum tun Sie sie dann nicht schon jetzt?

Dringlichkeit und Wichtigkeit

Während Sie sich Ihre Antwort überlegen, wenden wir uns zwei entscheidenden strategischen Faktoren zu: Dringlichkeit und Wichtigkeit. Nur einer der beiden Faktoren wird uns dabei helfen, intelligenter statt härter zu arbeiten: Es ist das Paradigma der Wichtigkeit. Nur wer das Wichtige kennt und auch tut, statt bloß auf Dringendes zu reagieren, kann den Weg zum Wesentlichen, das heißt zur bestmöglichen Identifizierung und Umsetzung seiner strategischen Ziele finden.

So wie eine Reihe von Managern gewöhnen sich auch manche Betriebsräte an den hohen Adrenalinspiegel bei der Bewältigung von Krisen. Sie können daraus ein Gefühl von Begeisterung und Stärke entwickeln. Sie empfinden Dringlichkeit zwar als anstrengend, belastend und aufreibend, aber es kann auch aufregend sein und ein Gefühl von Nutzen, Erfolg und Anerkennung hervorrufen. Die Lösung dringender und wichtiger Krisen verschafft ein vorübergehendes Hochgefühl. Es wird allgemein erwartet, dass man ständig beschäftigt oder gar überarbeitet ist. Es ist wie ein Statussymbol unserer Gesellschaft: Wenn wir beschäftigt sind, sind wir wichtig. Diese Geschäftigkeit dient uns als Vorwand dafür, uns nicht mit den wichtigen Dingen des

Lebens auseinandersetzen zu müssen. Stephen Covey beschreibt diese Phänomene als «Dringlichkeitssucht». Er sagt, dass das Problem entsteht, wenn Dringlichkeit zum beherrschenden Faktor unseres Lebens wird und wir «wichtige» Dinge nur noch in dringenden Dingen erkennen können. Wir sind so sehr in unsere Tätigkeiten verstrickt, dass wir gar nicht mehr darüber nachdenken, ob sie wirklich nötig sind.

Genau hier schließt sich wieder der Kreis zu der Feststellung des Toyota-Managers Taichi Ono, seine Arbeit nur noch zwischen Fokussieren und Handeln zu verbringen und immer schneller im Hamsterrad rennen zu müssen, anstatt einfach auszusteigen und Alternativen entwickeln zu können.

Für die meisten Betriebsräte ist es eine enorme Herausforderung, das Wesentliche vom Dringlichen zu trennen, insbesondere bei Belegschaften, die von jahrelangen erfolgreichen Abschlüssen und von der Rund-um-Fürsorge ihrer Betriebsräte verwöhnt sind. Das löst bei den Betriebsräten oft das Empfinden aus, Unmögliches liefern zu sollen und es nach Möglichkeit jedem Kollegen recht machen zu müssen.

Das Leitbild trennt die Spreu vom Weizen und formuliert das Wesentliche. Die aus dem Leitbild abgeleitete Strategie beschreibt den Umsetzungsplan des Wesentlichen.

Es geht nicht darum, mehr zu tun, sondern das Richtige zu tun! Wenn wir diesen Ansatz beherzigen wollen, brauchen wir ein Werkzeug, das uns beim Trennen des Wesentlichen vom Dringlichen behilflich ist. Das beste uns bekannte Instrument hierfür ist eine Matrix, die unsere Tätigkeiten in vier Quadranten unterteilt (s. S. 56). Die Erfindung dieser Methode wurde General Eisenhower zugeschrieben. Später hat Stephen Covey den Schwerpunkt der Anwendung vor allem auf die Steuerung unserer Tätigkeit aus dem Wesentlichen heraus gelegt.

Werkzeug «Vier-Quadranten-Matrix»

?	DRINGEND	NICHT DRINGEND
WICHTIG	**Quadrant I - *Notwendig*** A-Aufgaben • Krisen • Drängende Probleme • Besprechungen • Vorbereitungen mit Zeitlimit • Fristgebundene Angelegenheiten • Umgehende Unterstützung	**Quadrant II - *Qualität*** B-Aufgaben • Planung und Strategieentwicklung • Werteklärung im Leitbild • Vorbeugung und Vorbereitung • Beziehungsarbeit • Erholung • Gezielte Weiterbildung
NICHT WICHTIG	**Quadrant III - *Täuschung*** C-Aufgaben • Unterbrechungen • Einige Anrufe und manche Post • Einige Besprechungen • Angelegenheiten, die Kollegen als dringlich erachten • Diskussionismus • Hektischer Aktionismus	**Quadrant IV - *Verschwendung*** D-Aufgaben • Triviales • Der Eindruck, beschäftigt zu sein • Einige Anrufe und manche Post • Zeitverschwender • Fluchtaktivitäten

Quadrant I Notwendigkeit

Quadrant I ist der Quadrant der Notwendigkeit und zeigt die Dinge, die sowohl dringend als auch wichtig sind. Hier sprechen Betriebsräte mit erzürnten Kollegen, müssen innerhalb der Frist rasch über eine Kündigung beraten oder der plötzlichen Ankündigung eines Stellenabbaus sofort etwas entgegnen. Oder sie müssen neuste betriebliche Wendungen direkt in die Rede für die Betriebsversammlung einarbeiten, zu einem abrupten Auftragseinbruch Stellung beziehen oder Kollegen unterstützen, eine defekte Maschine zu reparieren.

Quadrant II Qualität

Quadrant II ist der Quadrant der Qualität und enthält Dinge, die wichtig aber nicht dringend sind. Hier besinnen die Betriebsräte sich auf ihr Leitbild, machen längerfristige strategische Planungen, beugen abzusehenden Problemen vor, fördern und unterstützen die Selbstverantwortung anderer, steigern ihre Fähigkeiten durch gezielte und auf den tatsächlichen Bedarf des Gremiums abgestimmte Weiterbildung. Sie bereiten sich gezielt auf Gespräche und Verhandlungen vor und engagieren sich durch aufrichtiges Zuhören für gute Beziehungen zu ihren Betriebsratskollegen sowie zu den Mitarbeitern und Führungskräften im Betrieb. Je mehr Zeit sie in diesem Quadranten verbringen, desto größer wird ihre Handlungsfähigkeit zum Mitgestalten. Ein Ignorieren dieses Quadranten lässt Quadrant I anschwellen, und führt zu Stress, Erschöpfung und Krisen. Umgekehrt lässt großes Engagement im II.

Quadranten den Anteil des I. Quadranten schrumpfen. Planung, Vorbereitung und Vorbeugung sorgen dafür, dass viele Dinge erst gar nicht zu dringenden Angelegenheiten werden.

Quadrant III ist der Quadrant der Täuschung und wirkt wie eine verblüffend echte Kopie des 1. Quadranten. Er enthält die ganzen Dinge, die dringend, aber nicht wichtig sind. Der Strudel des Dringlichen erzeugt dabei die Illusion von Wichtigkeit. Die entsprechenden Tätigkeiten sind aber höchstens für jemand anderen wichtig: Sei es, dass Kollegen oder Vorgesetzte vehement versuchen, die Betriebsräte für ihre Zwecke vor den Karren zu spannen, eine Klobrille defekt oder ein drängender Anrufer am Apparat ist. Es kann auch sein, dass Zufallsbesucher jetzt gerade unbedingt etwas brauchen oder sinnfreie Besprechungen abgehalten werden. Betriebsräte verbringen viel Zeit im III. Quadranten und werden – im Glauben, sich im I. Quadranten zu befinden – den Prioritäten und Erwartungen anderer gerecht. Eine Abgrenzung vom I. Quadranten lässt sich leicht mit der Frage herstellen, inwiefern die dringende Tätigkeit etwas zur Verwirklichung der wesentlichen Ziele des Betriebsrats zu tun hat.

*Quadrant III
Täuschung*

Quadrant IV ist der Quadrant der Verschwendung und beinhaltet Tätigkeiten, die weder wichtig noch dringend sind. Eigentlich haben Betriebsräte dort gar nichts verloren, sind aber von ihren Auseinandersetzungen im I. und III. Quadranten oft so mitgenommen, dass sie sich nur zu gerne dorthin flüchten, um wieder durchzuatmen. Herzhaftes gemeinsames Jammern, Grollen oder Büroklatschgespräche über Dritte gehören genauso dazu, wie zerstreuendes Internet-Surfen, *Bild-Zeitung*-Lesen, das Konsumieren von Videoclips, die nichts mit der Arbeit zu tun haben, Essen ohne Hunger zu haben, den dritten Kaffee hintereinander zu trinken, zappen auf Internetfernsehkanälen und das Lesen sinnloser E-Mails. In Wahrheit laugt der IV. Quadrant die Menschen aus, denn wenn die Anfangsfreude über das süße Nichtstun verflogen ist, stellt man fest, dass man nicht nur seine wertvolle Zeit, sondern auch sich selbst darin verloren hat.

*Quadrant IV
Verschwen-
dung*

Nach unseren Erfahrungen verbringt der überwiegende Teil der Betriebsräte in deutschen Unternehmen den größten Teil ihrer Zeit in den Quadranten I und III. Aber um welchen Preis? Wenn Dringlichkeit die Triebfeder unseres Handelns ist, welche wichtigen Dinge, die wir in dieser Amtsperiode angehen wollen, bleiben dann unberücksichtigt?

Ein Leitbild und die davon abgeleitete Strategie zielen darauf ab, mehr Sorgfalt und Zeit für den II. Quadranten zu verwenden. Er wird zum Dreh- und Angelpunkt einer lohnenswerten Betriebsratsarbeit.

Wo kommt die Zeit für den II. Quadranten her? Viele Betriebsräte stellen sich die Frage, wo sie die Zeit dafür hernehmen sollen? Vor allem aus Quadrant III. Wenn sie selbst definiert haben, was sie gemeinsam wollen, dann können sie den Prioritäten anderer leichter Grenzen setzen, z. B. Anrufern sagen: «Jetzt geht es gerade nicht, kann ich zu einem späteren Zeitpunkt zurückrufen?» «Für die Klobrille ist der Hausmeister zuständig. Es wird am schnellsten gehen, ihn direkt zu informieren.» «Lieber Kollege, die Geschäftsleitung trägt die Verantwortung für die Kürzung des Weihnachtsgeldes und wir bitten Dich, Deinen Unmut direkt gegenüber der Personalabteilung vorzubringen.» Manchmal können auch Quadrant IV-Tätigkeiten in den II. Quadranten herüber gezogen werden, weil es unendlich viel befriedigender ist, etwas aufzubauen, an der Lösungsfindung der uns wichtigen Dinge zu basteln oder einfach mal innezuhalten und in Ruhe über Sachen nachzudenken, als uns mit dem Fastfood des IV. Quadranten vollzustopfen.

Übrigens ist es nicht verkehrt, einige Zeit im I. Quadranten zu verbringen. Die Frage ist jedoch, ob diese Aktivitäten aus der Wichtigkeit heraus oder aus der Dringlichkeit heraus angegangen werden. Wenn wir vor allem aus der Dringlichkeit heraus operieren, können wir schnell im III. Quadranten bei überwiegender Fremdbestimmung landen.

1.2.3 Versuchen wir das Unmögliche!

Prioritäten setzen Da es viele Wege und Möglichkeiten gibt, den «großen Zielen» näherzukommen, muss die Strategie zu allererst Prioritäten setzen und diese Prioritäten dann in machbaren Jahres- oder Projektpläne abbilden.

Profitable Ziele Profitable Ziele lassen sich durch zwei einfache Fragen ermitteln:

1. «Wenn wir könnten, wie wir wollten, was würden wir für die Umsetzung unseres Leitbilds tun? Was müsste dafür zuallererst verändert oder verbessert werden in unserem Bereich, Betrieb, Unternehmen?»

2. «Was brennt der Belegschaft im Bereich, Betrieb oder im Unternehmen am meisten unter den Nägeln? Worum müssen wir uns vordringlich kümmern?» Dabei empfiehlt sich eine direkte Rückkoppelung vor Ort in Form von gezielten Fragen oder Umfragen, wenn der Betriebsrat sich nicht durch seine eigenen Annahmen über die Bedürfnisse der Belegschaft in die Irre führen lassen will.

Wesentliche Themenfelder Aus der Schnittmenge der priorisierten Antworten ergeben sich die wesentlichen Themenfelder und Ziele. Die strategische Ausrichtung – gewichtet zwischen Wichtigkeit und Dringlichkeit einzelner Ziele – definiert die für die Zielerreichung notwendigen Schritte, ermittelt die verfügbaren Ressourcen und wählt entsprechend Personal und Mittel zur Umsetzung der Schritte aus.

Ein Thema, das fast allen Betrieben unter den Nägeln brennt, ist das Thema «Vereinbarkeit von Familie und Beruf». Im Jahre 2008 haben wir den Betriebsrat eines großen Automobilzulieferers bei einer sehr gelungenen Kampagne unterstützt, die dieses Thema in den Fokus der Betriebsratsarbeit rückte.

Zentrales Ziel der Kampagne war es, ein populäres Thema im Betrieb aufzugreifen und dadurch das Ansehen der IG Metall-Fraktion aus Betriebsräten und Vertrauensleuten zu steigern. Insbesondere die Angestelltenbereiche sollten für die bislang gewerblich geprägte Arbeit der Betriebsräte und Vertrauensleute geöffnet werden. Darüber hinaus wollte man die Aktivierung und Beteiligung eines breiten Spektrums an Betriebsräten und Vertrauensleuten über einen längeren Zeitraum hinweg erreichen. Selbstverständlich sollten über die Kampagne auch konkrete Probleme, wie zum Beispiel flexibler Schichtbeginn und flexibles Schichtende, Teilzeit im Konti-Schichtbetrieb, Teilen eines Schichtblockes auf zwei Beschäftigte gelöst werden. Die IG-Metall-Betriebsräte und ihre Vertrauensleute konnten sich dabei als Verantwortliche zur Lösung dieser seit Jahren feststeckenden Probleme profilieren.

Beispiel Kampagne «Vereinbarkeit von Familie und Beruf»

Um die IG Metall-Fraktion möglichst lange und nachhaltig positiv im Gespräch zu halten und genügend Zeit für vernünftige Lösungen zu finden, wurde die Dauer der Kampagne auf 18 Monate festgesetzt.

Die Kampagne war derart konzipiert, dass zu Beginn ein eigens entwickelter Fragebogen zur Bedarfsanalyse der Betroffenen ausgegeben wurde. Die Betriebsräte und Vertrauensleute gaben den Fragebogen persönlich mit einer kleinen Ansprache aus und sammelten ihn genauso wieder ein. Somit konnten zwei Kontakte mit den Kollegen und potentiellen Neumitgliedern sichergestellt werden. Die Reaktionen in den Produktions- und Angestelltenbereichen waren äußerst positiv. Unter anderem wurde positiv vermerkt, dass sich Betriebsräte außerhalb von Wahlzeiten im Bereich präsent zeigen. Durch die positiven Reaktionen der Angestellten wurde der Grundstein für den Aufbau einer nachhaltigen Präsenz des Betriebsrats und der Vertrauensleute in diesen Bereichen gelegt.

Mittels der Kampagne konnten weite Teile der Angestellten erreicht werden. Mehr als 2.000 Fragebögen wurden ausgefüllt und vielfach mit persönlichen Kommentaren versehen zurückgegeben. Die Ergebnisse wurden im Februar auf einer Podiumsdiskussion mit dem Personalvorstand des Automobilzulieferers und der Geschäftsleitung des Standorts vorgestellt. Bereits bei dieser Veranstaltung wurden von Arbeitgeberseite Zusagen zur Verbesserung der Situation im Zusammenhang von «Familie und Beruf» gemacht, die lange unerreichbar schienen. Die Richtung für eine zufriedenstellende Gesamt-

Mehrwert der Kampagne sichern

lösung für eine bessere Vereinbarkeit von Familie und Beruf zeichnete sich bereits ab, und den ersten akut Betroffenen konnte konkret geholfen werden. Im Rahmen der Vorbereitung zur Kampagne und der damit verbundenen Aktionen, wurden ca. 130 Vertrauensleute darin geschult, eine gelungene Ansprache «Über-der-Linie» und weiterführende Informationen beim persönlichen Austeilen und Einsammeln der Fragebögen zu übermitteln.

Viele Vertrauensleute waren durch die positiven Reaktionen aus ihrem Umfeld so bestärkt in ihrem Handeln, dass sie zum Teil von sich aus auch die Angestellten in ihren Werkstätten mit Fragebögen ansprachen und auch dort positive Beachtung fanden.

Bilanz der Kampagne Der Erfolg der Kampagne lässt sich auf vielen verschiedenen Ebenen darstellen. Zum einen nahmen etwa 130 Vertrauensleute und Betriebsräte aktiv teil. Durch das Austeilen der Fragebögen ergaben sich 3500 bis 4000 persönliche Kontakte mit den Kollegen. Die beteiligten Betriebsräte und Vertrauensleute bekamen eine Fülle positiver Resonanzen. Außerdem kam es zu konkreten, schnellen Problemlösungen für Einzelfälle. Im Jahre 2010 wurde für alle Beschäftigten eine Betriebsvereinbarung zum Thema Vereinbarkeit von Familie und Beruf abgeschlossen.

In der abschließenden Podiumsdiskussion mit dem obersten Personaler des Unternehmens und ca. 300 Teilnehmern wurden der Betriebsrat und die IG Metall sehr positiv bewertet. Es kam zu einer grundsätzlichen Öffnung des Angestelltenbereichs für die IG Metall. Auf der Seite der Vertrauenskörperleitung wuchs die Kompetenz eine komplexe organisatorische Logistik zu beherrschen, was sich in zukünftigen Projekten bewährte.

Zusammenfassung

Eine gute Strategie ist

1. profitabel, weil sie den direktesten und besten Weg zum Ziel beschreibt,
2. proaktiv, weil sie, vom II. Quadranten der wichtigen, aber nicht dringenden Dinge ausgehend, vorausschauend plant und die Minimierung äußerer Einflüsse ermöglicht,
3. professionell, weil sie auf die Lösung und nicht auf das Problem fokussiert,
4. beteiligungsorientiert, weil bereits der Entstehungsprozess die Mitwirkenden in einen gemeinsamen Zusammenhang einbettet, und
5. respektvoll, weil sie davon ausgeht, einander die besten Absichten zu unterstellen.

Eine gute Strategie dient als Werkzeug

1. zur Trennung des Wesentlichen vom Unwesentlichen,
2. komplexe Gemengelagen zu durchdringen und auf komplizierte Herausforderungen einfache und nachvollziehbare Handlungen zu formulieren,
3. um jedem seinen Platz innerhalb von Abläufen einzuordnen,
4. zur Vermeidung unnötiger Arbeit,
5. um die bestmöglichen Resultate bei realer Mitgestaltung zu erzielen.

1.3 Miteinander

«Wir müssen alle mal sterben. Was für ein Zirkus.
Das allein müsste schon dafür sorgen, dass wir einander lieben.
Tut es aber nicht. Wir werden in Beschlag genommen von nebensächlichem
Kram; wir werden aufgefressen von nichts und wieder nichts.»
Charles Bukowski

1.3.1 Wie wollen wir miteinander umgehen?

Betriebsräte sind ein Abbild ihrer Unternehmenskultur

Betriebsräte fühlen sich dem Wohl der Beschäftigten verpflichtet. Sie wollen zu einem guten Betriebsklima beitragen und tun alles dafür, Konflikte zu beenden oder menschliche Krisen zu bewältigen. Manchmal arbeiten sie wie Seelsorger und manchmal wie praktische Ratgeber. Sie helfen ebenso menschliche Schicksale zu erleichtern, wie schwierige Familiensituationen, Krankheit oder Suchtfolgen. Außerdem minimieren sie Reibungspunkte zwischen Führung und Mitarbeitern.

Gute Betriebsräte sind wie das Öl, das die Zahnradflanken im betrieblichen Getriebe vor gegenseitiger Schädigung bewahren kann. Genau wie das Öl den permanenten leichten Abrieb von den Übertragungsstellen abtransportiert, nehmen die Arbeitnehmervertreter häufig die «Schlacke» in Form von negativen Emotionen aus der aktuellen Stimmungslage im Unternehmen auf. Hinter jedem Einzelnen stehen dabei viele dutzend oder hundert, in Großbetrieben sogar um die tausend Mitarbeiter, für deren Interessenvertretung sie zuständig sind. An jedem Betriebsrat wird aus allen Richtungen gezerrt, von den Kollegen mit ihren unterschiedlichen Interessen, von Kollegen der unterschiedlichsten Führungsebenen und von unternehmerischen Entscheidungen. Die jeweilige betriebliche Dynamik und sogar die vorherrschende Unternehmenskultur finden sich häufig eins zu eins im Betriebsrat wieder.

Diese Gemengelage trägt sicher dazu bei, dass sich das Gute, für das die Betriebsräte angetreten sind, nicht immer in den eigenen Reihen wiederfindet. Es ist keine Seltenheit, dass vor diesem komplexen betrieblichen Hintergrund die Nerven im Gremium schnell blank liegen und der Umgang miteinander darunter leidet. Es ist leider auch keine Seltenheit, dass der Krankenstand im Betriebsrat besonders hoch ist und die Ursache nicht nur im hohen Engagement seiner Mitglieder, sondern vor allem im schlechten Umgang miteinander zu finden ist. Schlechtes Betriebsklima ist der vorherrschende Ausdruck einer «Unter-der-Linie»-Kultur, wie wir sie im Kapitel «Grundlegende Werkzeuge am Bauplatz» mit dem «Linien-Werkzeug» beschrieben haben.

Blanke Nerven inmitten schwerer betrieblicher Gemengelagen

Manche Gremien haben versucht, ihrem «Unter-der-Linie»-Zustand mit einer Teamentwicklung entgegenzuwirken. Dass eine Vielzahl dieser Versuche ohne nachhaltige Ergebnisse blieb, liegt nach unserer Erfahrung vor allen daran, dass sie nicht sinnvoll in einen größeren Zusammenhang eingebettet waren. Die Teammitglieder müssen zunächst ein gemeinsames Verständnis ihrer Rolle, übergeordnete Ziele und eine grundsätzliche strategische Ausrichtung haben, an denen sie sich orientieren können.

Teamentwicklung alleine hilft nicht weiter

Es ist so wie im Physik-Unterricht der 8. Klasse, wenn der Lehrer einen rechteckigen Behälter aus durchsichtigem Plexiglas zeigt, in dem sich viele kleine Eisenpfeile befinden, die drehbar gelagert sind und sich jeweils um ihre eigene Achse bewegen können. Im normalen Zustand zeigen sie alle in unterschiedliche Richtungen, aber sobald man sie einem Magneten nähert, richten sich die Pfeile blitzartig in Richtung des Magneten aus. Kaum wird aber der Magnet wieder weggenommen und der Kasten leicht geschüttelt, ist die Ausrichtung wieder weg.

Genau das Gleiche passiert in einem Team: Wenn mit Leitbild und Strategie der erste Fundamentteil sorgfältig gebaut wurde, dann können sich alle Teammitglieder daran ausrichten, und damit lässt sich wesentlich leichter ein gemeinsames Verständnis über das Miteinander erzielen, als wenn ein gutes Miteinander als Selbstzweck angestrebt wird. Fehlt ein zentraler Orientierungspunkt mit Zielen von genügend Attraktivität, um die allgemeine Aufmerksamkeit auf sich zu ziehen, dann geht die Ausrichtung der einzelnen Teammitglieder in die unterschiedlichsten Richtungen.

Die Ausrichtung muss stimmen

Viele Betriebsräte unterschätzen die Außenwirkung ihres Miteinanders. Die Kolleginnen und Kollegen schauen sehr genau hin, wie die Betriebsräte sich zueinander verhalten, und leiten daraus mehr über den tatsächlichen Zustand des Betriebsrats ab, als alle Reden auf Betriebsversammlungen und Informationen am Schwarzen Brett je bewirken könnten. Hier liegt die große Chance

Ein gutes Miteinander ist attraktiv für das betriebliche Umfeld

für den Betriebsrat, zu einem Betriebsklima beizutragen, in dem Leute tatsächlich gut miteinander umgehen. Wenn es dem Betriebsrat gelingt, ein gutes Miteinander vorzuleben, dann ist das äußerst attraktiv für das betriebliche Umfeld und kann einen sehr positiven Einfluss auf die vorherrschende Betriebskultur entfalten. Ein gutes Miteinander ist die beste Öffentlichkeitsarbeit und wäre der effektivste Weg, dem Spruch von Groucho Marx zu begegnen: «Ich trete keinem Verein bei, der Mitglieder wie mich aufnehmen würde.»

Für ein Gremium, das Mitgestaltung im Unternehmen durchsetzen möchte, ist ein gutes Miteinander kein Luxus, sondern unerlässlich. Eine betriebliche Institution, die vom Grundsatz her für das Menschliche im Unternehmen steht, muss nach innen und nach außen menschlich wirken, sonst ist der Widerspruch zwischen Anspruch und Wirklichkeit und die damit verbundenen Reibungsverluste zu groß.

Die zwei wichtigsten Formen des Miteinanders

Wir haben in den vorangegangenen Kapiteln darüber gesprochen, wie ein Gremium mit dem Anspruch auf Mitgestaltung proaktiv, professionell und profitabel arbeitet. Diesen drei Grundformen mitgestalterischen Handelns fügen wir an dieser Stelle noch die zwei wichtigsten Formen für das Miteinander hinzu: Respekt und Beteiligung.

1. Respekt

Es ist eine außergewöhnliche Leistung, wenn ein Gremium profitable, proaktive und professionelle Betriebsratsarbeit leistet. Diese drei Aspekte bringen aber für sich genommen noch nicht das zentrale Anliegen vieler Betriebsräte zum Tragen: die Menschlichkeit im Unternehmen. Um dieses Anliegen lebendig zu machen, müssen alle drei zuvor genannten Aspekte auf der Basis von Respekt und Wertschätzung im täglichen Miteinander gelebt werden.

Den Fehler kritisieren und nicht den Menschen

Respekt ist die grundsätzliche Anerkennung der Tatsache, dass Menschen unterschiedlich sind und dass diese Unterschiede jederzeit mit Integrität überbrückt werden können. Respekt erkennt an, dass wir alle nicht perfekt sind und in unserer jeweiligen Unvollkommenheit dennoch grundlegenden Respekt als Menschen verdienen. Wenn wir einen Fehler gemacht haben, sorgt Respekt dafür, den Fehler zu kritisieren und nicht den Menschen in uns. Respekt fängt uns selbst gegenüber an. Solange wir uns selber nicht wertschätzend behandeln, solange können wir auch andere nicht wertschätzend behandeln.

Respekt im Betriebsrat

Respekt ist die grundlegende Achtung vor jedem Menschen. Dazu gehört die Anerkennung von Verdiensten, Akzeptanz von Autorität, Toleranz gegenüber anderen Verhaltensweisen und Rücksicht vor der Verletzung der Würde anderer Menschen.

Die Kampagne von Respekt-TV hat dazu geführt, dass auf Betriebsratsinitiativen hin in vielen Betrieben Schilder aufgehängt wurden mit der Aufschrift «Respekt! Kein Platz für Rassismus und Ausländerfeindlichkeit!» Das Gute an diesen Schildern ist, dass sie uns allen mehr Toleranz ins Gedächtnis rufen und uns zu mehr Respekt im alltäglichen Leben anstiften. Weniger gut war in vielen Fällen, dass vor allem ein Bereich von dieser Kampagne unberührt blieb: Das Betriebsratsbüro.

Wir haben eine Reihe von Betrieben kennengelernt, in denen nirgendwo ein schlechterer Umgangston herrschte, als beim Betriebsrat. Wir wurden Zeugen von Äußerungen übereinander, die jeder Führungskraft sofort eine Mobbingklage eingehandelt hätte.

Vom Vorstand eines mittelständischen Unternehmens hörten wir: «Unsere Abteilung mit dem höchsten Krankenstand ist der Betriebsrat. Das Klima dort ist krankmachend und überträgt sich von dort aus auf unser Unternehmen.» Er hatte auch noch recht damit! Diejenigen, die eigentlich für Menschlichkeit im Betrieb standen, behandelten einander ohne jeden Respekt. Sie scheuten sich auch nicht, Führungskräften gegenüber den gleichen Ton anzuschlagen und manchmal selbst den Mitarbeitern gegenüber.

Betriebsrat hat höchsten Krankenstand

Viele Betriebsräte beklagen den Niedergang der Unternehmenskultur in ihrem Betrieb, die mit Veränderungen des Marktes oder des Managements oder durch Restrukturierungen einherging. Einige Gremien haben ein wirksames Gegenmittel gefunden. Wir konnten mehr als einmal erleben, wie sich der Betriebsrat zur Keimzelle für eine respektvollere Unternehmenskultur entwickelte, die schließlich den ganzen Betrieb erfasste. Der Betriebsrat fing einfach an, selbst das vorzuleben, was er von den Führungskräften und Mitarbeitern im Unternehmen erwartete. Die Veränderung im Umgang einzelner Betriebsratsmitglieder untereinander scheint eine verblüffend große Strahlkraft in die Belegschaft zu haben. Wir hörten Vorstände überrascht sagen: «Ihr seid unserer Führungskultur einen Schritt voraus!» Mehr Respekt ist machbar!

Betriebsrat als Keimzelle einer besseren Unternehmenskultur

2. Beteiligung

«Gesundheit ist eine Funktion von Beteiligung» ist ein Grundprinzip, das wir in unserer Ausbildung zum Trainer lernten. Menschen, die sich am Leben und seinem Geschehen beteiligen, sind lebendig, sie sind inspiriert und sie wollen überall beitragen und sich einbringen. Sie können sich ausdrücken mit dem, was ihnen wichtig ist, und immer wieder zeigen, was in ihnen steckt. Sie strotzen vor Vitalität und Gesundheit, weil sie sich einlassen auf das Leben und seine Bedingungen. Sie sind selbst mit für sie nachteiligen Ergebnissen einverstanden, solange sie einbezogen waren und für sie erkennbar keine

Gesundheit durch Mitgestaltung

bessere Lösung gefunden werden konnte. Sie mussten nichts zurückhalten, und wenn ihr Beitrag darüber hinaus auch noch wertgeschätzt wurde, fühlen sie sich zumindest gesehen in ihrem Anliegen.

Menschen wollen einander helfen

Einer der wenigen wesentlichen Unterschiede zwischen Menschenaffen und Menschen besteht darin, dass Menschen einander grundsätzlich helfen wollen. In einer Versuchsanordnung etwa ließen Erwachsene in Gegenwart eines Kleinkindes «aus Versehen» einen Gegenstand fallen und über tausende von Versuchen hinweg war die erste Reaktion fast immer die, dass das Kind diesen Gegenstand aufhob und dem Erwachsenen reichte. Es wollte helfen. Affenbabys in der gleichen Versuchsanordnung taten das nicht. Menschen wollen also aus ihrem tiefsten Inneren heraus helfen, sich beteiligen, sich einsetzen zum Wohl des Gemeinwesens um sie herum. Das steckt in unseren Genen, ist angelegt als Überlebensstrategie und sucht beständig nach einer Ausdrucksmöglichkeit. Nicht umsonst sind mindestens ein Drittel aller Deutschen, also rund 27 Millionen, ehrenamtlich in Schulen, Vereinen und der Politik tätig.

«Unbeteiligte» Menschen werden häufiger krank

Sind Menschen «unbeteiligt», dann sind sie innerlich nicht anwesend. Ihr Körper ist da, aber ihre Persönlichkeit ist «teilnahmslos». Sie erdulden oder erleiden die Ereignisse, welche die Beteiligten erleben. Ihre Krankheitsquote ist höher, als die der Beteiligten, da bei ihnen ein vitales menschliches Grundbedürfnis keinen anderen Ausdruck als die Krankheit findet. Dabei ist es eigentlich ganz einfach mit der Beteiligung: Oft wollen Menschen einfach nur einmal wahrgenommen oder gehört werden. Sie haben vielleicht keine andere Meinung, aber ihre Meinung überhaupt einmal auszudrücken, lässt einige schon aufblühen. Viele Krankheiten im Unternehmen wären vermeidbar, wenn die Menschen anders in die Prozesse eingebunden würden. Beteiligung ist ein Ausdruck von Respekt den Mitarbeitern gegenüber.

Beteiligung innerhalb des Gremiums

Beteiligung geht in den eigenen Reihen los. Bei unserer Arbeit mit Betriebsratsgremien finden wir Beteiligung in einer großen Streubreite vor: Vom freigestellten Betriebsrat, der sagt, er habe eine 35-Stunden-Woche und mache die anderen 35 Stunden eben ehrenamtlich, bis zum Nichtfreigestellten, dessen Beteiligung einmal pro Woche aus der stillen Anwesenheit bei der Betriebsratssitzung besteht. Genauso gibt es auch Nichtfreigestellte, die sich gehörig ins Zeug legen und Freigestellte, deren Beteiligung spürbar nachgelassen hat. Wenn ein Gremium mehr Beteiligung für die Kolleginnen und Kollegen im Betrieb bereitstellen möchte, dann muss es zunächst eine breitere Beteiligung in den eigenen Reihen hervorrufen können. Wie dieser Prozess vonstattengeht, wird in den folgenden Kapiteln erläutert. Wenn er erfolgreich durchlaufen wurde, bekommt der Betriebsrat einen großen Hebel für seine weiteren Aktivitäten in die Hand.

Dann kann er Beteiligung auch im großen Maßstab innerhalb des Unternehmens erzeugen. Dadurch erhält er klare Meinungsbilder aus der Belegschaft, kann sich bei Verhandlungen mit der Geschäftsleitung bei den Kollegen rückversichern und eine klare Auftragsbeschreibung einholen, kann ihre Ideen zur Findung der bestmöglichen Lösungen nutzen, und sich endlich aus dem Druck des «Nichts-recht-machen-Könnens» lösen. Beherrscht ein Gremium das Instrument der Beteiligung, kann es bei der bestmöglichen Vertretung seiner Arbeitnehmerinteressen in die Champions League aufsteigen und aus der reinen Mit-Bestimmung im Unternehmen eine reale Mit-Gestaltung im Sinne der Arbeitnehmerinteressen vorantreiben. Außerdem gewinnen alle Beteiligten stark an Zufriedenheit, Gesundheit und Spaß.

Beteiligung im großen Maßstab

Im Betriebsrat kommen Menschen aus verschiedensten Berufen, Hierarchiestufen, politischen Richtungen und mit den unterschiedlichsten Motiven zusammen. Wir haben in Gremien Meister, Ingenieure und Facharbeiter genauso angetroffen wie Sekretärinnen, angelernte Arbeiter und fachfremde Handwerker. Einfache Bandarbeiter sind genauso vertreten, wie Gruppenleiter und Abteilungsleiter. Im politischen Spektrum fanden wir Betriebsratsvorsitzende aus der CSU genauso wieder wie Betriebsräte der Linken. Die Beweggründe für die Kandidatur zum Betriebsrat reichten vom grundsätzlichen gesellschaftspolitischen Engagement, über den tiefen Wunsch, seinen Kollegen zu helfen, zu vereinzelten «Bandflüchtlingen», die mit ihrer Wahl die Möglichkeit nutzten, für die kommenden vier Jahre ihrer monotonen Arbeit zu entgehen. Ein großer Anreiz liegt für einige Betriebsräte außerdem darin, an sonst unzugängliche Informationen zu gelangen, auf einer anderen Ebene mit Führungskräften reden zu dürfen, und darüber insgesamt mehr Wichtigkeit zu erlangen. Auch der Kündigungsschutz der Betriebsräte durch das Betriebsverfassungsgesetz erscheint manchem reizvoll.

Betriebsrat vereint Menschen unterschiedlichster Hintergründe

Nach dem Betriebsverfassungsgesetz sind alle Mitglieder des Betriebsrates gleich und nicht einmal der Betriebsratsvorsitzende kann Weisungen, sofern er sie überhaupt erteilt, in irgendeiner Art Nachdruck verleihen. Manchmal gibt es Spaltungen aus der Geschichte des Gremiums, die bis in die aktuelle Zeit nachwirken oder alte Feindschaften aus vergangenen Anlässen, die bis zum heutigen Tag Entscheidungen blockieren. In einer Reihe von Gremien sind außerdem verschiedene politische Listen vertreten. Unter diesen Voraussetzungen grenzt es ans Unmögliche, Mitbestimmung auszuüben, geschweige denn dem hier formulierten Anspruch auf Mitgestaltung nachzukommen.

Die Unmöglichkeit der Mitgestaltung unter diesen Voraussetzungen

Die Situation in einem Betriebsrat ist jedoch nie hoffnungslos. Manchmal muss man sich damit anfreunden, dass es eine äußerst komplexe Gemengelage gibt, die immer wieder in Bewegung gerät. Das einzig hilfreiche Mit-

Innehalten

tel, das wir in den Jahren unserer Arbeit mit Betriebsratsgremien entdeckt haben ist: Einen Moment lang innehalten.

Nicht bewerten

Alles für einen Moment lang ohne jegliche Bewertung, Urteile oder Meinungen für sich stehen zu lassen. Vor Jahren hat uns einer der Leitsätze von E.on sehr beschäftigt, der in diesem Zusammenhang hilfreich sein kann: «Wir unterstellen einander die besten Absichten.» Wir können getrost davon ausgehen, dass von wenigen Ausnahmen abgesehen niemand mit den «schlechtesten Absichten» handelt.

Wertschätzung der Unterschiede

Während des Innehaltens wird klar, dass zu dieser Zeit und an diesem Ort Menschen mit unterschiedlichsten Bildungs- und Wissensständen zusammengekommen sind, die nach ihrem Vermögen etwas beitragen wollen. Nicht allen sind gleichermaßen teilnahmsvolle, scharfsinnige, strategische, diplomatische oder kämpferische Fähigkeiten zu eigen und die gemeinsame Herausforderung besteht darin, für jeden den Platz zu finden, an dem er oder sie den größten Nutzen für die Mitgestaltung im Unternehmen erbringen kann. Am leichtesten fällt dieser Moment des Innehaltens, wenn wir das Gremium für einen Augenblick mit Wertschätzung betrachten können: Was hat man bereits miteinander vollbracht, was für Schlachten wurden zusammen geschlagen, welche Krisen durchstanden und wie viele Erfolge erzielt für die Belegschaft.

Wir haben im Umgang mit dem «Linien-Werkzeug» aufgezeigt, dass ein Agieren «Über-der-Linie» erst nach dem Innehalten möglich wird. Dieses Innehalten schafft den Abstand zwischen den eigenen Meinungen, Urteilen und Bewertungen und der tatsächlichen aktuellen Situation. Erst von hier aus kann man die Entscheidung treffen, «Über-die-Linie» zu gehen, zu erkennen, zu lösen und zu handeln, statt «Unter-der-Linie» zu bleiben und zu beschuldigen, zu rechtfertigen, zu grollen.

Werkzeug «Organisationsaufstellung»

Ein kraftvolles Werkzeug, das uns beim kollektiven Innehalten geholfen hat, ist die systemisch orientierte Organisationsaufstellung. In äußerst verfahrenen Situationen hat uns diese Methode schon sehr gute Dienste geleistet. Im Folgenden werden wir das Grundprinzip kurz beschreiben, erheben jedoch nicht den Anspruch, dieses Werkzeug hier vollständig zu beschreiben.

In der oben erwähnten verfahrenen Situation baten wir die Betriebsräte: «Stellt euch bitte so im Raum auf, wie ihr auch im Alltag zueinandersteht. Ihr könnt näher oder weiter weg stehen, einander zugewandt oder abgewandt.» Die Anwesenden begannen, sich im Raum zu verteilen, zu gruppieren, neu zu ordnen und sich aneinander auszurichten. Jeder sollte an einem bestimmten Punkt das Gefühl haben, dass sich sein Stand im Raum mit der Realität im Gremium deckt. Wir baten Einzelne, aus ihrer Sicht solange Korrekturen vorzunehmen, bis jeder übereinstimmen konnte, dass die gefühlte Lage im Gremium präzise erfasst war. Wir hielten die Verteilung im Raum grafisch an einer Metaplantafel fest und analysierten die Lage mit den Betriebsräten. Sehr schnell entstand eine gemeinsame Klarheit über Gruppierungen und Grüppchenbildungen, die Ausrichtung einzelner Protagonisten und die Positionierung auch anderen Playern gegenüber, wie Unternehmensleitung oder Gewerkschaft.

Dieses Vorgehen half uns, die Situation klar und ungeschminkt abzubilden, ohne jemanden dabei verkehrt zu machen. Alle konnten gemeinsam ihre Situation erkennen und der erste Schritt «Über-der-Linie» war getan. Im zweiten Schritt «Über-der-Linie», dem Lösen, baten wir die Betriebsräte, die Gruppierung neu zu ordnen im Hinblick auf das größtmögliche Potenzial zur Mitgestaltung im Unternehmen. Wie müsste sich das Gremium neu aufstellen, um die maximale Wirkung zu entfalten?

Auch hierbei wurde recht schnell festgestellt, wer sich am besten in welche Richtung neu orientieren müsste, um die Möglichkeiten des gesamten Gremiums zu steigern. Auch das ging, obwohl mit tiefgreifenden Umwälzungen verbunden, recht schmerzfrei, denn es war getragen von gegenseitiger Akzeptanz. Nachdem die Betriebsräte sich neu geordnet hatten, fragten wir sie, wie der dritte Schritt «Über-der-Linie», das Handeln, dazu konkret aussehen müsste. Für jeden Einzelnen konnten dann auch recht unproblematisch konkrete Maßnahmen erarbeitet werden, die dazu beitrugen, seinen neuen Platz einzunehmen.

Warnung vor Eigenversuch

Wir möchten experimentierfreudigen Gremien nahelegen, diese äußerst effektive Vorgehensweise zumindest im ersten Anlauf nicht ohne fachkundige Begleitung vorzunehmen. Diese Methode braucht eine professionelle Begleitung, um die inneren Zusammenhänge auf entspannte Art neu zu ordnen, ohne dass die darunterliegenden Befindlichkeiten sich im Prozess unkontrolliert entzünden können.

1.3.2 Gemeinsam handeln lernen

Der Preis guter Ergebnisse

Unter den eingangs erwähnten Voraussetzungen erscheint es vielerorts ein Wunder zu sein, was viele Betriebsratsgremien für ihre Belegschaft leisten und auch abpuffern. Trotz der herausfordernden Ausgangslage und aller damit verbundenen Reibungsverluste bekommen sie die erstaunlichsten Ergebnisse zustande. Dafür müssen sie allerdings oft einen hohen Preis bezahlen: ihre Freizeit, ihre Gesundheit und deutliche Abstriche in den angestrebten Ergebnissen.

Die Wahlmög-
lichkeit

Dieses Kapitel widmet sich der Frage, wie dieser Preis minimiert werden kann. Es soll helfen, den Betriebsräten, die keiner Weisung unterworfen sind, eine neue Entscheidungsgrundlage zu geben, auf der sie sich persönlich immer wieder aufs Neue für Mitgestaltung entscheiden können. Nicht weil es ihnen jemand diktiert, sondern weil sie reale Ergebnisse viel attraktiver finden, als den Sumpf der persönlichen Befindlichkeiten. Es geht um eine Wahlmöglichkeit. Der Energieaufwand ist in beiden Fällen der gleiche, aber die Ergebnisse und Auswirkungen sind vollkommen verschieden.

Regeln für die
Zusammen-
arbeit

Um diese Wahl zu erleichtern, empfehlen wir jedem Gremium, sich Regeln für die Zusammenarbeit zu geben. Es gibt keinen Bereich menschlichen Zusammenlebens, in dem der Umgang miteinander nicht durch Regeln erleichtert wird. Gesellschaftsspiele oder Sport ergeben nur durch Regeln einen Sinn, der Verkehr würde ohne Regeln von einem Moment auf den anderen zusammenbrechen. Ohne die Regeln des Arbeitsschutzes wäre die Zahl der Arbeitsunfälle unvergleichlich höher und auch unser Arbeitsleben wird durch Regelungen, wie Tarifverträge oder Betriebsvereinbarungen, im Gleichgewicht gehalten. Regeln dienen dazu, uns unnötige Meinungsverschiedenheiten, die uns von unserem eigentlichen Ziel der effektiven Mitgestaltung ablenken könnten, zu ersparen. Zur Erleichterung für alle Freigeister im Betriebsrat sei auch darauf aufmerksam gemacht, dass es bei den Regelungen nicht darum geht, den Buchstaben der Regeln zu folgen, sondern den Sinn der Regelung zu leben.

Standards und
Vereinbarun-
gen

Die Erarbeitung eines Grundverständnisses über die Regeln der Zusammenarbeit kann ein langwieriger und konfliktträchtiger Prozess werden. Ohne die Durchführung dieses Prozesses wird das Gremium jedoch zu viele Reibungsverluste durch fehlende Verbindlichkeit, unnötige Richtungskämpfe und endlose Diskussionen erleiden. Außerdem wird seine Außenwirkung stark beeinträchtigt. Obwohl das selbstverständlich klingt, ist es dennoch an manchen Stellen ein außergewöhnliches Unterfangen, die simpelsten Formen der Disziplin einzuführen und aufrechtzuerhalten: Pünktlichkeit, Diskussionskultur, Einhaltung von Vereinbarungen.

Je nach Ausgangslage können die Punkte, die vordringlich einer Regelung bedürfen, sehr unterschiedlich sein. Im Laufe der Jahre haben sich eine Reihe von «universellen Regeln» herausgebildet, von denen wir hier eine Auswahl zur Verfügung stellen:

1. Wir sind pünktlich.
2. Wir reden miteinander, nicht übereinander.
3. Wir grenzen niemanden aus und behandeln uns mit Respekt und Wertschätzung.
4. Wir sind verbindlich und halten Zusagen für Termine ein.
5. In der Erledigung von Aufgaben sind wir zuverlässig und geben Rückmeldung.
6. Wir machen nur Versprechen, die wir auch halten können.
7. Wir respektieren Mehrheitsentscheidungen.
8. Wir vertreten Mehrheitsentscheidungen den Kollegen im Betrieb gegenüber geschlossen als Entscheidung des Betriebsrats.
9. Wir halten uns Fehler nicht gegenseitig vor, sondern «bügeln» sie gemeinsam aus.
10. Während der Sitzungen bleiben unsere Mobiltelefone aus.
11. Wir hören uns gegenseitig zu und lassen einander ausreden.
12. Wir kommen vorbereitet in Sitzungen und haben uns mit den zu besprechenden Themen inhaltlich auseinandergesetzt.
13. Wir nehmen Aufgaben von freigestellten Betriebsräten an und lassen uns von ihnen anleiten.

Wir empfehlen bei der Aufstellung maximal zehn bis zwölf Regelungspunkte aufzunehmen, in Ausnahmefällen mit Ergänzungen.

Werkzeug «Erinnerungsfaktoren»

Bewährt hat sich in einigen Gremien, die Regeln auf ein laminiertes Kärtchen zu drucken, das Hemdentaschenformat hat. Auf die Vorderseite wird das Leitbild gedruckt und auf die Rückseite die Regeln. Ein solches Kärtchen ist in Hemden-, Hosen- oder Handtaschen immer gegenwärtig und kann die Teammitglieder dadurch in die Lage versetzten, sich regelmäßig an die angestrebten Ziele und die dafür notwendigen Vereinbarungen zu erinnern.

Zusätzlich hängt diese Aufstellung am besten groß ausgedruckt im Sitzungszimmer, idealerweise flankiert von dem Leitbild und dem «Linien-Werkzeug».

Werden die Teammitglieder im Einhalten der Regeln perfekt sein? Nein! Wir alle übertreten tagtäglich bei allen möglichen Gelegenheiten Regeln: Manchmal fahren wir etwas zu schnell, stehen ausnahmsweise nur für eine eilige Besorgung im Halteverbot oder erscheinen mal unpünktlich. Wir sind Menschen mit allen unseren Unzulänglichkeiten und jeder Einzelne von uns kann sich einmal verlieren.

Die Diskussion darüber, ob und wie Regelverstöße geahndet werden, ist wahrscheinlich so alt wie die Menschheit. Im Straßenverkehr werden die meisten von uns eher durch drohende Bußgelder als durch Einsicht zur Einhaltung von Regeln gebracht. Viele Gremien haben sich eine Art kleinen Bußgeldkatalog aufgestellt, in der einfache Regelverstöße, wie zu spät kommen oder Handyklingeln mit kleinen Geldspenden in eine Gemeinschaftskasse beglichen werden. Manche Gremien spenden einmal im Jahr die zwischenzeitlich angesammelten Beträge für soziale Zwecke.

«Ordnungshüter» im Betriebsrat

Beim Umgang mit Regelverstößen hat es sich in einer Reihe von Gremien bewährt, einen «Ordnungshüter» einzusetzen. Dafür eignen sich am besten Menschen, die sehr bestimmt sind, gut Grenzen setzen können und mit denen man sich nicht gerne anlegen möchte. Diese Menschen können, etwas Fingerspitzengefühl vorausgesetzt, auch die Moderation der Sitzungen übernehmen. Sie können dafür sorgen, dass endlose Diskussionen durch die Einladung zu gezielten Wortbeiträgen nach dem Motto «Was spricht dafür?» und «Was spricht dagegen?» oder «Wie machen wir es am besten?» abgekürzt werden. Dann hat der Betriebsratsvorsitzende den Rücken für inhaltliche Themen frei und muss sich nicht unnötig mit Formalien aufhalten. In einem Gremium wurde der dafür Zuständige «Napoleon» genannt. Er kam aus der Gießerei, hatte sichtbar viel körperliche Kraft, eine schnelle Auffassungsgabe und konnte schonungslos die Dinge beim Namen nennen. Er notierte sich unauffällig einzelne Regelverstöße, kassierte gewissenhaft die «Bußgelder» ein und unterband weitschweifige Wortbeiträge oder uferlose Diskussionen schon im Ansatz. Nach seiner Amtseinführung wurden die Sitzungen sehr diszipliniert und entspannt, alle konnten sich aufs Wesentliche konzentrieren. Zudem waren die Sitzungen wesentlich früher zu Ende. Außerdem freute sich eine lokale Einrichtung für krebskranke Kinder auf regelmäßige finanzielle Zuwendung aus dem Betriebsrat.

Führung im Betriebsrat

Ein wichtiger Teil der Professionalisierung eines Gremiums ist eine gute Führungskultur in Form einer sinnvollen Arbeitsteilung zwischen strategischer und operativer Ebene des Betriebsrats.

Das Thema «Führung» in Betriebsratsgremien ist stets eine herausfordernde Angelegenheit. Die gesamte Betriebsratsarbeit ist durch Führungsaufgaben geprägt: Es gibt «Führungspositionen» wie den Betriebsratsvorsitzenden, den stellvertretenden Vorsitzenden, Mitglieder des Betriebsausschusses, Kommissionsvorsitzende, Ausschussvorsitzende, Bereichsbetriebsräte, die in ihrem Betreuungsbereich zahlreiche Führungsverantwortlichkeiten innehaben. Letztendlich ist der gesamte Betriebsrat per Definition die gewählte Vertretung der Belegschaft und somit auch hier in einer Führungsrolle.

Spannungsfeld «Führung»

Das Spannungsfeld der Führung im Betriebsrat wird vor allem in der Rolle des Betriebsratsvorsitzenden deutlich: Der Betriebsratsvorsitzende ist per Definition Gleicher unter Gleichen. Er hat kein Weisungsrecht und keinerlei

Maßregelungskompetenz. Gleichzeitig hebt ihn das Betriebsverfassungsgesetz deutlich hervor. Er leitet Sitzungen, verantwortet und vertritt die Arbeit des Gremiums nach außen und hat die Arbeit im Gremium zu organisieren. Somit ist und bleibt Führung im Betriebsrat stets ein Spagat und verlangt vom Vorsitzenden großes Geschick in der täglichen Führungspraxis.

Tabu «Führung» und Führungsprobleme

Führung im Betriebsratsgremium ist unter den Betriebsratsmitgliedern häufig ein Tabuthema. Selten wird offen über die Notwendigkeit und die Akzeptanz von Führung gesprochen. Die Themen Macht und Machtmissbrauch sowie unterschiedliche politische und demokratische Verständnisse stehen einer direkten Auseinandersetzung häufig im Wege. Führungsprobleme mit fehlender, mangelhafter oder falsch verstandener Führung werden oftmals von den Beteiligten nur umschrieben und unscharf benannt. Es fallen dann Sätze wie «Wir haben eigentlich keine klare Richtung in unserer Arbeit» oder «Jeder bei uns macht, was er will». Selten wird das Thema direkt erwähnt.

Erfolgreiches Arbeiten braucht klare Leitung

Wir sind der festen Überzeugung, dass ein Betriebsratsgremium angemessene und möglichst professionelle Führung benötigt. Tagtäglich müssen zahlreiche Entscheidungen getroffen, Ziele formuliert und Strategien umgesetzt werden. Es gibt zahlreiche Koordinationsaufgaben und Prozesse, die moderiert werden wollen. Erfolgreiches Arbeiten in solch hochkomplexen Aufgabenstellungen ist ohne klare Leitung nicht denkbar.

Gemeinsames Führungsverständnis

Im Rahmen einer Bereichsentwicklung thematisieren wir daher das Thema Führung regelmäßig. Erstes Ziel ist es, mit den Beteiligten ein gemeinsames Führungsverständnis zu entwickeln und zu formulieren. Auf dieser Grundlage können dann Führungsaufgaben personell vergeben und inhaltlich definiert werden. In diesem Prozess ist es von enormer Wichtigkeit, äußerst sensibel und umsichtig vorzugehen, da Führung immer mit Macht verbunden ist. Und Macht wiederum ist mit Ängsten und allerlei Fantasien besetzt. Da keine gesetzlich definierten Führungsrollen im Betriebsratsgremium existieren, muss in Bereichsentwicklungsprozessen immer wieder die Bereitschaft Führungsverantwortung zu übernehmen, beziehungsweise Führung zu akzeptieren, hergestellt werden. Erst wenn ein gemeinsames Führungsverständnis geschaffen ist, können die einzelnen Führungspositionen im Gremium konkret bearbeitet werden.

Hierzu gehört immer die Schulung der Betriebsräte im Bereich von Führungstheorien und Führungsmethoden sowie die Auseinandersetzung mit der eigenen Führungsrolle. Echte Führung ist der Ausdruck eines Zustandes «Über-der-Linie». Diesem Thema werden wir uns zu einem späteren Zeitpunkt in dem Kapitel «Das Gremium» noch tiefer gehend widmen.

Vertrauen in Zuständigkeiten und Loslassen

In zehn Jahren unserer Arbeit mit Betriebsratsgremien war einer der meist genannten Wünsche im Hinblick auf die Zusammenarbeit: Vertrauen. Ein weitverbreitetes Phänomen in Gremien ist es, dass Aufgaben und Zuständigkeiten zwar delegiert werden, dann aber kein Vertrauen in die Kompetenz der Verantwortlichen gesetzt wird. Das führt in vielen Gremien zu einer regelrechten Misstrauenskultur. In einem Gremium etwa wurden Ausschüsse gebildet, um dort Themen gezielt inhaltlich bearbeiten zu können. Im Laufe der Jahre hatten sich einzelne Ausschussmitglieder eine hohe Sachkompetenz in ihrem jeweiligen Themengebiet angeeignet, sodass man ihre Empfehlungen in den allermeisten Fällen als bestmögliche Vorgehensweise annehmen und entsprechend abstimmen konnte. Der eigentliche Sinn der Ausschüsse ist es, dass nicht jeder alles können muss, und durch zunehmende Spezialisierungen kompetentere Lösungsmöglichkeiten entwickelt werden können. Dadurch werden die vorhandenen Zeitressourcen optimal genutzt, Kompetenzen gestärkt und die Gestaltungskraft des Gremiums vervielfacht. In diesem Gremium aber konnten einige Betriebsräte nicht recht loslassen und mussten alle Vorlagen der Ausschüsse von Grund auf hinterfragen und Empfehlungen inhaltlich auseinandernehmen, oder bei Entscheidungen dagegen stimmen. Das führte dazu, dass die Ausschussmitglieder frustriert waren, Sitzungen in endlosen Diskussionen unnötig verlängert wurden und dass sich eine Menge schlechter Stimmung ansammelte. Wir haben es mehr als einmal erlebt, dass Ausschussvorsitzende nach ihrer Vorstellung von komplexen Ausarbeitungen als einzigen Kommentar «Alles Mist» erhielten. Keine Wertschätzung für die geleistete Arbeit, keine wohlwollende Unterstützung für etwaige Verbesserungen, kein Respekt vor dem Vortragenden. Pures «Unter-der-Linie»-Verhalten.

Handlungskompetenz und Unterstützung

Unsere Empfehlung aus diesen Erfahrungen lautet seitdem: Wenn Betriebsräte mit Aufgaben bedacht werden, dann sollten sie auch als die zuständige und kompetente Instanz für diese Aufgabe behandelt werden. Sie müssen es nicht perfekt machen! Die Ergebnisse sollten mit einer grundsätzlichen Wertschätzung behandelt werden, also nur dann mit Anmerkungen bedacht werden, wenn diese tatsächlich wichtige Ergänzungen oder reale Verbesserungen hervorrufen. Wenn die Aufgaben tatsächlich nicht zufriedenstellend erledigt werden, dann ist eher die Frage angebracht, wo der Betreffende noch Unterstützung bräuchte, als ihn dafür zu verurteilen. Die anderen Betriebsräte können sich entspannen. Kniffelige Fragestellungen zum Thema sollten als Anmerkung aufgenommen und gegebenenfalls von den Zuständigen daraufhin neu bewertet werden. Sie dürfen aber auf keinen Fall die Arbeit an sich blockieren.

Standfestigkeit

Wir haben noch eine weitere Empfehlung für die Gremien, die dazu neigen, getroffene Entscheidungen zu einem späteren Zeitpunkt wieder zu revidieren: Außer, wenn schwerwiegende neue Sachverhalte auftauchen, verlieren die Entscheidungen nichts von ihrer Gültigkeit. Der Betriebsrat hat oft genug unpopuläre Entscheidungen zu treffen, die Teilen der Belegschaft nicht gefallen. Das kann die Zustimmung zu Arbeitszeitänderungen oder Entgelteinstufungen sein oder die Erhöhung von Kantinenbeiträgen: Kollegen werden den Betriebsrat dafür angehen und ihrem Unmut zum Teil lautstark Luft machen. Wenn die Betriebsräte in diesem Moment nicht zusammenstehen und in der betrieblichen Auseinandersetzung einknicken, dann wird das Gremium seine Vertrauenswürdigkeit verlieren und den Respekt – beides auch untereinander.

1.3.3 Ohne Spaß kein Erfolg!

Ein Sprichwort lautet «Nichts ist so sexy wie Erfolg!» Unserer Meinung nach ist nichts so sexy, wie der Erfolg, der mit Spaß oder Leichtigkeit einherging.

Erfolg ist sexy

Eines der Hauptprobleme unserer modernen Arbeitskultur ist die eigenartige Härte und Freudlosigkeit, mit der viele Ergebnisse erzielt werden. Da die Erfolge, die mit zusammengebissenen Zähnen, in Konkurrenz mit anderen und unter Ausbeutung der eigenen Ressourcen zustande kommen, für die meisten von uns eher die Regel sind, freuen wir uns umso mehr an den Ausnahmen, in denen das gleiche Resultat auf der Basis von Miteinander und Freude entstanden ist. Ein gelungenes Beispiel dafür wird in dem Film «Cool Runnings» gezeigt, in dem die wahre Geschichte der ersten jamaikanischen Bobmannschaft bei den Olympischen Winterspielen in Callgary 1988 verfilmt wurde. Aus der anfänglich völlig verrückten Idee, ein Team aus dem sonnigen Jamaika für den Bobwettbewerb aufzustellen, entwickelte sich durch alle Schwierigkeiten hinweg eine Mannschaft, die sich tatsächlich qualifizieren und einen Achtungserfolg bei der Olympiade erzielen konnte. Der Erfolg war der Abwendung vom Nacheifern der Muster anderer Mannschaften – schweizer Präzision, russische Kraft, deutscher Kampfgeist etc.– zu verdanken. Die Jamaikaner besannen sich auf ihre eigenen Tugenden, zu denen ein Miteinander von Leichtigkeit und Freude gehörte. Bei der darauffolgenden Olympiade verbesserte sich diese Mannschaft deutlich und ließ sogar die Russen, Amerikaner und Franzosen hinter sich.

Das Unmögliche möglich machen durch Spaß

Spaß an der Arbeit und ein gutes Miteinander sind für uns die wesentlichen Erfolgsfaktoren von Betriebsräten, die aktiv mitgestalten möchten. Der Betriebsrat sieht sich in manchen Betrieben als das «letzte gallische Dorf». In Unternehmen mit besonders verbissenem Betriebsklima haben wir tatsächlich Gremien kennengelernt, die dem «römischen Imperium» mit einigem Spaß entgegenwirken konnten. Gerade dadurch wurden sie von ihren Kollegen als attraktiv wahrgenommen.

Spaß an der Arbeit

Mitgestaltung der Unternehmenskultur

Betriebsräte können nicht immer in dem von ihnen gewünschten Umfang auf unternehmerische Entscheidungen einwirken, aber sie können jederzeit und massiv die Unternehmenskultur beeinflussen. Das Gremium kann altgedienten Werten aus der Arbeiterbewegung, wie «Solidarität», «Gerechtigkeit» und «starke Gemeinschaft» am besten dadurch zu neuem Leben verhelfen, dass es diese Werte selber im tagtäglichen Miteinander lebt. Spaß an der Betriebsratsarbeit darf also nicht erst dann einsetzen, wenn alles andere endlich erledigt ist, sondern hilft dabei, diese Erledigung deutlich zu erleichtern und zu beschleunigen. Freude an der Arbeit darf nicht nur sein, sie ist ein wesentlicher Erfolgsfaktor! Wenn Betriebsräte zu lange keinen Spaß mehr bei ihrer Arbeit haben konnten, dann lohnt es sich, miteinander innezuhalten, «Über-die-Linie» zu gehen, zu fragen: «Was kann jetzt dazu beitragen, uns den Spaß an der Arbeit zurückzuholen?», und dann danach zu handeln.

2 Die Wände

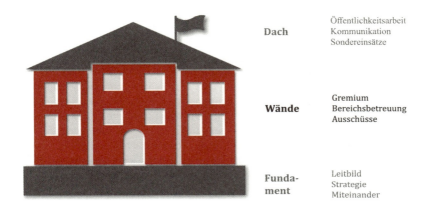

Dach	Öffentlichkeitsarbeit Kommunikation Sondereinsätze
Wände	Gremium Bereichsbetreuung Ausschüsse
Funda-ment	Leitbild Strategie Miteinander

Nachdem im 1. Kapitel die Gründung eines soliden Fundaments aus den Komponenten Leitbild, Strategie und Miteinander beschrieben wurde, wendet sich dieses Kapitel dem Aufbau von stabilen Wänden mit den drei wesentlichen Arbeitsebenen des Betriebsrats zu.

Zuerst widmen wir uns dem Gremium insgesamt. Hier geht es um die Themen: Arbeitsaufteilung, Geschäftsordnung, Vorsitz und geschäftsführender Ausschuss sowie Vorbereitung von Sitzungen. Außerdem beschäftigen wir uns mit Teamentwicklung und Konfliktmanagement, Nachwuchsarbeit, Bildung und Betriebsratswahlen.

Als zweites befassen wir uns mit der Bereichsarbeit vor Ort und der inhaltlichen Arbeit in Ausschüssen und Projekten. Hier beschäftigen wir uns mit der operativen Ebene von Betriebsratsarbeit und untersuchen vor allem, inwiefern sich die Präsenz vor Ort proaktiv, profitabel und professionell gestalten lässt.

Zum Schluss dieses Kapitels widmen wir uns der inhaltlichen Arbeit in Ausschüssen und Projekten. Hier untersuchen wir die strategische und inhaltliche Ebene von Betriebsratsarbeit und sprechen über die Strukturierung von Ausschüssen, Arbeits- und Projektgruppen.

In allen folgenden Beschreibungen geht es nicht darum, den Betriebsräten ihre Arbeit zu erklären. Es geht vielmehr darum aufzuzeigen, an welchen Stellen dieser Job so optimiert werden kann, dass dabei das Maximum an Mitgestaltungsmöglichkeiten herauskommt und sowohl physische als auch psychische Belastungen auf ein Minimum reduziert werden können.

2.1 Gremium

«Alles Große in unserer Welt geschieht nur,
weil irgendjemand mehr tut, als er muss.»
Hermann Gmeiner

Erschwerende Ausgangsbedingungen Viele Gremien merken, dass ihnen an manchen Stellen «die Wände wackeln» und ihre Arbeit dadurch erschwert wird, dass sie kein solides Fundament in Form von Rollenverständnis, strategischer Ausrichtung und einem klaren Miteinander haben. Darüber hinaus blockieren unterschiedliche Auffassungen von der Arbeitsaufteilung, insbesondere zwischen freigestellten und nichtfreigestellten Betriebsräten die optimale Nutzung der vorhandenen Ressourcen. Zusätzliche Schwierigkeiten werden von unklaren Aufgaben- und Zieldefinitionen hervorgerufen sowie von unterschiedlichen Auffassungen über Führung und geführt werden in einem Team von Gleichberechtigten. Schleppende Sitzungsabläufe, mangelhafter systematischer Aufbau von neuen Mitgliedern und eine fehlende Bildungsmatrix für die bedarfsorientierte Weiterbildung tragen ebenfalls nicht zur Stabilisierung der Wände bei. Alle vier Jahre wird vor den Wahlen die Lage noch dadurch verschärft, dass viele Betriebsräte nervös auf ihre mögliche Wiederwahl schauen und nur noch eingeschränkt handlungsfähig sind.

Teambildung alleine hilft im Gremium nicht weiter Der Einsatz von teambildenden Maßnahmen als Ausweg aus dieser Gemengelage scheint naheliegend, scheitert aber langfristig, wenn die umgebenden strukturellen Probleme nicht gleichzeitig behoben werden. Es ist, als ob im schiefen Turm von Pisa neue Säulen eingesetzt würden, um die Wände zu stabilisieren, während gleichzeitig der Untergrund weiter absackt. In vielen Gremien begegnen wir einem architektonischen Flickwerk, das mit verschiedensten Stilelementen das Gebäude immerhin halbwegs im statischen Gleichgewicht gehalten hat. Auf diese Weise haben es viele Gremien geschafft, trotz aller strukturellen Schwierigkeiten einigermaßen handlungsfähig zu sein und im Rahmen ihrer Möglichkeiten die Interessen der Belegschaft gut zu vertreten. Allein das ist schon eine enorme Leistung!

Dieses Kapitel handelt vor allem davon, wie die Strukturen im laufenden Betrieb verändert werden können, um den einzelnen Betriebsräten mehr Freiräume zur Mitgestaltung zu ermöglichen. Hier werden die Voraussetzungen für die konkrete Arbeit verbessert und «altersgerechtes» Arbeiten für Betriebsräte ermöglicht. Dafür werden die acht neuralgischen Strukturpunkte des Gremiums eingehend auf ihre Veränderungsmöglichkeiten hin betrachtet:

Strukturen im Betriebsrat

1. Arbeitsaufteilung
2. Geschäftsordnung
3. Führung im Betriebsrat
4. Sitzungen
5. Teamentwicklung und Konfliktmanagement
6. Nachwuchsarbeit und Bildung
7. Qualitätsanspruch an die Betriebsratsarbeit
8. Betriebsratswahlen

Ausgangspunkt für alle Veränderungen in diesen Bereichen sind unsere grundlegenden Baustellenwerkzeuge, wie das im Bauplatz beschriebene «Linien-Werkzeug» oder das «Prinzip der gemeinsamen Zuständigkeit». Wenn diese Prinzipien in die Weiterentwicklung des Gremiums einfließen, dann werden die notwendigen Erneuerungen von den Betriebsratsmitgliedern auch problemlos angenommen, denn mit ihnen können die persönlichen Befindlichkeiten in allgemein anerkannte Werte überführt werden.

2.1.1 Weiß die rechte Hand, was die Linke tut?

Arbeitsaufteilung / Wechsel von Postenbezug auf Zielorientierung

In den meisten Gremien, die wir kennenlernen durften, findet die Arbeitsaufteilung klassischerweise auf der strategischen Ebene nach Themengebieten, wie Arbeitssicherheit, Personal, Entgelt oder Kantine, und auf der operativen Ebene nach den Bereichen statt, aus denen die Betriebsräte kommen. Bei dieser Vorgehensweise werden am Anfang der Amtsperiode zur Abdeckung der Themen- oder Abteilungsbereiche anhand der persönlichen Eignungen oder Präferenzen entsprechende Posten verteilt. Der Nachteil dieser Vorgehensweise besteht darin, dass dadurch oft statische Gebilde oder Territorien entstehen, die den Bestand verwalten und auf Ereignisse reagieren, anstatt proaktiv und mit Eigeninitiative an der Mitgestaltung des Unternehmens mitzuwirken. Eine funktionierende Mitgestaltung hingegen benötigt eine dynamische und flexible Ergebnisorientierung entlang der strategischen Ausrichtung des Gremiums.

Über Stellgröße «Zielerreichung» kontinuierlich nach vorne arbeiten

Die Stellgröße ist dann nicht die Frage «Wer ist zuständig fürs Entgelt?», sondern «Was wollen wir in den kommenden vier Jahren auf diesem Sektor für unsere Kollegen erreichen?» oder «Für welche Eventualitäten müssen wir uns wappnen?» Mithilfe der eingangs beschriebenen strategischen Werkzeuge können alle Ziele und Prioritäten für die Amtsperiode, für das anstehende Jahr oder den kommenden Monat in Projekte heruntergebrochen werden. Das hat den enormen Vorteil, dass an allen strategisch relevanten Themen kontinuierlich nach vorne gearbeitet werden kann, immer an den Zielen orientiert, die vom Leitbild und der strategischen Ausrichtung des Betriebsrats vorgegeben werden. Die Grundfrage in allen Themengebieten lautet dann: «Womit können wir als «Nächstes zur Erreichung unserer übergeordneten Ziele beitragen?» Durch diesen beständigen Zug in Richtung Proaktivität wird das Gremium in seiner Arbeit verstetigt und vor allem an den Ergebnissen messbar. Anstatt in einem endlosen Strom an Routinearbeiten zu versinken und am Abend schon gar nicht mehr zu wissen, was am Tag eigentlich alles geleistet wurde, werden Arbeitsfortschritte entlang der Projekt-Meilensteine sichtbar und auch für andere nachvollziehbar. Mit Erreichung der selbst gesteckten Ziele kann Entspannung einsetzen und zwischendurch auch mal ein Erfolg gemeinsam gefeiert werden. Das ist auf Dauer wesentlich zufriedenstellender, als von einer Aktion zu nächsten zu eilen oder in den Löchern zu versinken, die oft nach großen Aktionen entstehen. Es macht zudem auch mehr Spaß, auf diese Art zu arbeiten.

Projektarbeit

Projektarbeit ist auch unsere Antwort auf einen weiteren Klassiker in der Arbeitsaufteilung von Betriebsratsgremien, nämlich der Organisation zwischen den freigestellten und nicht-freigestellten Betriebsräten. In den meisten Gremien herrscht das Verständnis vor, dass einige Betriebsräte von ihrer bisherigen beruflichen Arbeit vollständig für die Betriebsratsarbeit freigestellt werden, um die ganze praktische Betriebsratsarbeit zu leisten. Aus der großen Menge der dabei anstehenden Aufgaben sei hier nur ein kleiner Ausschnitt genannt: Das Sekretariat führen, Betriebsvereinbarungen erarbeiten und verhandeln, Tarifverträge überwachen, bei Jubilarfeiern, Krankenbesuchen oder Beerdigungen den Betriebsrat repräsentieren, die Sitzungen leiten, Betriebsversammlungen organisieren, Ausschüsse und Projektgruppen führen, Öffentlichkeitsarbeit leiten, strategisch nach vorne blicken. Die Funktion der nicht-freigestellten Betriebsräte besteht nach diesem Verständnis vor allem aus der Sitzungsteilnahme und der Abstimmung über Entscidungen, dem Weiterleiten von Informationen aus der Basis an die Freigestellten oder umgekehrt und dem Weiterhelfen der Kollegen bei kleineren Fällen.

Der weitverbreitete Vorwurf der «Freigestellten» an die «Nichtfreigestellten» lautet, dass sie sich zu wenig einbringen, außerhalb der Sitzungszeiten kaum einsatzbereit sind und die Freigestellten mit der oben skizzierten überwältigenden Fülle an Aufgaben weitgehend alleine lassen. Umgekehrt fühlen sich viele Nichtfreigestellte ständig unter dem Druck einer ebenso unausgesprochenen wie unkonkreten Erwartungshaltung, unklarer Aufgabenstellungen und Zielvorgaben und dem permanenten Gefühl, es nicht recht machen zu können. Beide Parteien haben Recht: Es gibt Freigestellte, die sich fortlaufend über den mangelnden Einsatz ihrer Kollegen beklagen, aber in Wirklichkeit gar keine Arbeit an die Nichtfreigestellten abgeben können oder wollen, und es gibt Nichtfreigestellte, die permanent überall mitreden wollen, aber dann abtauchen, wenn die Arbeit mit tatsächlicher Verantwortungsübernahme verbunden ist.

Spannungsfeld «Freigestellte – Nicht-Freigestellte»

Für ein Gremium, das die Königsklasse der Mitgestaltung anstrebt, ist eine neue Sicht- und Handlungsweise unerlässlich, die bereits im strategischen Teil des Fundamentbaus angerissen wurde: Das ganze Gremium hat mehr personelle Ressourcen, als in den meisten Fällen bislang erschlossen wurden. Die Freigestellten müssen von operativen Aufgaben entlastet werden, um aus dem II. Quadranten (siehe Strategiekapitel) heraus strategische Entwicklungen voranzutreiben, durch die das Gremium insgesamt proaktiv, professionell und profitabel im Unternehmen mitgestalten kann.

Nach unserer Erfahrung sind viele Nichtfreigestellte durchaus in der Lage, sich mehr in die Betriebsratsarbeit einzubringen, wenn sie überschaubare und strukturierte Aufgaben mit klaren Zielerwartungen bearbeiten können. Die freigestellten Betriebsräte müssen ihren Freiraum dafür nutzen, die Ziele des Betriebsrats in Projektform zu beschreiben mit Meilensteinen, Arbeitspaketen und Verantwortlichkeiten.

Praktischer Tipp:

Voraussetzung dafür ist aber, dass ein gemeinsames Verständnis davon herrscht, wie viel wöchentliche Arbeitszeit einzelne Betriebsräte jeweils außerhalb der Sitzung einbringen können, um diese Arbeitspakete gezielt abzuarbeiten. Unser Vorschlag ist ein Minimum von ein bis zwei Wochenstunden. Zu Beginn einer Amtsperiode sollte jeder Betriebsrat verbindlich festlegen, wie viele Wochenstunden an Arbeitsleistung er über die Sitzung hinaus einbringen möchte, sodass die Planung der Ressourcen mit festen Größen operieren kann. Bestens bewährt hat sich dabei, einmal pro Woche zwei Stunden lang das Gremium in kleine Arbeits- und Projektgruppen zu unterteilen, und strukturiert

Werkzeug Zwei Projektstunden pro Woche

gemeinsam die Arbeitspakte zu erledigen. Diese zwei «Projektstunden» sind genauso fest im Wochenkalender geblockt, wie die Betriebsratssitzung und lassen sich möglicherweise nach einer Pause direkt an die Betriebsratssitzung anzuschließen oder ihr vorschalten. Oft gelingt es auch, dadurch mehr Zeit zu gewinnen, dass die Betriebsratssitzung straffer durchstrukturiert wird. Diese Zeit kann direkt der «Projektzeit» zugeschlagen werden.

Beispiel
Konkrete
Auftrags-
beschreibung

Ein gelungenes Best-Practice-Beispiel für die Strukturierung von Aufgaben sind die «Auftragsblätter» aus dem Betriebsausschuss der Betriebsräte eines John Deere-Werkes. In diesem Formblatt wurde der Reihe nach beschrieben:

1. Was? (Aufgaben)
2. Wer? (Verantwortliche)
3. Mit wem? (Partner, Schnittstellen)
4. Warum? (Strategische Ziele, bzw. aktueller Anlass)
5. Für wen? (Adressaten)
6. Wie? (Methoden)
7. Womit? (Hilfsmittel, Kompetenzen)
8. Wann? (Zeitplan mit Starttermin, Zwischenterminen und Zwischenergebnissen sowie geplantem Endtermin)
9. Zusätzliche Bemerkungen
10. Unterschriften vom «Auftraggeber» (Betriebsrat) und dem «Auftragnehmer» (Projektgruppe)

Etwas Arbeits-
zeit gegen
mehr Mit-
gestaltung

Wenn diese Projektzeit sinnvoll strukturiert ist, und die Arbeitspakte vernünftig organisiert sind, können die Nicht-Freigestellten einen großen Beitrag leisten, sind besser eingebunden, erhalten mehr Informationen, können aktiv mitgestalten und sind praktischer Bestandteil des Teams. In den Sitzungen fällt es ihnen wesentlich leichter, auch komplexere Entscheidungen zu treffen, da sie am Zustandekommen mitwirken konnten. Damit wird für die Freigestellten eine große zusätzliche Arbeitszeitressource erschlossen und den Nicht-Freigestellten eine große zusätzliche und strukturierte Gestaltungsmöglichkeit. Die aktive und gemeinsame Zeit macht Betriebsräten aus den Gremien, die sich dazu entschieden haben, in der Regel auch sehr viel Spaß, denn sobald man zu zweit oder zu dritt an einem Thema arbeitet, läuft es wesentlich leichter von der Hand. Voraussetzung ist allerdings, dass die Freigestellten die Arbeit innerhalb der Projektzeit vorstrukturiert haben. Im dritten Teil dieses Kapitels, unter «Ausschuss- und Projektarbeit» wird die Herangehensweise an die Projektarbeit noch genauer erörtert. Wichtig ist, dass die Beteiligten durch gezielte Vorstrukturierung einen klaren Auftrag erhalten, der die angestrebten Ergebnisse, Aspekte des Lösungsweges sowie Vorstellungen über Zeitläufe und Verantwortlichkeiten enthält.

Wir gehen davon aus, dass jeder Betriebsrat einen praktischen Beitrag leisten kann, der einen Freiraum für mehr Mitgestaltung schafft. Ob es das Protokollschreiben ist, die gezielte Recherche für eine Arbeitsgruppe, oder die Aushänge ins Schwarze Brett einzufügen – es gibt immer Möglichkeiten, aktiv selber zu gestalten oder die Gestaltenden mehr vom Tagesgeschäft zu entlasten, damit sie diese Zeit in proaktive Handlungen umwandeln können. Vereinzelt kommt es vor, dass Betriebsräte sich ihres Beitrags enthalten und durch Abwesenheit glänzen, wenn konkrete Arbeit gefragt ist. Das kann entweder bedeuten, dass es der Betriebsratsführung noch nicht gelungen ist, sie auf ansprechende Art und an der richtigen Stelle zum Mitarbeiten zu bewegen, oder dass die Motivation Betriebsrat zu sein weniger mit dem Wohl der Beschäftigten zu tun hat, als mit den eigenen Interessen. In einer Mannschaft aus Feierabendkickern wäre dieses Verhalten unerfreulich, aber verkraftbar. In einer Mannschaft, die in der Königsklasse spielen will, ist diese Haltung untragbar. Hier sollten sich alle Beteiligten zusammensetzen, zunächst fünf Minuten lang «Unter-der-Linie» über das Problem diskutieren und anschließend «Über-der-Linie» herausfinden, was jetzt zu tun ist. Manche Betriebsräte konnten in solchen Runden für sich erkennen, dass dieses Amt mehr fordert, als sie zu geben bereit sind und haben es dann zur Verfügung gestellt.

Jeder kann einen Beitrag leisten

Geschäftsordnung

Die Grundprinzipien der Aufgabenverteilung sollten sich in der «Geschäftsordnung» des Betriebsrats wiederfinden. Ziel dieser Satzung ist es, die Arbeitsorganisation des Betriebsrats zu definieren und mit dem Leitbild und den strategischen Zielen zu verbinden. Da die Erstellung einer solchen Geschäftsordnung häufig mit der Verschiebung von bisherigen Befugnissen, realen oder gefühlten Machtverhältnissen, vermeintlichem Status und damit einhergehenden Privilegien einhergeht, ist der ideale Zeitpunkt dafür nach den Wahlen anzusetzen. Hier kann am besten eine Zäsur stattfinden, ein Schnitt zwischen dem bisherigen postenorientierten Arbeiten und dem künftigen proaktiven und zielorientierten Arbeiten.

In der Geschäftsordnung werden die Aufgaben, Ziele und Kompetenzen von Vorsitz und Geschäftsführung des Betriebsrats sowie von den Ausschüssen und Bereichsbetreuungen festgeschrieben. Auch die Entscheidungsbefugnisse und der Umgang mit der Erteilung von Verhandlungsmandaten sollten gemeinsam festgeschrieben werden, damit an diesen Punkten im operativen Geschäft keine Reibungsverluste entstehen.

Minimierung der Reibung

Vorsicht: Betriebsräte können gerade an diesem Punkt sehr empfindlich werden und diese Satzung mit der Verkleinerung ihrer Freiräume verwechseln. Eine Geschäftsordnung dient genauso wie eine Vereinssatzung nichts anderem, als dem Zweck, das gemeinsame Verständnis über die jeweiligen Verantwortlichkeiten festzuhalten. Darüber hinaus ist das Team gehalten, das «Prinzip der gemeinsamen Zuständigkeit» zu leben.

2.1.2 Arbeitnehmer professionell vertreten

Führung im Betriebsrat

Alle Betriebsräte sind Führungskräfte

An dieser Stelle ist es Zeit, dieses bereits im Kapitel «Miteinander» angerissene Thema zu vertiefen. Zuallererst ist zum Thema Führung Folgendes festzuhalten: Alle Betriebsräte sind Führungskräfte. Sie sind Führungskräfte in der Interessenvertretung ihrer Belegschaft. Ob sie es anstreben oder nicht: Sie alleine haben die Führung auf diesem Sektor. In Zahlen ausgedrückt: Je nach Betriebsgröße übernimmt jeder Einzelne Betriebsrat die Führung über die Interessenvertretung von 5 bis 500 Menschen. Das ist eine große Verantwortung.

Im Kapitel «Bauplatz» haben wir unsere Definition des Begriffs Verantwortung formuliert. Wenn wir das Wort Verantwortung mit dem Wort Führung gleichsetzen, lautet unsere Definition von Führung: **«Führung ist die persönliche Entscheidung, über seine äußeren Umstände hinauszuwachsen und zuständig zu sein für die Umsetzung von angestrebten Zielen durch die Anwendung von ‹Erkennen, Lösen und Handeln›.»**

Ein Schiff ohne Kapitän treibt orientierungslos

Bis diese Sichtweise im Betriebsrat Einzug hält, bleibt das Thema «Führung» im Gremium stets eine herausfordernde Angelegenheit. Wir sind der festen Überzeugung, dass ein Betriebsratsgremium angemessene und möglichst professionelle Führung benötigt. Keine Fußballmannschaft wird ohne einen Mannschaftskapitän das Beste aus sich herausholen können, keine Schiffsbesatzung wird ohne die Kompetenz und Führung ihres Kapitäns auf dem kürzesten Weg ihren Zielhafen erreichen und ohne Führungspersönlichkeiten wie Mahatma Gandhi, Nelson Mandela oder Martin Luther King wäre keine dieser Bürgerbewegungen so erfolgreich geworden. Tagtäglich müssen zahlreiche Entscheidungen getroffen, Ziele formuliert und Strategien umgesetzt werden. Es gibt viele Koordinationsaufgaben und Prozesse, die moderiert werden wollen. Erfolgreiches Arbeiten in solch hochkomplexen Aufgabenstellungen ist ohne klare Leitung nicht denkbar.

Herausforderung Generationswechsel

Als allgemeine Tendenz beobachten wir einen Generationswechsel von altgedienten «Betriebsratsfürsten», die unumschränkt alle Entscheidungsgewalt in sich vereinten und das Gremium vor allem zur formellen Bestätigung ihrer eigenen Entscheidungen benötigten, hin zu neuen Führungspersönlichkeiten, die den Anspruch von mehr Beteiligung verkörpern. Dieser Wechsel ist oft eine enorme Herausforderung für das Gremium, da die Betriebsräte jetzt ihre eigene Rolle neu definieren und auf einmal wesentlich mehr Verantwortung tragen müssen.

Um Vorsitzenden und Stellvertreter zu entlasten und die strategischen und operativen Bereiche besser in Entscheidungsprozesse mit einzubinden, empfehlen wir die Einrichtung eines Leitungskreises. Dieser Kreis kann sich aus drei Vorgängern entwickeln. Entweder stellt er die Vitalisierung des bestehenden Betriebsausschusses als geschäftsführendes Organ des Betriebsrats dar, oder er wird gebildet aus den Leitern verschiedener Betriebsbereiche oder aus einigen Ausschussvorsitzenden.

Werkzeug «Leitungskreis»

«Hauptaufgabe des «Leitungskreises ist es, immer wieder über den Tellerrand des Alltagsgeschäfts hinauszublicken, laufende Prozesse mit der strategischen Ausrichtung des Betriebsrats in Einklang zu bringen und den Rahmen abzustecken, in dem das Gremium sachgerechte Entscheidungen treffen kann. Außerdem ist es die Führungsaufgabe des Leitungskreises, Arbeit so vorzustrukturieren, dass sie von den anderen Betriebsratsmitgliedern, die nicht so tief im Thema stecken, auch bewältigt werden kann. Führung heißt, andere thematisch oder strukturell anzuleiten, und einen roten Faden in Abläufe hineinzulegen, an dem sich die anderen Betriebsräte orientieren können. Führung bedeutet, in «Unter-der-Linie»-Situationen immer wieder innehalten zu können und dann gezielt den Weg «Über-der-Linie» einzuschlagen.

Führung bedeutet auch einer Fürsorgepflicht gegenüber den Betriebsräten nachzukommen. Es geht darum, Betriebsräte vor Überlastung oder Unterforderung zu schützen, mit ihnen Perspektiven zu besprechen und ihnen gegenüber Wertschätzung auszudrücken. Konstruktive Kritik kann immer aus einer grundsätzlich wertschätzenden Haltung heraus formuliert werden. In einigen Gremien führen der Betriebsratsvorsitzende oder sein Stellvertreter auch mit jedem einzelnen Betriebsrat ein Jahresgespräch in Bezug auf dessen persönliches Wohlergehen und seine Entwicklungsmöglichkeiten im Gremium.

Führung und Fürsorge

Führung bedeutet außerdem, regelmäßig das größere Bild ins Blickfeld zu holen und die Betriebsräte wieder mit den Werten und den Zielen in Verbindung zu bringen, für die sie einst angetreten sind. Es bedeutet, den Sinn aktueller Handlungen in größeren Zusammenhängen sichtbar zu machen und für klare Kommunikation zu sorgen.

Wir könnten die Anforderungsliste an Führung beliebig lange fortführen und damit den Eindruck vervollständigen, dass hier – wie Hans-Rudolf Jost es so schön ausdrückte – «die zeitgleiche Umschreibung von Jesus und Supermann» vorgenommen wird.

Der wesentliche Führungsauftrag aus diesem Handbuch heißt, die besten Voraussetzungen für Mitgestaltung zu schaffen und dafür muss eine Betriebsratsführung manchmal ein bisschen von Jesus und manchmal ein bisschen von Supermann an den Tag legen.

Führung als Garant für Mitgestaltung

Sitzungen

In den wenigsten Gremien sind Betriebsratssitzungen eine Quelle der Inspiration, des produktiven Austausches, der disziplinierten Wortbeiträge oder der Ausdruck des kollektiven Respekts voreinander. Die Regel sind eher langatmige Diskussionen, sich wiederholende Wortbeiträge, eine Reihe von «Unter-der-Linie»-Beiträgen und anschließend das allseitige Gefühl, dass eine weitere Sitzung mehr oder weniger schadlos überstanden wurde und man mit einem guten Teil der Zeit sicher Sinnvolleres hätte anfangen können. Das gilt gleichermaßen für viele Ausschuss- oder Arbeitsgruppensitzungen. Wir haben Sitzungen beigewohnt, die für die Sitzungsleitung eher dem Gang durch ein Minenfeld, als dem Aufbau einer effektiven Arbeits- und Kommunikationsplattform glichen. In etwa drei Viertel aller Fälle dauerten die Sitzungen deutlich länger, als eigentlich nötig gewesen wäre.

Drei Maßnahmen für eine erfolgreiche Betriebsratssitzung

Eine Sitzung, aus der Betriebsräte gut informiert, zufrieden und inspiriert in ihre Bereich zurückkehren, ist kein Luxus, sondern die Voraussetzung von proaktiver, professioneller und profitabler Mitgestaltung. Es ist oftmals die einzige Zeit in der Woche, in der alle Betriebsräte in einer Runde zusammensitzen können. Es ist die Zeit, in der Betriebsräte untereinander das Betriebsklima pflegen können, dass sie sich vom Unternehmen wünschen: einen Austausch mit Respekt, Wertschätzung und Offenheit. Zur Ermöglichung dieser Voraussetzungen haben sich nach unseren Erfahrungen drei konkrete Maßnahmen bewährt:

1. Eine aus den Standards und Vereinbarungen der Zusammenarbeit (siehe Kapitel «Miteinander») hervorgehende Sitzungsordnung.
2. Eine Sitzungsstruktur, die Formales so kurz wie nötig hält, den Schwerpunkt auf den Austausch über den Stand der Umsetzung einzelner strategischer Ziele legt, und insgesamt eine fundierte Beschlussfassung ermöglicht.
3. Eine kompetente und autorisierte Sitzungsmoderation, die in der Lage ist, den Rahmen zur bestmöglichen Nutzung der gemeinsamen Zeit abzustecken und zu halten.

Sitzungsstandards und -moderation

Die praktische Anwendung von einigen simplen Standards wie «Während der Sitzungen bleiben unsere Mobiltelefone aus» oder «Wir hören uns gegenseitig zu und lassen einander ausreden» oder «Wir kommen vorbereitet in Sitzungen und haben uns mit den zu besprechenden Themen inhaltlich auseinandergesetzt» würde schon viele unnötige Reibungsverluste vermeiden und an gegenseitigen Respekt erinnern.

Wie im Kapitel «Miteinander» vorgeschlagen, ist das Gremium gut beraten, für die Sitzung eine Sitzungsmoderation zu bestimmen, die nicht aus dem Vorsitzenden besteht. Wohlgemerkt, das Augenmerk liegt auf «Moderation», das heißt nicht nur die Reihenfolge der Wortbeiträge festzuhalten, sondern beinhaltet die Fähigkeit, Diskussionen sachgerecht am Punkt zu halten, Zeitabläufe für die Sitzung festlegen und einhalten zu können und für ein Klima von Respekt und Wertschätzung für die einzelnen Beiträge einzutreten. Es gibt Menschen, die von Natur aus dafür sehr gut geeignet sind, und andere, die sich auf einem Seminar für Sitzungsmoderation das dafür notwendige Rüstzeug holen könnten. Wichtig ist, dass das Gremium den Moderator mit einem «robusten Mandat» ausstattet, was bedeutet, seiner Sitzungsleitung ohne Widerspruch zu folgen und die vorher gemeinsam beschlossenen Ahndungen von Regelverstößen im Einsatzfall auch zu akzeptieren. Seine wichtigste Aufgabe ist es, fruchtbare Diskussionen zu unterstützen und fruchtlosen Diskussionismus zu unterbinden.

Mehr Fortschrittsberichte und weniger Formalien

Regeln und Moderation schaffen den Rahmen für die Minimierung von Reibungsverlusten, aber der Schlüssel für Zufriedenheit und Inspiration der Teilnehmer ist die sinnvolle Strukturierung der Sitzung. Ein Gremium, das seine Zeit optimal nutzen will, hält die Zeit für vorgeschriebene Formalien, zum Beispiel der Verlesung des Protokolls der vorangegangenen Sitzung dabei so gering wie nötig. Umso mehr Zeit wendet es für Statusmeldungen aus den Bereichen, Projekten und Ausschüssen auf, in denen über die Fortschritte bei der Umsetzung von strategischen Zielen berichtet wird. Hier können auch Anregungen eingeholt werden, wie man im Einzelfall am besten weiterkommt. Hier werden auch die Erfolge sichtbar, hier ist ein Fortkommen in der Arbeit erkennbar und hier kann man getrost auch einmal stolz auf das Erreichte sein. Jeder Tagesordnungspunkt ist mit einer Zeitvorgabe hinterlegt, sodass der Moderator die Einhaltung der jeweiligen Zeiten auch gezielt anpeilen kann. Es geht darum, über Ergebnisse zu sprechen. Es geht darum, immer wieder «Über-der-Linie» zu gehen, zu fragen «wie?» anstatt «wieso?» oder «ob?» Wenn die Sitzungskultur eines Gremiums sich in diese Richtung orientiert, dann wird die Luft automatisch dünner für diejenigen, die häufiger mit Nicht-Erledigung von Aufgaben glänzen. Sie werden sich auf Dauer nicht der Dynamik von Proaktivität entziehen können und verstärkt beitragen wollen oder sie werden sich in einer proaktiven Umgebung nicht lange behaupten können.

Zeitersparnis

In den Gremien, welche die drei genannten Maßnahmen konsequent umsetzten, konnte die Dauer von Betriebsratssitzungen um durchschnittlich 25 % der Zeit reduziert werden, in Einzelfällen sogar bis zu 40 %. Trotzdem hatte niemand das Gefühl, dass der inhaltliche Austausch über anstehende Themen zu kurz gekommen wäre.

Einführung und Einhaltung von Pausen

An zwei weiteren Stellen konnten die Ergebnisse durch sehr einfache Maßnahmen verbessert werden: Erstens durch die Einführung einer kurzen Pause und zweitens durch ein 30-minütiges «Vorab-Treffen» zur Sichtung der Sitzungsvorlagen. Es hat uns immer wieder überrascht, wie Betriebsräte versucht haben, das Maximum aus ihrer gemeinsamen Zeit dadurch herauszuholen, dass sie schlichtweg ihre Pausen übergangen haben. In unseren Workshops hat es sich bewährt, spätestens nach jeweils 90 Minuten eine kurze Pause einzulegen, da sonst die Konzentration zu stark nachlässt. Zehn Minuten Zeitinvestition an dieser Stelle können deutliche Renditesteigerungen in Form von besseren Ergebnissen nach sich ziehen. Der zweite Punkt ist der pragmatische Umgang mit der Tatsache, dass nicht jeder Betriebsrat ausreichend vorbereitet in der Sitzung erscheint und seine Sitzungsvorlagen bereits vorab studiert hat. An dieser Stelle wird in Sitzungen oft viel Zeit damit verschwendet, Dinge erklären zu müssen, die sich aus den Unterlagen erschließen würden, wenn sie denn gelesen worden wären. Außerdem ist es ohne Studium der Unterlagen oft kaum möglich, nachhaltige und kompetente Entscheidungen zu fällen. Praktisch einfangen konnten wir das in einzelnen Fällen dadurch, dass wir ein 30-minütiges Vortreffen vorschalteten, in dem sich Betriebsräte unter kundiger Anleitung von themenfesten Kollegen in Kurzform einen Überblick über die entscheidenden inhaltlichen Punkte verschaffen konnten.

Beispiel
Mehr Leben-
digkeit

Im Betriebsrat eines Daimler-Werks verdoppelte sich durch die oben aufgeführten Maßnahmen die Zahl der Beschlüsse innerhalb einer Sitzung, Dinge wurden nicht mehr auf die lange Bank geschoben, die Diskussionen blieben am Punkt und waren auf Lösungen fokussiert und nicht auf Probleme. Die vormals langatmigen und zum Teil quälenden Sitzungen gewannen an Lebendigkeit und Inspiration.

Teamentwicklung und Konfliktmanagement

Die häufigste Definition des Begriffs «Team», die wir im Laufe der Jahre bei den Betriebsräten angetroffen haben, war: **T**oll, **E**in **A**nderer **M**acht's!

Leistungs-
zunahme steigt
nicht analog
zur Teamgröße

In seinem Buch *Best of Bullshit* hat der Autor Hans Rudolf Jost in diesem Zusammenhang genüsslich auf den sogenannten «Ringelmann-Effekt» hingewiesen: «Der französische Agraringenieur Maximilian Ringelmann (1862–1931) hat die Effizienz der Arbeit von Pferden, Ochsen, Maschinen und Menschen untersucht und dabei in Modellversuchen herausgefunden, dass die Leistung von Personen im Team kleiner ist, als die Summe der Leistung, die jede Person für sich alleine erbringen würde. Am Beispiel vom Tauziehen zeigte sich, dass wenn eine Person alleine zog, sie im Durchschnitt eine Kraft von 63 kg (= 100 %) entwickelte. Zwei Personen zusammen entwickelten statt 126 kg aber nur eine Kraft von 118 kg (2 x 93 %) und drei Personen entwickelten zusammen eine Kraft von 160 kg (3 x 85 %). Ringelmann beschrieb diesen Zusammenhang mit der Formel:

P = 100 % − (7,3 x (n − 1)) %.

P ist die Leistung des Einzelnen in einer Gruppe und n ist die Anzahl der Mitglieder.

Diese Erkenntnis ist 120 Jahre alt. Mit ihr ließen sich viele Projekte zur Teamentwicklung sparen, die versuchen Probleme zu beseitigen, deren Ursachen häufig anders angegangen werden müssen. In einer Befragung von 376 Managern ermittelte die Akademie für Führungskräfte in Bad Harzburg die häufigsten Gründe, die Teams scheitern lässt:

Kommunikationsschwierigkeiten	97 %	**Die häufigsten Gründe des Scheiterns von Teams**
Unklarer Auftrag	94 %	
Keine Zusammenarbeitskultur	91 %	
Unausgesprochene Konflikte	90 %	
Fehlendes Vertrauen	90 %	
Machtkämpfe	88 %	
Uneffektive Besprechungen	85 %	
Keine Teamleader	80 %	
Dominanz eigener Interessen	70 %	
Unklare Hierarchie	57 %	
Offene Konflikte	54 %	
Zu wenig Zeit	48 %	

Die Wertigkeiten dieser Liste ließen sich problemlos auf die gängigen Situationen in den meisten Betriebsratsgremien übertragen. Betrachtet man sich die Gründe eingehender, stellt man fest, dass die meisten Aspekte nicht durch sogenannte Teambildende Maßnahmen, wie gemeinsames Tauziehen, sympathische Vertrauensübungen oder gemeinsames Plakate-Malen aufgelöst werden können:

Kommunikationsschwierigkeiten	97 %	**Strukturproblem**	**Die Probleme hinter den Gründen**
Unklarer Auftrag	94 %	**Strukturproblem**	
Keine Zusammenarbeitskultur	91 %	Kulturelles Problem	
Unausgesprochene Konflikte	90 %	Kommunikationsproblem	
Fehlendes Vertrauen	90 %	Kulturelles Problem	
Machtkämpfe	88 %	Führungsproblem	
Uneffektive Besprechungen	85 %	**Strukturproblem**	
Keine Teamleader	80 %	Führungsproblem	
Dominanz eigener Interessen	70 %	Kulturelles Problem	
Unklare Hierarchie	57 %	**Strukturproblem**	
Offene Konflikte	54 %	Kommunikationsproblem	
Zu wenig Zeit	48 %	**Strukturproblem**	

Struktur und Kommunikation

In den meisten Fällen liegen Strukturprobleme vor. Kommunikationslinien müssen geklärt werden, Zieldefinitionen neu gemacht, Sitzungsabläufe geplant, Zuständigkeiten verteilt oder der Umgang mit Zeitressourcen verbessert. Etwa die Hälfte aller oben aufgeführten Probleme lassen sich durch einfache strukturelle Maßnahmen beseitigen.

Wollen wir ein Team «Über» oder «Unter-der-Linie» sein?

Über ein Viertel der Probleme sind kultureller Natur und bedürfen vor allem einer Entscheidung: Wollen die Betriebsräte die Besten sein, die sie für die Erfüllung ihres Wählerauftrags sein können? Wollen sie Teil einer Kultur sein, die mehrheitlich «Über-der-Linie» agiert, die gekennzeichnet ist durch überwiegende Freude an der Betriebsratsarbeit, Zufriedenheit mit den Ergebnissen und grundlegendem Respekt? Wollen sie proaktiv, professionell und profitabel arbeiten? Oder ist es in Ordnung, «Unter-der-Linie» zu beschuldigen, zu rechtfertigen, zu grollen, recht zu haben und zu jammern? Will man weiterhin mit zusammengebissenen Zähnen und hohem Krankenstand seinen vom Betriebsverfassungsgesetz vorgeschriebenen Pflichten nachkommen? Will man einander weiterhin Respektlosigkeiten zumuten? Beide Kulturen erfordern den gleichen Energieeinsatz, nur die Resultate sind andere. Am Anfang steht für jeden Einzelnen eine Entscheidung an. Diese Entscheidung und die tägliche Erinnerung und Erneuerung dieser Entscheidung fallen wesentlich leichter, wenn die strukturellen Hausaufgaben in Form eines Leitbilds, der strategischen Ausrichtung und der Aufstellung im Gremium erledigt wurden.

Vertrauen und Vergebung

Oft wird bei diesen Themen die Ursache mit dem Symptom verwechselt. Bei Vertrauen etwa wird häufig vom jeweils anderen erwartet, dass er sich als vertrauenswürdig erweist, bevor man sich selbst dazu bereit erklärt, ihm zu vertrauen. Vertrauen ist der Glaube daran, dass passiert, was in Aussicht gestellt wurde. Weil wir aber Menschen und nicht perfekt sind, passiert häufig etwas anderes, als was gesagt wurde. Vertrauen beinhaltet also das Risiko der Enttäuschung. Viele Menschen, die nach ein- oder mehrmaliger Enttäuschung nicht mehr vertrauen wollen, haben Schwierigkeiten mit dem Wort «Vergebung». Vergebung ist der größtmögliche Respekt, den Menschen einander gewähren können, wenn sie sich gegenseitig in ihrer menschlichen Unzulänglichkeit anerkennen. Vergebung heißt weder, Fehler zu entschuldigen, kleinzureden oder beiseitezuschieben, noch sie zu ignorieren. Vergebung bedeutet den Fehler eines anderen in vollem Umfang anzuerkennen, zu spüren, dass wir dadurch verletzt oder verärgert wurden, und dann loszulassen. Die wenigsten von uns können oder wollen loslassen. Wir sind oft zu verliebt in unsere innere «Unter-der-Linie»-Konversation, in der wir besser sind, als die anderen, die diese Fehler machen. Insgeheim lassen wir andere gerne auf diese Art «Schulden» bei uns machen, für die wir sie dann bei passender Gelegenheit teuer bezahlen lassen können. Wenn uns unsere Gesundheit lieb ist, dann ist Vergebung nicht einfach ein frommer christlicher Wunsch, sondern die Befreiung von unserem eigenen Ballast, den wir wie ein mit sämtlichen Schulden der anderen gefüllten Sack fortlaufend mit uns herumtragen müssen. Das betrifft übrigens auch uns selbst. Viele von uns tun sich schwer, sich selbst gegenüber Fehler und Unzulänglichkeiten zu vergeben und auch hier hilft nur eines: Loslassen.

Zu diesem Thema erhielt einer von uns vor Kurzem selbst eine gute Lektion: «Ich hatte beim Reisebüro zu einem Flug ein «Fly & Rail-Ticket» erworben, druckte das Ticket online aus, fuhr damit zum Flughafen, und trat meine Reise an. Auf dem Rückweg sagte mir der Schaffner im Zug, dass mein Ticket nur für den Hinweg gültig war, und stellte mir entgegen all meiner Proteste einen neuen Fahrschein im Wert von 99 Euro für den Rückweg aus mit dem Vermerk, dass ich mich mit dem Aussteller des Tickets in Verbindung setzen solle. Freundlich, aber äußerst bestimmt wendete ich mich an mein Reisebüro und musste dort ganz allmählich erkennen, dass der Fehler bei mir lag. Ich war offensichtlich zu faul gewesen, einigen Details, die ausdrücklich vermerkt waren, genügend Aufmerksamkeit zu schenken. Ich akzeptierte die Argumentation, aber ehrlich gesagt, nur sehr zögerlich und die Chefin des Büros brachte mir gegenüber zum Ausdruck, dass sie sich von meinem äußerst bestimmten Verhalten nicht besonders angesprochen fühlte. Anstatt mir aber darüber Vorhaltungen zu machen, versprach sie, sich bei der Airline für mich einzusetzen und kurz darauf erhielt ich per Post einen Scheck in Höhe von 99 Euro. Von diesem Betrag stammten lediglich 29 Euro von der Airline, den Rest hatte sie aus eigener Tasche dazu gelegt. Ich war sprachlos. Sie hätte alles Recht der Welt gehabt, an ihrem Ärger über meine Schusseligkeit festzuhalten und nichts zu tun. Stattdessen entwaffnete sie mich vollständig mit diesem Zeichen von Großzügigkeit, Vergebung und Größe. Selten war ich jemandem so dankbar, wie in diesem Moment.»

Zwei der aufgeführten Probleme im Team («Machtkämpfe» und «keine Teamleader») sind klare Führungsthemen, die sich durch konsequente Ausübung von Führung oder die Akzeptanz, geführt zu werden, beseitigen lassen.

Bleibt das Thema «Konflikt».

Der Psychotherapeut und Autor M. Scott Peck beschreibt in seinem Buch *Eine neue Ethik für die Welt. Grundwerte für eine menschlichere Gesellschaft*, dass der Aufbau eines realen und authentischen Teams grundsätzlich vier Phasen durchläuft: 1. Pseudogemeinschaft, 2. Chaos und Konflikt, 3. Leeren und Loslassen, 4. Reales Team.

Am Anfang gehen alle davon aus, dass man bereits ein Team ist, und die Differenzen bestenfalls oberflächlicher Natur sind. Man behilft sich gerne mit harmlosen Allgemeinplätzen, wie dem Wetter, dem Sport oder mit guten

Beispiel
Die Kraft von «Über-der-Linie» in Aktion

Werkzeug
«Die vier Teamphasen»

Manieren. Wenn Meinungsverschiedenheiten auftauchen, wird das Thema gewechselt. Die Kommunikation ist in diesem Stadium meistens langweilig und wenig inspirierend.

Wenn tiefgehende individuelle Differenzen auftreten, begibt sich die Gruppe ins Stadium von Chaos und Konflikt. Von Konflikt spricht man frei nach der Definition des Dudens, wenn die Zielsetzungen, Wertvorstellungen und Interessen von Personen und gesellschaftlichen Gruppen unvereinbar scheinen oder sind. Während Pseudogemeinschaften versuchen, individuelle Differenzen zu kaschieren, geht es in Chaos und Konflikt vorrangig um den Versuch, diese Differenzen auszulöschen. Das geschieht darüber, dass Gruppenmitglieder versuchen, einander zu bekehren, zu heilen, oder auszuschalten. Es ist ein ärgerlicher und irritierender, gedankenloser, oft lärmender Prozess, bei dem es nur um Sieger und Verlierer geht und der zu nichts führt.

Wenn die Gruppe diese unerfreuliche Situation durchstehen kann, ohne sich selbst zu zerstören oder in die Pseudogemeinschaft zurückzufallen, dann tritt sie allmählich in die «Leere» ein. Das ist oft, als wenn nach intensivem Streit in einer Partnerschaft beide Parteien nach und nach innehalten. Bei Konflikt ist der Fokus auf den «Fehlern» der anderen, beim Leeren ist das Augenmerk auf einem selbst. Dies ist ein Stadium intensiver, innerer Arbeit, eine Zeit, in der die Mitglieder daran arbeiten, alles beiseite zu räumen, was zwischen ihnen und der Gemeinschaft steht. Und das ist eine Menge. Vieles von dem, was hier aufgegeben und geopfert werden muss, sind universell menschliche Eigenschaften: Vorurteile, vorschnelle Urteile, starre Erwartungen, der Wunsch zu bekehren, zu heilen oder auszuschalten, der Drang zu siegen, die Angst, sich zum Narren zu machen, das Bedürfnis, die Kontrolle über alles zu haben.

Wenn all diese Hindernisse ausgeräumt sind, werden Beiträge einzelner Teammitglieder auf einmal sehr real und authentisch. Jede Unschärfe, Doppeldeutigkeit oder Beschuldigung anderer fehlt in diesen Äußerungen vollständig. Es kehrt Entspannung und Gelöstheit in das Team ein, jeder Beitragende hat seinen berechtigten und natürlichen Platz im Team und die Beiträge sind oft inspirierend.

Überbrückung von Gegensätzen durch Respekt Mit diesen Prinzipien von M. Scott Peck vor Augen wird eines deutlich: Ohne Konflikt oder die Bereitschaft in Konflikt zu gehen, blieben wir alle in der langweiligen Welt der Pseudogemeinschaft gefangen. Konflikt ist der natürliche und notwendige Ausdruck des Vorhandenseins von Differenzen. Durch Konflikt werden einzelne Positionen erkennbar und Menschen in ihren jeweiligen Ausprägungen sichtbar. An einem Konflikt an sich ist nichts verkehrt. Alles, was das Team wissen muss, ist, wie Differenzen mit Respekt überbrückt werden können, statt in Chaos und Konflikt hängen zu bleiben. Respekt bedeutet, die Verschiedenartigkeit des anderen grundsätzlich anzuerkennen. Es ist in Ordnung, wenn jemand eine andere Sichtweise hat, als man selber. Es ist kein Problem, dass jemand zum Beispiel Heino mag, während jemand anderes auf die Stones abfährt. Jede Abwertung der Positionen von anderen führt jedoch automatisch die Treppe hinab «Unter-der-Linie». An dieser Stelle können wir eine Entscheidung treffen: Der Stones-Fan kann «Recht haben», daran festhalten, dass er Heino blöd findet, und das fortlaufend als Grund dafür benutzen, den Heino-Fan aus dem Team auszugrenzen. Oder er kann innehalten, seine persönliche Meinung über Heino anschauen – und sie anschließend zur Seite stellen, damit er freie Bahn für die Entdeckung des Menschen hinter dieser Meinung hat. Differenzen respektvoll zu überbrücken heißt, dass wir aufhören, einander verändern zu wollen. Das klappt selbst mit der größten Anstrengung auch nach Jahrzehnten in der eigenen Ehe nicht, wie soll es dann wo anders gelingen? Und wenn es Fehler zu kritisieren gilt, dann muss darüber gesprochen werden, was an dem Sachverhalt verkehrt ist und nicht, was an dem Menschen verkehrt ist. Die größte Falle ist bei Konflikten die Gleichung: Fehler = schlecht => Mensch, der Fehler macht = schlecht

In konfliktreichen Gruppensituationen haben sich folgende Grundregeln bewährt:

Grundregeln für Konfliktsituationen im Gremium

- Sprich in der ICH – Form
- Sprich von Dir und Deiner momentanen Erfahrung und nicht von anderen
- Grenze niemanden aus
- Drücke Dein Missfallen in der Gruppe aus, nicht außerhalb vom Kreis
- Höre aufmerksam und mit Respekt zu, wenn eine andere Person Dir etwas mitteilt
- Formuliere nicht schon eine Antwort, während der andere spricht
- Bewahre Vertraulichkeit über das hier Gesprochene

Auf diese Art können «Motz- und Jammerrunden» ohne Kollateralschäden wie reinigende Gewitter für das aus der Balance geratene Teamempfinden wirken und die herrschenden Gegensätze mit Respekt überbrückt werden.

Nachwuchsarbeit und Bildung

Drei Aspekte sind uns sehr wichtig bei diesem Thema:

Personalrekrutierung und -entwicklung im Betriebsrat

1. Wie kann das beste Personal für den Betriebsrat gewonnen werden?
2. Wie kann das gewonnene Personal systematisch in die Arbeit integriert werden?
3. Wie kann die Kompetenz im Gremium systematisch erhöht werden?

In einigen Gremien ist man froh, überhaupt jemanden zu finden, der sich zur Kandidatur für den Betriebsrat «breitschlagen» lässt und in anderen Gremien kann man sich vor Bewerbern kaum retten. Die Chancen sind in beiden Fällen eher gering, wirklich fähige und motivierte Kollegen als Nachwuchsbetriebsräte ins Gremium zu bekommen. Für proaktive, professionelle und profitable Betriebsratsarbeit wird jedoch das beste Personal benötigt.

Wir wollen die Besten für uns gewinnen

Wir empfehlen führenden Betriebsräten, einen Teil der Zeit, die sie im Betrieb unterwegs sind, als «Headhunter» zu investieren und nach engagierten und kompetenten Kollegen Ausschau zu halten, die eine echte Verstärkung für die Betriebsratsarbeit darstellen würden. Wir empfehlen weiterhin, diese Kollegen gezielt anzusprechen, sie nach Möglichkeit inhaltlich in für sie interessante Themenstellungen einzubinden und sie so nach und nach für die Betriebsratsarbeit zu gewinnen. Je gezielter man sich um die Leute kümmert, die man haben will, umso geringer die Wahrscheinlichkeit, Leute dabeizuhaben, die unmotiviert oder ungeeignet sind. Ein nächster Schritt bei der Entwicklung von späteren Betriebsräten besteht darin, ihnen ein Forum zu bieten, in dem sie bekannt werden, sei es über die Betriebsratsinfos oder durch Redebeiträge auf Betriebs-, Abteilungs- oder Vertrauensleuteversammlungen, sodass ihre Wahlchancen steigen.

Werkzeug «Patensystem»

Wenn die so rekrutierten Kollegen tatsächlich in den Betriebsrat kommen, darf es nicht passieren, dass sie sich selbst überlassen werden und schauen müssen, wo sie bleiben. Proaktive Führungen im Betriebsrat besprechen mit dieser Person einen Ausbildungsplan, damit sie ohne allzu große Reibungsverluste in die Arbeit und das Gremium integriert werden kann. In manchen Gremien hat es sich bewährt, ein «Patensystem» einzuführen, in dem ein erfahrener Betriebsrat den Neuen in den ersten ein bis zwei Jahren mit Rat und Tat zur Seite steht und die Fortschritte im Ausbildungsprogramm überwacht. Dieses System sollte mit den für Bildung zuständigen Betriebsräten strukturiert werden, um eine einheitliche Qualität in der Ausbildung der Neuen zu gewährleisten.

Werkzeug «Aus- und Weiterbildungsmatrix»

Ein strukturierter Aus- und Weiterbildungsplan, der sich in erster Linie am Kompetenzbedarf zur Erfüllung der strategischen Ziele orientiert, kann zum Dreh- und Angelpunkt einer systematischen Entwicklung von Betriebsräten werden.

Dafür legen die für Bildung Zuständigen gemeinsam mit dem Führungskreis des Betriebsrats eine Bildungsmatrix fest. Diese Matrix kann den Grundstock für eine systematische Personalentwicklung im Betriebsrat bilden, welche die persönlichen Neigungen einzelner Betriebsräte in Einklang mit den Erfordernissen des Gremiums bringt. In einem Betriebsrat, der proaktiv, professionell und profitabel handeln will, werden alle personellen Ressourcen

unmittelbar benötigt. Um Verzögerungen am Beginn zu vermeiden, durchlaufen alle neuen Betriebsräte die Grund- und Aufbauschulung möglichst
zeitnah nach ihrer Wahl. Am besten werden bereits vor der Wahl mit den
Kandidaten Zeitfenster vereinbart, sodass sie für den Fall ihrer Wahl zügig in
den Genuss der Ausbildung kommen können.

Von dem einen oder anderen für Bildung Zuständigen haben wir frustrierte
Kommentare über vereinzelte Kollegen vernommen, deren Fortbildungs-
wünsche sich eher an persönlichen Wünschen, als am Kompetenzbedarf
des Gremiums orientieren. Aus unserer Sicht ist es legitim, wenn innerhalb
einer Amtsperiode in Ausnahmefällen auch einmal eine Fortbildung besucht
wird, welche die persönlichen Bedürfnisse berücksichtigt. Das Betriebsrats-
amt kann hart genug sein und ein derartiger Ausgleich sollte Motivation und
Ansporn dafür sein, ansonsten seine eigenen Interessen zugunsten der Interessenvertretung der Kollegen im Betrieb hinten anzustellen. Mehr als einen
dieser Sonderfälle pro Betriebsrat halten wir für ein Gremium, das aktiv mitgestalten will und alle Ressourcen dafür benötigt, nicht tragbar.

Sorgfältiger Umgang mit Bildungsres-sourcen

2.1.3 Von den Besten lernen

Qualitätsanspruch an die Betriebsratsarbeit

Alle Unternehmen, in denen wir mit Arbeitnehmervertretungen arbeiteten,
haben einen hohen Qualitätsanspruch an ihre Produkte und deren Herstel-
lungsprozess. Gute Qualität «Made in Germany» ist eine wesentliche Säule,
auf dem die Wettbewerbsfähigkeit der deutschen Wirtschaft ruht. Auch die
IG Metall hat dieses Prinzip aufgegriffen mit ihrer Kampagne «Besser statt
Billiger».

Gute Qualität ist auch das Markenzeichen eines Betriebsrats, der die bestmögliche Interessenvertretung für seine Kollegen im Unternehmen sicherstellen will. Wie an vorangegangener Stelle bereits erwähnt, bildet die Arbeitnehmervertretung ein Sammelbecken von unterschiedlichsten persönlichen
und beruflichen Werdegängen, Fähigkeiten, und Motivationslagen. Kollegen,
für die der Qualitätsanspruch ihres Unternehmens selbstverständlich ist, tun
sich manchmal schwer, Standards für ihre eigene Arbeit zu formulieren und
sich daran messen zu lassen. Umso wichtiger ist es für das Gremium, einen
gemeinsamen Qualitätsanspruch an seine Arbeit zu formulieren. Damit soll
sichergestellt werden, dass der Wähler auch erhält, was er gewählt hat, also
die Wahlaussagen von Betriebsräten auch eingelöst werden. In den vergangenen Wahlen haben sich vor allem aus dem Angestelltenbereich plötzlich
Listen gebildet, die neue Qualitätsansprüche aufstellten und damit äußerst
erfolgreich waren. Einige der klassisch aufgestellten, vor allem am Produk-

Die Formu-lierung eines gemeinsamen Qualitätsan-spruchs

tionsbereich ausgerichteten Betriebsratsgremien erlebten bei den Wahlen 2010 böse Überraschungen und wurden regelrecht aus dem Amt gewählt. Qualität wird also auch in der Arbeitnehmervertretung zum entscheidenden Wettbewerbsfaktor. Vor allem die Angestellten pochen zunehmend auf Kriterien, wie Proaktivität, Professionalität und Profitabilität in der Betriebsratsarbeit.

Beispiel
Qualität und
Wahlkampf Qualität wurde unseres Wissens nach zum ersten Mal von den Betriebsräten eines Daimler-Werks zum Wahlkampfthema erhoben. Der Hintergrund dieses Themas war es, die Kandidatenschwemme zur Wahl einzudämmen und vollmundige Wahlversprechen zu relativieren und messbar zu machen. Die Wähler wurden aufgefordert, ihre Betriebsräte an einem Anforderungsprofil zu messen, das wie folgt aufgestellt wurde:

Ein Betriebsrat muss

- teamfähig sein,
- BR-interne Spielregeln akzeptieren,
- Beschlüsse einheitlich nach außen vertreten,
- sich führen lassen,
- Einsatz zeigen,
- Disziplin aufbringen,
- Eigeninitiative entwickeln,
- interessiert und aufmerksam sein,
- Belastbarkeit in Stresssituationen aufweisen,
- ständig dazulernen wollen,
- der Führung auf Augenhöhe begegnen können,
- konfliktfähig und -bereit sein,
- Selbstbewusstsein aufweisen,
- reden und konstruktive Gespräche führen können,
- Gewerkschaftsstrukturen kennen und darin engagiert sein,
- die Erfolgsaussicht von Konflikten abwägen können,
- interne Werkabläufe kennen,
- hohe Anwesenheitszeit haben,
- Akzeptanz im Bereich bei Kollegen und Führungskräften haben,
- Problemlösungsstrategien entwickeln können und
- Geschick im Umgang mit Menschen haben.

Das Profil eignete sich sehr gut dazu, die Listenerstellung entsprechend der Erfüllung der einzelnen Kriterien vorzunehmen, anstatt nach persönlichen

Präferenzen. Über die Dauer von ein bis zwei Amtsperioden hinweg konsequent angewandt und verfeinert kann ein Gremium anhand des Anforderungsprofils die Qualität seiner Vertreter deutlich erhöhen und sein Ansehen im Unternehmen steigern.

Am radikalsten wurde der Qualitätsanspruch von den Betriebsräten in der Automobilfabrik eines anderen Premiumanbieters vorangetrieben: Sie haben angefangen, das Assessment-Center des Unternehmens in die Listenerstellung mit ein zu binden. Jeder Kandidat muss das Assessment-Center durchlaufen und wird dort nach den vom Betriebsrat aufgestellten Kriterien von neutraler Instanz beurteilt. Das Ergebnis der Beurteilung weist den Betriebsräten ihre jeweiligen Plätze auf der Liste zu. Auf diese Art konnte die Qualität der Betriebsratsarbeit laufend erhöht werden und hat dadurch ein sehr hohes Niveau erreicht.

Hohes Niveau durch hohen Anspruch

Auch wenn nicht alle Gremien über diese Möglichkeiten verfügen oder sie auch nutzen wollen, müssen sie sich zumindest der internen Debatte über die Qualität unterziehen, wenn sie langfristig eine Verbesserung ihrer Ergebnisse anstreben, weniger Reibungsverluste und mehr Freude bei ihrer Arbeit haben wollen.

Betriebsratswahlen

Alle vier Jahre hat das Gremium bei der Betriebsratswahl eine große Möglichkeit, sich personell, qualitativ und in der betrieblichen Wahrnehmung zu stärken.

Die drei wesentlichen Erfolgsfaktoren für die Stärkung eines Gremiums bei den Wahlen sind:

Drei Erfolgsfaktoren bei der Betriebsratswahl

1. Die Gewinnung qualitativ hochwertiger Kandidaten in strategisch wichtigen Bereichen
2. Die gelungene Kommunikation der Erfolge der letzten Amtsperiode
3. Ein plausibles Wahlprogramm, das messbare Ziele für die kommende Amtsperiode aufstellt

Der erste Punkt ist idealerweise laufender Bestandteil der Betriebsratsarbeit und sollte in den Terminkalendern des Führungskreises im Rahmen ihrer Bereichsbegehungen mit mindestens einer Wochenstunde zusätzlicher Zeit veranschlagt werden. Auch wenn sich diese Zeit zunächst einmal sprichwörtlich aus den Rippen geschnitten werden muss, kann die Rendite dieses Investments in Form von fähigen und engagierten neuen Kollegen den Aufwand bei Weitem übersteigen. Bei den gewerkschaftlich geprägten Gremien gilt das genauso für die laufende Verstärkung ihres Vertrauenskörpers. Auch

Hochwertige Kandidaten

dort will man die Besten, die dann eine reale Verstärkung der Betriebsratsarbeit bewirken können.

Insbesondere bei vornehmlich gewerblich geprägten Gremien ist vordringliche Aufmerksamkeit darauf zu verwenden, in den «weißen Flecken» auf ihrer Betriebsratslandkarte aktiv zu werden und sich dort gezielt nach Nachwuchs umzuschauen. Es gilt vor allem, sich Anlässe zu schaffen, mit denen man dort auftauchen kann. Die Betriebsräte eines Werkes von Neff fragen beispielsweise systematisch in den Entwicklungs- und Verwaltungsbereichen danach, was der Betriebsrat in der kommenden Amtsperiode für die Angestellten leisten sollte. Umfragen zu bestimmten Themenstellungen oder das Verteilen von Infomaterial zu Erfolgsgeschichten des Betriebsrats können Betriebsräte relativ unverfänglich mit den Mitarbeitern dieser Bereiche in Kontakt bringen.

Beispiel 1
Angestelltenbereiche öffnen

Wenn man in bestimmten Bereichen nicht über leitende Angestellte, Ingenieure oder Meister, die gewinnend für andere Menschen sind, verfügt, dann ist diese Arbeit Chefsache. Meistens hat man als Betriebsratsvorsitzender oder dessen Stellvertreter Kraft seines Amtes bereits genügend Ansehen, um mit den Mitarbeitern dieser Bereiche auf Augenhöhe zu sprechen. Wenn nicht, ist man gut beraten, mit Informationen zu einem Thema in diese Abteilungen zu gehen, die interessant genug sind, um dort Aufmerksamkeit zu erregen. Ein gelungenes Beispiel hierfür war die im Kapitel «Strategie» aufgeführte Kampagne für Vereinbarkeit von Familie und Beruf. Mit den Fragebögen, der richtigen, gemeinsam entwickelten Ansprache beim Austeilen und Einsammeln dieser Bögen und den darauffolgenden Aktionen wurden damit die Türen in die Angestelltenbereiche weit aufgestoßen. Die Betriebsräte, die in vielen Büros zum ersten Mal überhaupt mit den Mitarbeitern ins Gespräch kamen, erhielten eine Menge positiver Rückmeldungen zu den Kampagneninhalten und darüber, dass sie überhaupt dort präsent waren.

Beispiel 2
Ingenieurforum; Interessensvertretung wird erfahrbar

Ein anderes Beispiel für ein gelungenes Entree in den Angestelltenbereich fand das Gremium eines Werkes von Bosch-Rexroth, das den Unmut vieler Ingenieure bei der Einführung eines neuen Produktentstehungsprozesses (PEP) aufgriff und die Ingenieure zu einer Veranstaltung zur Diskussion über dieses Thema einlud. Über einhundert Entwickler folgten der Einladung. Auch auf zwei weiterführenden Veranstaltungen bekundeten etwa hundert Anwesende ihr Interesse an der Lösung ihrer Probleme. Als der Betriebsrat aus den Ergebnissen gemeinsam mit dem Vorstand Workshops zur Verbesserung der Situation in den Entwicklungsabteilungen auflegte, Betriebsräte auf diesen Workshops präsent waren und daraus tatsächlich Verbesserungen hervorgingen, waren die Ingenieure für die Interessenvertretung ihrer Bereiche gewonnen. Es ist absehbar, dass einige äußerst motivierte jüngere

Ingenieure sich als Kandidaten für die kommende Betriebsratsliste aufstellen lassen werden.

Die gelungene Kommunikation der Erfolge der letzten Amtsperiode muss dem Wähler vor allem eines beweisen: «Es war richtig, diesen Betriebsrat zu wählen.» Deshalb gilt hier das Sprichwort: «Nichts ist so sexy wie Erfolg». Der Betriebsrat ist dringend aufgerufen, darzustellen, welchen Nutzen er Kraft seines Mandats für seine Wähler gestiftet hat. Es spielt dabei keine Rolle, ob das kleinere oder größere Erfolge waren. Wichtig ist der Nachweis, dass der Betriebsrat erfolgreich war und dass man gut beraten ist, ihm seine Stimme auch für die kommende Amtsperiode zu geben. Wir werden diesem Punkt später noch gebührende Aufmerksamkeit unter dem Thema Öffentlichkeitsarbeit schenken und beschränken uns zunächst auf einige Kerngedanken, die bei richtiger Anwendung einen großen Unterschied für die Wahlen machen. In einem Bosch-Werk und im dazugehörigen Entwicklungszentrum konnte die Wahlbeteiligung mit folgenden Maßnahmen um insgesamt 12 % gesteigert werden und im Angestelltenbereich sogar um 25 %:

Erfolge kommunizieren

Zuallererst wurden die Ziele für die Betriebsratswahl 2010 formuliert. Im nächsten Schritt wurden Ziele für die kommende Wahlperiode festgelegt. Die eigenen Ziele im Wahlkampf klar formulieren zu können, ist eine wesentliche Voraussetzung für einen erfolgreichen Ausgang der Betriebsratswahl. Dann machte sich das Gremium an die strategische Planung der Betriebsratswahlen und eines erfolgreichen Wahlkampfes. Dabei wurde die Erfolgsgeschichte des Betriebsrats erstellt, das heißt sämtliche in der letzten Wahlperiode erzielten Erfolge wurden gesammelt und dem Gremium bewusst gemacht.

Beispiel Erfolgreicher Wahlkampf in einem Bosch-Werk

Wie in den meisten Gremien hatten die Betriebsräte maximal 10–20 % der eigenen Erfolge gegenwärtig. Wenn jedoch bereits die Mitglieder des Gremiums die Erfolge nicht präsent haben, wie sollte die Belegschaft Kenntnis von den Erfolgen des Betriebsrats haben? Die Verfassung der eigenen Erfolgsgeschichte hebt das Selbstbewusstsein des Gremiums und seiner Mitglieder und schafft die Voraussetzung dafür, die Erfolge bewusst an die Belegschaft zu kommunizieren, um dort insgesamt positiver wahrgenommen zu werden. Die Erfolgsgeschichte sollte jedoch niemals in nur einer einzigen Publikation veröffentlicht werden. Dann schrumpfen alle Erfolge auf nur ein Ereignis zusammen und viele Möglichkeiten werden verschenkt. Viel effektiver ist es, die Erfolge nach und nach, jeden Einzelnen mit einem eigenen Aushang oder Flugblatt nach dem Motto «Wussten Sie schon, dass …» in Umlauf zu bringen. Über Wochen hinweg kann so nach und nach das Image eines erfolgsträchtigen Betriebsrates aufgebaut werden.

Zusätzlich wurde ein Bereichsplan erstellt, in dem Betriebsräte den einzelnen Abteilungen klar zugeordnet wurden. Diese Bereichsbetriebsräte hatten von nun an die Aufgabe in «ihrem» Bereich den Betriebsrat präsenter zu machen. Besonderes Augenmerk wurde hierbei auf die Betreuung der Angestelltenbereiche gelegt.

Das Vorhandensein einer effektiven Öffentlichkeitsarbeit des Gremiums wurde für einen Wahlerfolg als unerlässlich eingestuft. So wurde bei der strategischen Planung ein Öffentlichkeitsarbeitskonzept für den Wahlkampf entwickelt. Gleichzeitig wurde ein Team, das für die Öffentlichkeitsarbeit zuständig war, ins Leben gerufen und mit entsprechenden Personen besetzt.

Beispiel
Steigerung
der Präsenz
vor Ort

Kern der Öffentlichkeitsarbeit im Wahlkampf war die persönliche Verteilung eines Flugblattes pro Woche an jeweils fünf aufeinanderfolgenden Terminen durch alle Betriebsräte. In den Flugblättern wurden zum einen die Erfolge des Gremiums, zum anderen Beiträge zu den für den Standort als wichtig einstuften Themen kommuniziert. Die Aktion startete fünf Wochen vor dem Wahltermin und endete damit unmittelbar vor der Wahl. Am Verteilungstag trafen sich alle Betriebsräte zur Vorbereitung (und zum gemeinsamen «Mut-zusprechen») vor der eigentlichen Verteilung, waren zwei Stunden in ihrem jeweiligen Bereich unterwegs und kamen danach zur Auswertung und zum Austausch der gemachten Erfahrungen wieder zusammen. Diese Vorgehensweise hat sich bewährt und wurde von der Belegschaft sehr gut aufgenommen. Das Gremium selbst hat durch diese Aktionen erheblich an Selbstbewusstsein gewonnen und die Präsenz des Betriebsrates in der Belegschaft wurde enorm gesteigert.

In der Auftaktklausur zur neuen Amtsperiode nach der Betriebsratswahl wurden der Wahlkampf sowie das Ergebnis ausgewertet und weitere Maßnahmen zur Konsolidierung des Erreichten beschlossen.

Die Ziele für die anstehende Wahlperiode wurden nochmals präzisiert und auf einzelne Arbeitsgruppen heruntergebrochen. Anschließend wurden die Arbeitsgruppen des Gremiums personell besetzt.

Gleichzeitig wurde die Öffentlichkeitsarbeit weiter ausdifferenziert, indem der Informationsfluss im Gremium, zwischen Gremium und Vertrauenskörper und der Belegschaft standardisiert wurde. Die EDV-Struktur im Gremium wurde ebenfalls professionalisiert.

Zum Abschluss wurden die Struktur und der Inhalt der Bereichsbetreuung weiter ausgebaut und gefestigt. Regelmäßige Bereichsbegehungen mit persönlichem Austeilen von Informationsmaterial über die Arbeit des Gremiums und der IG Metall wurden installiert.

Plausibles
Wahl-
programm

Der dritte Erfolgsfaktor bei Betriebsratswahlen ist ein plausibles Wahlprogramm, das messbare Ziele für die kommende Amtsperiode beinhaltet. Diesem Punkt muss ebenfalls viel Aufmerksamkeit gewidmet werden. Hier zeigt der Betriebsrat, dass er in der Lage ist, vorausschauend zu denken und zu handeln und dass er den Anspruch erhebt, im Unternehmen mitzugestalten. Das Wahlprogramm wird zum Fahrplan für die kommenden vier Jahre und der Betriebsrat kann sich bei den übernächsten Wahlen daran messen lassen, was er beabsichtigt und was er erreicht hat. Bei der Erstellung des Wahlprogramms kann man die Ergebnisse von Mitarbeiterbefragungen des Unternehmens, gewerkschaftliche Umfragen, wie etwa die Betriebsbefragung der IG Metall, oder eigene Umfragen einfließen lassen.

Wir haben es öfters erlebt, dass Mitarbeiterbefragungen von Unternehmen im Sande verliefen. Manchmal blieben die Ergebnisse von Anfang an ohne Folgen, in anderen Fällen wurden daraufhin Workshops vom Unternehmen angestoßen, in denen Mitarbeiter ihre Ideen einbringen konnten. Danach aber passierte nichts mehr mit diesen Ideen. Hier kann der Betriebsrat beherzt zugreifen, sich brisante Ergebnisse herausgreifen und in sein Wahlprogramm mit aufnehmen nach dem Motto: «Wo das Unternehmen nicht weiter kann oder will, treiben wir vom Betriebsrat die Verbesserung der Situation für die Mitarbeiter voran.»

Wir treiben Verbesserungen aktiv voran

2.2 Bereichsbetreuung

«Wer kein Ziel vor Augen hat, kann auch keinen Weg hinter sich bringen.»
Ernst Ferstl

**Die Schnitt-
stelle zur Basis**

2.2.1 Für wen arbeiten wir?

«Mehr Präsenz vor Ort» ist der mit Abstand größte Wunsch fast aller Betriebs-
ratsgremien, mit denen wir bislang zu tun hatten. Vor Ort, in den Abteilungen
und Bereichen des Unternehmens, befindet sich die Basis der Mitarbeiter,
aus denen die Betriebsräte selbst hervorgegangen sind. Dort arbeiten die
Menschen, deren Interessen sie im Unternehmen vertreten werden wollen.
Die Betriebsräte kennen all die kleinen und großen Sorgen und Nöte des
Arbeitsalltags aus eigener Erfahrung: Kommunikationsschwierigkeiten der
Mitarbeiter untereinander oder mit ihren Führungskräften, die Umstrukturierung von Bereichen mit allen einhergehenden Reibungsverlusten, der
Anlauf neuer Produkte, neue Arbeitszeitmodelle, Überzeiten, Meinungsver-
schiedenheiten über die Entgeltbewertung, der Bedarf nach anderen Arbeits-
mitteln, ergonomischere Arbeitsplatzgestaltung, Veränderungsbedarf der
Sozialräume, Steigerung der Arbeitssicherheit, persönliche Schwierigkeiten
einzelner Mitarbeiter, Suchtprobleme und vieles andere mehr.

**Das heiße
Pflaster
mancher
Werkstätten**

In den Bereichen trifft die Theorie die Praxis, hier müssen sich Entscheidungen des Betriebsrats bewähren und hier gibt es direktes Feedback von
den Kollegen. Hier kann die Stimmung schnell umschlagen, vor allem wenn
der Betriebsrat Entscheidungen treffen musste, die im größeren Zusammenhang absolut notwendig waren, aber für einzelne Bereiche zunächst
einmal Nachteile mit sich bringen. Wir wurden in Werkstätten von Unter-

nehmen mehrfach Zeugen hitziger Debatten größerer Menschengruppen über Entscheidungen des Betriebsrats, wie zum Beispiel bei der Einführung von 18-Schichtmodellen, die großen Unmut auslösten. Von «Ihr steckt mit dem Arbeitgeber unter einer Decke» bis zu «Verräter» und «Umfaller» war dort vieles in einem sehr ärgerlichen Ton zu hören. Das ist der wesentliche Grund, warum Betriebsräte starke Nerven und viel Stehvermögen brauchen. Manchmal scheint es einfacher, mit harten Führungskräften noch härtere Verhandlungen über komplexe Betriebsvereinbarungen durchzustehen, als anschließend der Basis die Ergebnisse dieser Verhandlungen zu vermitteln – egal wie gut sie sind.

2.2.2 Herz und Kompetenz zeigen

Im Laufe der Jahre haben wir eine Reihe von guten Beispielen zusammengetragen, in denen Betriebsräte die Bereichsbetreuung proaktiver, professioneller und profitabler gestalten konnten. Dazu hat sich eine Reihe von Maßnahmen bewährt, die wir hier erst einmal auflisten und anschließend näher erläutern.

Maßnahmen für eine erfolgreiche Bereichsbetreuung

1. Regelmäßige gemeinsame Begehungen von Bereichen
2. Themenbezogen in die Bereiche gehen
3. Proaktive Kommunikation über kommende Themen und die Ergebnisse abgeschlossener Themen führen
4. Die Kollegen in die Lösungsfindung zu anstehenden Fragen mit einbeziehen
5. Leitfaden zur optimalen Kommunikation schwieriger Themen erstellen

1. Regelmäßige gemeinsame Begehungen von Bereichen

Viele Freigestellte kommen vor lauter Arbeit an übergeordneten Aufgaben, wie Gesamtbetriebsrats-, Aufsichtsrats-, Leiterkreis-, Ortsvorstands- oder Ausschusssitzungen, Verhandlungen oder Materialerstellung für Öffentlichkeitsarbeit kaum noch an die Basis. Auch Nichtfreigestellte, im Spagat stehend zwischen den normalen beruflichen Anforderungen und ihrer Betriebsratsarbeit, haben oft große Schwierigkeiten, sich die Zeit für regelmäßige Bereichsbegehungen zu nehmen. Dabei haben Umfragen ergeben, dass in einer durchschnittlichen Woche bereits die Präsenz des Betriebsrats von zwei Stunden pro Woche einen großen Unterschied für die Kollegen macht.

In einem Werk von Bosch hat sich folgende Vorgehensweise bestens bewährt, um die Präsenz vor Ort zu erhöhen. Einmal pro Woche wurden zweieinhalb Stunden im Kalender geblockt als «Bereichs-Jour fixe». Zu dieser Zeit trafen

Beispiel Jour Fixe mit der Belegschaft

sich zunächst alle Betriebsräte im Betriebsratsbüro, stimmten sich 15 Minuten über das Thema der Woche ab, mit dem sie in die Bereiche gehen wollten, und gingen darauf für zwei Stunden durch ihre jeweiligen Bereiche, um mit den Kollegen vor Ort themenbezogen zu sprechen. Im Anschluss trafen sie sich gemeinsam für 15 Minuten für einen kurzen Austausch über ihre Erfahrungen.

Mit dieser Maßnahme wurden drei Fliegen mit einer Klappe geschlagen:

a) Die zynischen Kommentare, wie «Kommst Du auch mal – stehen wieder Wahlen an?», verschwinden nach und nach,

b) durch den regelmäßigen, immer gleich getakteten Termin kehrt Stetigkeit und Verlässlichkeit in die Betreuung ein,

c) durch die kurzen Vor- und Nachtreffen wird die Kommunikation nach außen einheitlich und die erhaltenen Rückmeldungen können sofort gemeinsam verwertet werden.

Zwei Stunden pro Woche Mehr als diese verlässlichen zwei Stunden pro Woche braucht es in der Regel nicht, um gute Betreuung zu gewährleisten. Ausnahmen sind konfliktträchtige Bereiche oder Situationen. Um Präsenz vor Ort zu demonstrieren, müssen Betriebsräte nicht ständig mit den Kollegen über ihre Probleme am Arbeitsplatz sprechen. Zuviel Betreuung ist genauso nachteilig, wie zu wenig, denn sie zieht zeitliche Ressourcen von der Umsetzung der strategisch relevanten Themen des Betriebsrats ab, ohne zusätzlichen Nutzen für die Beschäftigten zu erzeugen.

2. Themenbezogen in die Bereiche gehen

Bereichsbegehung mit Intention Manchmal erleben sich Betriebsräte bei der Begehung ihrer Bereiche wie Magneten für Probleme und kehren anschließend mit einer riesigen Erledigungsliste zurück ins Büro. Wer einfach Hände schüttelnd durch die Abteilung geht, läuft Gefahr, auf eine Fülle von Problemen vom Kaliber der fehlenden Klopapierrollen hingewiesen zu werden. Wer dagegen selbst gezielt Fragen zu Themen stellt, erhält am besten die Informationen, die er benötigt. Er wird von den Kollegen als proaktiv und zudem als kompetent wahrgenommen. Das haben die Betriebsräte eines großen Automobilzulieferer-Werkes erfahren, die im Rahmen der schon erwähnten Kampagne «Vereinbarkeit von Familie und Beruf» in die Bereiche gingen und durch die gezielte Thematisierung eines für viele Beschäftigten zentralen Themas punkteten. Wenn die Beschäftigten darüber hinaus brennende Sorgen und Nöte haben, dann werden sie diese automatisch in das Gespräch mit dem Betriebsrat einfließen lassen. Der Betriebsrat ist weder für kaputte Lampen zuständig, noch hat er die Allmacht, «dem Bub eine Stelle zu verschaffen», noch ist er der Mülleimer für Klagen über Fehlentwicklungen im Unternehmen. An dieser Stelle sollte das Gremium Klarheit haben über die Zuständigkeiten des Betriebsrats und gemeinsame Antworten auf häufig gestellte Fragen. Damit können unnötige Arbeiten, die nichts mit der Umsetzung des Betriebsverfassungsgesetzes im Unternehmen zu tun haben, von vorneherein minimiert werden. Viele Belegschaften sind auf diesem Sektor äußerst verwöhnt von ihren Betriebsräten und nehmen alles Erreichte als gegeben hin. Hier hilft nur die Fokussierung auf das Leitbild, die daraus abgeleiteten Ziele und der Bezug auf konkrete Themen.

Hilfreich ist an dieser Stelle die Unterscheidung nach dem 4-Quadranten-Modell zwischen wichtig und dringend. Die meisten der mit den Kollegen besprochenen Themen kommen aus dem III. Quadranten, und sind nur dringend, aber nicht wichtig, manche gehören sogar in den IV. Quadranten und sind somit weder wichtig noch dringend. **Wichtige und dringende Themen in den Bereichen**

Dies gilt auch für die Fälle, in denen Mitarbeiter oder Führungskräfte versuchen, Betriebsräte vor den Karren für ihre eigenen Interessen zu spannen, wenn es um Machtkämpfe oder Einflussnahmen geht. Bevor der Betriebsrat nicht alle Fakten vor sich liegen oder alle beteiligten Seiten zu einem Sachverhalt gehört hat, sollte er sich auf keinen Fall auf irgendein Pferd setzen lassen und los galoppieren.

Themenbezogen regelmäßig in die Abteilungen zu gehen, ist vor allem der Schlüssel zur Erschließung der Angestelltenbereiche in Unternehmen mit einer Mehrheit von produktionsnahen Mitarbeitern. Oft hatten wir in unserer Arbeit mit den Betriebsräten vor Ort den Eindruck, dass Angestellte als Wesen von einem anderen Planeten betrachtet werden; völlig unzugänglich, mit dem Betriebsrat unbekannten Anliegen und Interessen. Dieser Glaubenssatz und die damit verbundene eigene Abwertung, die Furcht «denen nicht das Wasser reichen zu können», stellt ein enormes Hemmnis in der Interessenvertretung des Angestelltenbereichs dar. Die Auflösung dieses Vorurteils bedarf einiger Aufmerksamkeit. Einziges Mittel zur Überwindung von Vorurteilen stellt unserer Erfahrung nach die persönliche und direkte Begegnung mit der Zielgruppe dar. Die Betriebsräte müssen in Kontakt mit den Angestelltengruppen kommen und erfahren, dass auch Angestellte Kollegen sind, mit denen man nicht nur zurechtkommt, sondern für die man ebenfalls eine Menge in Vereinbarungen regeln kann und die für Unterstützung sehr dankbar sind. **Angestellte sind keine Wesen vom anderen Planeten**

Aufgrund der eingangs genannten Schere in den Köpfen, findet sich häufig ein deutliches Ungleichgewicht im Betreuungsschlüssel der Bereiche. In den Angestelltenbereichen ist die Präsenz von Betriebsräten deutlich geringer als in den Bereichen mit gewerblichen Mitarbeitern. In diesen Fällen muss der strategi- **Kontakt ist profitabel für beide Seiten**

109

sche Fokus immer darauf ausgerichtet sein, ausreichende Betreuungspräsenz in den Angestelltenbereichen zu organisieren und sicherzustellen. Im Rahmen der Kampagne «Vereinbarkeit von Familie und Beruf» machten die Betriebsräte in den Angestelltenbereichen die Erfahrung, dass der Kontakt für beide Seiten nicht nur möglich, sondern überaus profitabel ist. Das Erscheinen des Betriebsrates wurde nicht nur hingenommen, sondern von vielen Angestellten begrüßt: «Das ist ja schön, Euch hier mal zu sehen!» Nach und nach konnten dort wechselseitige Berührungsängste und Vorurteile abgebaut werden.

3. Proaktive Kommunikation über kommende Themen und die Ergebnisse abgeschlossener Themen führen

Die richtige Art zu kommunizieren

Die Kollegen haben es leichter, auch mit schwierigen oder unangenehmen Themen umzugehen, wenn über diese gesprochen wird, bevor sie eintreffen, während sie passieren und nachdem sie passiert sind. Betriebsräte, die proaktiv arbeiten, werden rechtzeitig über kommende Ereignisse kommunizieren. Dabei ist die Art der Kommunikation wichtig: a) Das Unternehmen hat vor …, b) Unser Lösungsansatz ist es … c) Wir halten für durchsetzbar … d) Gibt es noch bessere Ideen von Euch, und wenn ja, wie müssten sie umgesetzt werden … e) Wir halten Euch auf dem Laufenden.

Der Mehrwert der Betriebsratsarbeit muss sichtbar sein

Während des Ereignisses können Verhandlungsstände bekannt gegeben werden, z. B. darüber, was das Unternehmen gefordert hat und was der Betriebsrat bis jetzt erreichen konnte. Nach dem Ereignis ist es wichtig, umgehend zu kommunizieren, am besten mit einem noch am selben Tag erstellten Flugblatt zu den Verhandlungsergebnissen. Hierbei sind die im Kapitel Öffentlichkeitsarbeit beschriebenen Regeln zur Aufzeigung des erreichten Mehrwerts von zentraler Bedeutung. An dieser Stelle verlieren Betriebsräte am meisten Boden, sobald die Ergebnisse mit Einschnitten für die Beschäftigten einhergehen. Das muss nicht sein!

4. Die Kollegen in die Lösungsfindung zu anstehenden Fragen mit einbeziehen

Beteiligung ist eines der fünf Grundprinzipien, auf denen das «Haus der Entwicklung» aufgebaut ist. Beteiligung ist die Möglichkeit, Bereichsbetreuung noch profitabler zu machen.

Unserer Erfahrung nach wollen Menschen grundsätzlich gehört und gesehen werden in ihren Anliegen. Sobald sich jemand zu drängenden Themen artikulieren kann, verschwindet viel von dem Unmut, der hinter den Äußerungen steckt.

«Wie-Fragen» stellen

In der Bereichsbetreuung selbst ist die Frage hilfreich: «Wie würdest du es machen, Kollege?» Das «Wie» ist das Fragewort, das Situationen automatisch von «Unter-der-Linie» «Über-die-Linie» zieht. «Wie» verschiebt den Fokus vom Problem auf die Lösung. Diese Frage verbindet die Beteiligten mit Möglichkeiten, statt mit Blockaden. Vor allem zieht es die Menschen aus ihrer gefühlten oder tatsächlichen Ohnmacht heraus, in dem sie sich konstruktiv äußern können, anstatt nur dagegen zu reden. Die Frage nach dem «Wie?» kann der Beginn eines Kulturwandels sein, in dem Beschäftigte die Verantwortung übernehmen, Veränderungen mitzugestalten, anstatt sie nur zu erdulden und darüber zu grollen oder zu jammern. Das «Linien-Werkzeug» kann in solchen Situationen eine große Hilfe sein. Stammtischdiskussionen finden nämlich immer «Unter-der-Linie» statt. Da das «Linien-Werkzeug» simpel ist, verstehen die Menschen es schnell und können Sachverhalte genauso schnell damit einordnen. Anhand dieser Einordnung ist es möglich, gezielt durch Erkennen, Lösen und Handeln auch Ansätze der Mitarbeiter in die eigene Position mit einzubeziehen.

Eine hervorragende Möglichkeit haben die Vertrauensleute und Betriebsräte eines großen Automobilwerks gefunden, indem sie anfingen, regelmäßig an den Gruppengesprächen der Produktionslinien teilzunehmen. Dadurch waren sie im Bilde, was in den Leuten vor sich ging und konnten auch gezielt nachfragen, wie Dinge geändert werden sollten.

Beispiel
Teilnahme an Gruppengesprächen

Fragebögen, Abteilungsversammlungen oder Gruppengespräche können ideale Instrumente sein, gezielt nachzufragen, wie die Kollegen es machen würden. Weitere Möglichkeiten haben sich die Betriebsräte eines Bosch-Rexroth-Werkes eröffnet, als sie die Ingenieure nach dem Ingenieurforum baten, sich an der «Taskforce Engineering» zu beteiligen. Dort hatten sie bei drei vom Betriebsrat organisierten Folgeworkshops die Gelegenheit, ihre Verbesserungsvorschläge gezielt einzubringen.

Instrumente der Beteiligung

Diese Beteiligungsformen müssen jedoch strategisch gut vorbereitet sein und anschließend auch Ergebnisse nach sich ziehen. Ein Ingenieurforum einzuladen ist eine geringere Herausforderung, als die nächsten notwendigen Schritte organisatorisch durchdacht zu haben. Eine aus dem Forum abgeleitete Veränderung muss für die Beteiligten sichtbar werden oder es muss zumindest kommuniziert werden, dass es versucht wurde, aber nicht durchsetzbar war.

Es ist wichtig sich die Grenzen von Beteiligung klar zu machen, die auf keinen Fall die Einladung zu einem Wunschkonzert beinhaltet. Es muss nicht zu jedem Thema eine Umfrage gemacht werden und in komplexen Gemengelagen muss der Betriebsrat einfach mit seiner Kompetenz vorangehen. Es geht vielmehr darum, in der betrieblichen Interessenvertretung eine «Über-der-Linie»-Kultur aufzubauen, die aus Konsumenten oder notorischen Kritikern der Betriebsratsarbeit Beteiligte macht.

5. Leitfaden zur optimalen Kommunikation schwieriger Themen erstellen

Erstellung eines Gesprächsleitfadens

Wenn wir als Trainer oder als Betriebsratsvorsitzender herausfordernde Einsätze in Konfliktsituationen haben, bereiten wir uns manchmal minutiös vor. Wir überlegen genau, was als Ergebnis einer Veranstaltung herauskommen soll und wie die einzelnen Schritte bis dorthin aussehen müssen. Wir schreiben einen Leitfaden, für Telefonate auch einen Gesprächsleitfaden.

Wenn der Betriebsrat Beschlüsse fasst, die schwer vermittelbar sind, lohnt es sich, die Zeit zu investieren, um gemeinsam einen Gesprächsleitfaden für die Vermittlung von Ergebnissen in den Bereichen zu erarbeiten. Wir überlegen, was das Ziel der Kommunikation ist und wie ein Gespräch aufgebaut sein muss, damit einzelne Gruppen oder Abteilungen verstehen, um was es geht. Außerdem sollte sichtbar werden, wie es zum Ergebnis kam und welchen Nutzen der Betriebsrat gestiftet hat.

Wer ist der Verkünder schlechter Nachrichten?

Hier machen viele Betriebsräte den Kardinalfehler, als erste die schlechte Botschaft zu verkünden und dadurch diejenigen zu werden, «denen die Zunge herausgeschnitten wird.» Der Betriebsrat sollte sich davor hüten, Entscheidungen des Unternehmens zu verkünden. Außer, wenn er proaktiv daran mitgestaltet hat, ist er nicht für unternehmerische Entscheidungen verantwortlich und muss das auch klar kenntlich machen. Eventuell kann der Betriebsrat auch kenntlich machen, was er an einer unternehmerischen Entscheidung zugunsten der Mitarbeiter verbessern konnte oder an welchen Stellen er Schlimmeres verhindert hat.

Keine unnötigen Prügel für den Betriebsrat

Nur wenn der Betriebsrat proaktiv handelte, genügend Stehvermögen hat und mit dem Unternehmen einer Meinung über die Notwendigkeit von betrieblichen Maßnahmen ist, dann kann er sich gemeinsam mit Unternehmensvertretern vor die Belegschaft stellen. Ansonsten wird der Betriebsrat in solchen Fällen einmal mehr die Prügel einstecken für Dinge, die er nicht zu verantworten hat.

Genau deshalb ist es elementar, sich in diesen Situationen die Kommunikation nach außen Satz für Satz zu überlegen, bis sichergestellt ist, dass auch der Mitarbeiter in der letzten Reihe nachvollziehen kann, dass ungeachtet der Ergebnisse die bestmögliche Vertretung der Mitarbeiterinteressen erfolgt ist.

Keine Spaltung!

Das gibt den Betriebsräten im Feuer der Auseinandersetzungen zum einen Sicherheit und Stehvermögen und zum anderen vor allem eine einheitliche Kommunikation nach außen. Die Betriebsräte können dann auch nicht von verschiedenen Strömungen aus der Belegschaft gespalten werden.

2.2.3 Der Dienst am Kollegen

Gewerkschaftlich organisierte Betriebsräte können bei der Bereichsbetreuung einen Multiplikator nutzen, der in vielen Unternehmen in Form gewerkschaftlicher Vertrauensleute vorhanden ist. Die Vertrauensleute sind Funktionäre der Gewerkschaftsmitglieder aus der Basis der Mitarbeiter im Betrieb, die gewerkschaftliche Aktivitäten im Unternehmen, wie etwa Tarifverhandlungen organisieren und aktiv begleiten. In vielen Betrieben sind die Vertrauensleute nützlich für die Organisierung von Warnstreiks in der Tarifrunde sowie für das Überbringen von Mitteilungen vom Betriebsrat an die Basis und zurück.

Unterstützung durch Multiplikatoren

Gute Betriebsräte haben keine Scheu, den Vertrauensleuten einen aktiven Teil in ihrer Bereichsbetreuung zu geben, ihnen Aufgaben zuzuweisen, sie in die Lösung von Problemstellungen in ihrem Bereich mit einzubeziehen und sogar zu Gesprächen mit Vorgesetzten aus dem Bereich regelmäßig hinzuzuziehen. Die gleichen Muster, die wir für eine proaktive Bereichsbetreuung entwickelt haben, übertragen diese Betriebsräte auf die Zusammenarbeit mit ihren Vertrauensleuten. Die Vertrauensleute werden von ihnen auf Augenhöhe behandelt und es gibt keine territoriale Abgrenzung ihnen gegenüber aus Angst, dadurch zu viel Einfluss zu verlieren oder potentielle Konkurrenz für die kommende Betriebsratswahl heranzuziehen.

Vertrauensleute als Teil guter Bereichsbetreuung

Als Best Practice-Beispiel für die Aktivierung von Vertrauenskörpern wurde bereits die Leitbilderstellung durch die Kollegen des besagten Automobilwerkes eines Premiumherstellers erwähnt. 600 Vertrauensleute hatten in diesem Werk vormals eine äußerst passive Rolle. Mittlerweile ist dort ein schlafender Riese erwacht, der die Betreuungsmöglichkeiten des Betriebsrats zukünftig deutlich steigern wird. Bei 15.000 Beschäftigten verfügte das Gremium nicht über die Kapazität, die Betreuung bis in die Peripherie des Werkes sicherzustellen. Umso notwendiger war deshalb der angestoßene Prozess. Der kulturelle Wandel im Verhältnis von Betriebsräten und Vertrauensleuten ermöglicht es, Lücken gemeinsam zu schließen und die erste Welle von Beteiligungsmöglichkeiten zu erschließen, nämlich die in den eigenen Reihen.

Gemeinsam Betreuungslücken schließen

Solche Entwicklungen sind Meilensteine auf dem Weg, den Handlungsspielraum eines ohnehin äußerst erfolgreichen Gremiums langfristig noch zu erhöhen. So lässt sich die bestmögliche betriebliche Interessenvertretung sicherstellen, im Dienst am Kollegen.

Erhöhung des eigenen Handlungsspielraums

2.3 Ausschuss- und Projektarbeit

«In dem Augenblick, in dem man sich endgültig einer Aufgabe verschreibt,
bewegt sich die Vorsehung auch …
… Was immer du tust, oder träumst zu können, beginne damit;
Kühnheit hat Genialität, Kraft und Magie.»
Johann Wolfgang von Goethe

2.3.1 Wie machen wir uns das Leben leichter?

Harte Arbeit versus intelligente Arbeit

Bei unserem eigenen Werdegang zum Trainer hatten wir einen Ausbilder, der weltweit zu den Top-Coaches zählte, den man aber gleichzeitig landläufig als harten Hund bezeichnen würde wegen seiner Kompromisslosigkeit in Bezug auf Qualität. Eines Tages sagte er zu uns: «Ich sehe, dass Ihr hart arbeiten könnt!» Da in der Zusammenarbeit mit ihm ein Lob nicht alltäglich war, lächelten wir unsicher, fühlten uns aber ein wenig geschmeichelt. Er fuhr fort: «Aber ich sehe nicht, dass Ihr intelligent arbeiten könnt!» Die kalte Dusche traf mitten ins Gesicht.

Erst mal gründlich beobachten und dann zu Ende denken

Seitdem konnten wir an vielen Stellen erkennen, wie wir arbeitsmäßig über weite Strecken im Hamsterrad liefen. Wenn die Situation es erforderte, dann liefen wir eben mit zusammengebissenen Zähnen entsprechend schneller. Wir waren stetige Opfer der im Strategiekapitel beschriebenen Dringlichkeitssucht. So wie es Taichi Ono, der Begründer des Toyota-Production-Systems beschrieb, pendelten wir meistens hin und her zwischen «Fokussieren» und «Handeln », anstatt innezuhalten und Situationen bereits im Ansatz gründlich zu beobachten und zu durchdenken. In der deutschen Arbeitsethik scheint die Verlockung besonders groß zu sein, seine Arbeit auf diese Art zu bewältigen. «Wat mut dat mut!», heißt es so schön auf Plattdeutsch.

Leider ist diese Arbeitsweise nicht nur langfristig gesundheitsschädigend, sondern auch sehr ineffektiv. Sie verdirbt uns regelmäßig den Spaß, den wir eigentlich bei der Arbeit haben könnten und führt zu chronischer Unzufriedenheit. Sie ist so etwas wie eine weitverbreitete schlechte Gewohnheit, mit der die meisten von uns aufgewachsen sind. Sie ist auch weit verbreitet in den meisten Betriebsratsgremien, mit denen wir zusammenarbeiten.

Die gute Nachricht ist: Es muss nicht so bleiben. Auf der praktischen Ebene haben wir die Lösung für dieses Dilemma in den Betriebsratsgremien mit der proaktiven Nutzung von Ausschuss- und Projektarbeit gefunden.

Ausschuss- und Projektarbeit proaktiv nutzen

Bislang findet die Arbeit in Ausschüssen und Projekten von kleineren Gremien bestenfalls situationsabhängig statt. Erst wenn betriebliche Themen genügend Brisanz aufweisen, dann entsteht auch genügend Handlungsdruck, Arbeit auf diese Art zu organisieren. In mittleren und größeren Gremien haben Ausschüsse oft die Funktion von Bestandsverwaltern, die nur dann zusammentreten, wenn es dort konkret etwas zu tun gibt. Wenn es dagegen beständig etwas zu tun gibt, etwa bei Personal- oder Arbeitszeitfragen, dann wird eher im Kontext von Mitbestimmung gehandelt – zugestimmt oder nicht – und nicht im Sinne von Mitgestaltung eine innovative Lösung zum Thema entwickelt.

Die proaktive Nutzung von Ausschüssen und Projekten hingegen kostet nur unwesentlich mehr Arbeit, bringt aber ungleich mehr Freude und Zufriedenheit. Außerdem werden auch die Ergebnisse für die Belegschaft besser.

Der Dreh- und Angelpunkt für proaktive Arbeit ist im «Linien-Werkzeug» enthalten: Erkennen, Lösen und Handeln. Das Erkennen wiederum beinhaltet das Hinterfragen der eigenen Absicht: «Was wollen wir?» Die grundlegenden Antworten auf diese Frage werden im Leitbild festgelegt. Zu Beginn der Amtsperiode wird vorausgeschaut, was an Themen für die kommenden vier Jahre ansteht. Was kommt ohnehin und was will der Betriebsrat von sich aus anstoßen. Für die Themen, die ohnehin kommen, kann der Betriebsrat festlegen, wie er damit proaktiv umgehen wird, das heißt, nicht erst zu warten, bis das Thema kommt, sondern dem Thema vorzugreifen. Wer das Thema zuerst aufgreift und mit seinen Inhalten besetzt, hat in der Regel die bessere Ausgangsposition.

Was wollen wir?

Zu formulieren, was man selber will, ist nicht immer leicht. Zu oft sind wir in allen möglichen Sachzwängen gefangen, um uns den Luxus der Frage zu gönnen: «Was wollen wir selbst denn?» Aber nur wenn wir wissen, was wir selber wollen und wie wir das wollen, können wir für etwas gehen und uns frei dafür entscheiden, mitzugestalten. Ansonsten laufen wir nur mit oder

Die Kraft zur Verantwortungsübernahme

hinterher oder sind nur dagegen. Nichts davon wird uns die Kraft geben, 100 % Verantwortung zu übernehmen, kreativ zu werden und uns vollständig einzubringen. Ausgangspunkt vieler Wandlungen, die wir in Gremien erleben durften, war immer die Frage: «Wenn Ihr könntet, wie Ihr wolltet, was würdet Ihr dann anders haben wollen?» Dieser Frage scheinen magische Kräfte innezuwohnen, denn sie brachte häufig Dinge zum Vorschein, die Herzensanliegen von Betriebsräten waren, aber vollkommen unter Sachzwängen und guten Gründen verschüttet blieben.

Beispiel
Ursprung eines
Gesundheits-
managements

Zum Beispiel entdeckte ein freigestellter Betriebsrat in einem Werk des Motorenherstellers Kolbenschmidt auf diese Frage hin seine Leidenschaft, ein funktionierendes betriebliches Gesundheitsmanagement aufzubauen. Er kam ursprünglich aus der Gießerei, einem sehr rauen Bereich des Betriebs mit sehr belastender körperlicher Arbeit. Er wollte unbedingt dazu beitragen, dass die Kollegen dort und in anderen Bereichen auch gesund in Rente gehen können und nicht schon vorher durch die Belastungen körperlich gezeichnet werden. Er hatte bereits konkrete Vorstellungen und Entwürfe, wie so ein System beschaffen sein könnte. Auf die Frage, warum er diese hervorragenden Ideen noch nicht eingebracht habe, antwortete er, dass er vor lauter operativem Geschäft keine Ressourcen mehr frei habe, ein derartig großes Vorhaben auch noch voranzutreiben.

Modell-
charakter
durch
Projektarbeit

Die Lösung wurde schnell geschaffen: Als Erstes fertigte er eine Beschreibung seines Vorhabens an, mit dem gewünschten Ergebnis sowie allen Meilensteinen und Teilschritten, die er bis zum vollständigen Gelingen des Vorhabens voraussehen konnte. Im nächsten Schritt ordnete er wie ein Arbeitszeitdisponent allen Teilschritten ungefähre Arbeitszeiten zu, die zur Erledigung dieser jeweiligen Arbeit benötigt würden. Die Zusammenrechnung der einzelnen Zeiten ergab eine Gesamtsumme von über zweihundert Stunden, bei einer 35-Stunden-Woche also sieben Wochen reine Arbeitszeit. Kein Wunder, dass er zögerte, daran zu arbeiten. Im darauffolgenden Schritt fragten wir ihn, wie viel von dieser Arbeit er selber machen müsse, und wie viel andere Betriebsräte ihm zuarbeiten könnten. Er stellte fest, dass von rund 220 Stunden 140 Stunden auf andere Schultern verteilt werden könnten und er nur etwa ein Drittel der Gesamtzeit selbst investieren musste. Dann fragten wir ihn, wer sein Wunschteam wäre und er nannte vier weitere Betriebsräte. Seine Leidenschaft und die guten Ideen vor Augen, waren alle vier nichtfreigestellten Betriebsräte gerne bereit, daran mitzuarbeiten. Sie wurden aktiver Teil des Ausschusses für Gesundheit und Soziales, der bis dahin lediglich Bestandsverwaltung auf diesem Sektor betrieben hatte.

Das Team nahm seine Arbeit auf, zog Experten und eine gesetzliche Krankenkasse hinzu und tauschte sich intensiv mit der Personalabteilung aus. Etwa eineinhalb Jahre später verfügte das Unternehmen über ein Gesundheits-management, das in vielen Aspekten Modellcharakter hatte. Es wurde sogar eine eigene Stelle dafür geschaffen. So entstanden Bedingungen, die es den Kollegen deutlich erleichterten, gesund in Rente zu gehen.

Beispiele wie diese haben wir in den vergangenen zehn Jahren zuhauf erlebt und der Zündfunke war immer der gleiche: «Was wollen wir?» Aus den Antworten auf diese Frage müssen die Ziele für die kommende Amts-periode definiert werden und nicht aus den Zwängen, Notwendigkeiten und dem Handlungsdruck. Nach dem im Strategie-Kapitel vorgestellten Eisen-hower-Prinzip steht das «Was wollen wir?» für den II. Quadranten, dem Feld des Wichtigen, des Vorausschauens und der Proaktivität. Hier findet die Umwandlung des Leitbilds in konkrete Handlungsschritte statt. Die dadurch aufgestellten Ziele können dann inhaltlich auf die jeweiligen Ausschüsse ver-teilt werden oder darüber hinausgehend an eine Projektgruppe. Am Ende jeden Jahres wird dann die Feinjustierung für das jeweils darauffolgende Jahr vorgenommen: Die Aufstellung der wichtigsten Jahresziele und wie sie im jeweiligen Ausschuss dann proaktiv umgesetzt werden. Auf diese Weise kann mithilfe der im Leitbild beschriebenen «Steuerung der Betriebsratsarbeit» die Arbeit sowohl für das ganze Gremium, wie auch für einzelne Ausschüsse und Projekte heruntergebrochen werden. Aus der strategischen Ausrichtung erschließen sich dann die besten Umsetzungsmöglichkeiten.

Strategische Projekte wer-den im II. Qua-dranten geplant

Die Vorteile dieser Herangehensweise sind: klarer Arbeitsauftrag für die Gruppe, Planbarkeit und Messbarkeit der Ausschussarbeit, Verstetigung der Arbeit, mehr Spaß und Zufriedenheit in der Arbeit. Ein Ausschuss, der sich keine Jahresziele aus der Frage: «Was wollen wir?» gesteckt hat, rennt entwe-der reaktiv im Hamsterrad betrieblicher Ereignisse oder er dümpelt wie ein richtungsloses Schiff auf hoher See.

Vorteile der proaktiven Ausschuss-arbeit

2.3.2 Der eigenen Kompetenz vertrauen

Die wesentliche Voraussetzung für eine effektive Ausschussarbeit ist darüber hinaus die Kompetenz, die dem Ausschuss erteilt wird. Zum einen beruht die Kompetenz auf dem gezielten Aufbau von Fachwissen, wie wir es im Kapitel Gremium beschrieben haben. Dieses Wissen sollte sich nicht an der bloßen Bestandsverwaltung orientieren, etwa im Bereich Gesundheit und Soziales an den vorhandenen Bedingungen, sondern vorausschauend an den kom-menden Themen.

Ausschuss als Träger der Fachkompe-tenz

Ein Ausschuss wird gegründet, um dem Gremium seine Arbeit zu erleichtern, Fachkompetenz auf einem Sektor aufzubauen und um fachlich fundierte Emp-fehlungen oder Beschlussvorlagen für das Gremium zu erarbeiten. Wenn etwa

Instrument zur Arbeits-erleichterung

117

der Personalausschuss empfiehlt, bestimmten Personalmaßnahmen zuzustimmen, dann hat er das in der Regel nach bestem fachlichem Wissen und Gewissen getan und der Betriebsrat wird dieser Empfehlung folgen. Genauso sollte es in jedem anderen Ausschuss auch gehalten werden. Betriebsräte, die darüber hinaus noch relevante Informationen für die Beschlussfassung beisteuern wollen, sollten damit weder die grundsätzliche Kompetenz des Ausschusses infrage stellen, noch die Beschlussfassung des Gremiums blockieren. Vielleicht haben sie tatsächlich einen neuen Blickwinkel auf Sachverhalte oder können Erfahrungen einfließen lassen, die zu einer Verbesserung der empfohlenen Lösungsmöglichkeit führen. Grundsätzlich sollte der Ausschuss jedoch in seiner Kompetenz unterstützt und wertgeschätzt werden, denn ohne solche Arbeitsaufteilung müsste sich im Gremium jeder um alles kümmern. Auf dem Fußballfeld stehen auch nicht alle elf Spieler gleichzeitig im Tor.

Handlungskompetenz für Ausschüsse

Entsprechend empfehlen wir auch, den Ausschüssen Handlungsvollmachten zu übertragen, wenn sie in bestimmten Themenstellungen Gespräche oder Verhandlungen mit der Unternehmensleitung aufnehmen. An dieser Stelle erleben wir die häufigsten Zeit-, Energie- und Motivationsverluste zwischen Verhandlungsführern und dem Gremium. Oft ist der Auftrag der Verhandlungsdelegation nicht klar formuliert und noch öfters ist er nicht mit einem Spielraum hinterlegt, sodass entsprechend des Verhandlungsverlaufs immer wieder neue Beschlussfassungen aus dem Betriebsrat eingeholt werden müssen. Diese Vorgehensweise zerrt an den Nerven aller Beteiligten, da sie mögliche Entscheidungen endlos hinauszögert, und weder Vertrauen in die Kompetenz der Verhandelnden noch ein gemeinsam abgestimmtes planvolles Vorgehen demonstriert. Es gibt wenige Stellen, an denen Betriebsräte sich gegenseitig derartig den Wind aus den Segeln nehmen können. Wenn Themen vorausschauend erarbeitet wurden, dann kann problemlos das Verhandlungsziel für die Verhandelnden definiert werden. In dem Wissen, dass Maximalforderungen nicht immer im vollen Umfang durchsetzbar sind, ist eine Untergrenze festzusetzen, das heißt, dass die Verhandlungsführung über einen Spielraum verfügt und nicht für jede Abweichung von der Maximalforderung wieder einen neuen Beschluss vom Gremium einholen muss. Es können auch mehre strategische Verhandlungsvarianten aufgestellt und im Vorfeld vom Gremium abgesegnet werden.

Gute Vorstrukturierung der Ausschussarbeit

Die Arbeit im Ausschuss steht und fällt mit der Organisation durch die Ausschussleitung. In einer Reihe von Betriebsratsgremien herrscht die Ansicht, dass die Arbeit im Wesentlichen vom Ausschussvorsitzenden und seinem Stellvertreter gemacht wird. Für eine proaktive Arbeitsweise ist das nicht ausreichend. Jeder im Gremium kann etwas Inhaltliches beitragen und die Führung des Ausschusses kann diese Ressourcen durch klare Arbeitspakete mit klaren Ziel- und Aufgabenstellungen erschließen. Die Chancen, auch die ansonsten «langsameren» Betriebsratskollegen dadurch einzusammeln, steigen deutlich durch eine gute Vorstrukturierung. Orientierung geben, Sachverhalte in größere Zusammenhänge einbetten und Aufgaben präzise zu portionieren ist eine zentrale Aufgabe der Ausschussleitung. Das erfordert Übung und vor allem Geduld, aber unserer Erfahrung nach sind tatsächlich mehr Betriebsräte in der Lage, aktivere Rollen in der inhaltlichen Arbeit einzunehmen.

Idealerweise erstellen Ausschüsse sich einen Jahresplan in Form eines Themenspeichers. In diesem halten sie sämtliche notwendigen Schritte und Maßnahmen ihres Themas mit Anfangs- und Endterminen, mit Zeitläufen, Meilensteinen, Arbeitspaketen und Verantwortlichkeiten fest. Es ist recht einfach, in diesen Speicher eine Art Ampelfunktion einzubauen, in dem erledigte Arbeitsschritte mit Grün markiert sind, Arbeit innerhalb des Zeitplans mit Gelb und außerhalb des Zeitplans mit Rot. Dann ist es ein Leichtes, die Berichte aus den Ausschüssen auf Statusmeldungen in Bezug auf den Themenspeicher zu begrenzen. Das Gremium bekommt so sehr schnell den Überblick über den Plan und den tatsächlichen Fortschritt des Vorhabens. Auch der Ausschuss selbst kann von Zeit zu Zeit anhand des Themenspeichers eine Bilanz seiner Arbeit ziehen, anstatt fortlaufend Sachverhalte abzuarbeiten, ohne ein tatsächliches Fortkommen zu sehen.

Werkzeug «Themenspeicher»

Der Themenspeicher schafft auch Transparenz und Nachvollziehbarkeit über die Verbindlichkeit innerhalb der Ausschussarbeit. Ausschussvorsitzende oder Betriebsratsführung müssen mit den Betriebsräten, die häufiger eine rote Ampelphase bei der Abarbeitung aufweisen, über ihre Herausforderungen sprechen. Sind diese Betriebsräte überfordert, haben sie innerhalb oder außerhalb ihrer Betriebsratsarbeit Sorgen und Nöte oder brauchen sie anderweitige Hilfe, um ihre Arbeit erledigen zu können? Wenn sie ein ehrliches Interesse an der Entwicklung der Betriebsratsarbeit haben, werden sich diese Herausforderungen bewältigen lassen.

Für die Koordinierung der jeweiligen Aufgaben und zur Herstellung der allgemeinen Übersicht werden die jeweiligen Themenspeicher der einzelnen Ausschüsse zusammengeführt in den zentralen Themenspeicher des Gremiums. Dieser Themenspeicher kann, wenn er als Excel-Tabelle ausgeführt ist, in jeder Betriebsratssitzung per Beamer an die Wand projiziert werden, um die einzelnen Statusmeldungen aus den Ausschüssen zu aktualisieren und jeden Betriebsrat über die Fortschritte der Gremiumsaktivitäten auf dem Laufenden zu halten.

Der zentrale Themenspeicher umfasst dann sowohl die allgemeinen Themen, die das ganze Gremium betreffen, als auch die Themen der einzelnen Ausschüsse (s. Seite 120).

Beispiel Themenspeicher

Ld.	Thema	Quadrant	Eingang	Ziel/Auftrag	Verantwort-lichkeit	Arbeitsgruppe	Bis wann erledigt	Erledigt	Status	Anlage
1	Flugblattverteilung «Altersgerechtes Arbeites»	I	12.03.2013		Walter	Redaktionsteam			Überfällig	
2	Schulung Arbeitsschutz	II	15.03.2013	Notwendige Kompetenzen erwerben	Ernst	Ausschuss für Arbeitssicherheit	23.04.2013	19.04.2012	Erledigt	Schulungsunterlagen Arbeitsschutz
3	Begehung, Instandhaltung	II	20.04.2013	Ergonomie der neuen Arbeitsplätze beurteilen	Jürgen	BA	21.12.2013		in Arbeit	Checkliste Ergonomie
4	Betriebsratsvereinbarung zum Gesundheitsmanagement	II	20.04.2013	Installation Gesundheits-management	Karin	Ausschuss für Gesundheit u. Soziales	15.09.2013	10.10.2013	Erledigt	Entwurf vom 25.02.2013
5	Projekt «Silverline»	II	01.07.2013	Umrüstung der Produkti-onslinie 3A auf Anforde-rungen an ältere MA	Hubert/Karin	Projektgruppe «Silverline»	01.03.2014		in Arbeit	
6	Prozessablauf Sekretariat	II	24.04.2013	Reibungsloser Ablauf in der Zusammenarbeit Sekretariat und Gremium erreichen	Walter	Betriebsrats-vorsitzender	01.02.2013		Überfällig	
7	Bearbeitung der MA-Anfrage aus Betriebsversammlung zum Thema Parkplätze	III	06.05.2013	Dringlichkeit erzeugen bei Geschäftsleitung im nächsten REKO-Treffen	Walter	Betriebsrats-vorsitzender	15.05.2013	12.05.2013	Erledigt	

Diese Vorgehensweise schafft nicht nur für alle Beteiligten Transparenz, sondern ermöglicht es auch, innerhalb des Betriebsrats bei Bedarf Ressourcen umzuleiten, etwa wenn ein Ausschuss erheblich unter Druck steht und andere Ausschüsse möglicherweise zuarbeiten könnten. Außerdem kann bei Vorhaben, an denen mehrere Ausschüsse gleichzeitig beteiligt sind, eine bessere Aufgabenabgrenzung und Koordination zwischen den Ausschüssen vorgenommen werden. Ein gutes Beispiel hierfür bekamen wir in einem Werk des Automobilzulieferers Schaeffler, bei dem sich der Betriebsrat des Themas «Demografischer Wandel» in Form eines Projekts angenommen hatte. Daran beteiligt waren die Ausschüsse Gesundheit, Arbeitszeit und Personal, die sich zu Beginn des Vorhabens darauf verständigt hatten, welcher Ausschuss zu welchen der Unterthemen (ergonomische Arbeitsplatzgestaltung, Altersteilzeit, Veränderung von Arbeitszeitmodellen, etc.) arbeitet und bis wann die jeweiligen Arbeitsergebnisse zusammengefügt werden können.

Beispiel
**Auschussüber-
greifendes
Projekt**

2.3.3 Denn sie wissen, was sie tun

Wer schon mit uns gearbeitet hat, der weiß, dass wir Arbeit in Projektform schätzen. Ein Projekt hat aus unserer Sicht deshalb einen besonderen Charme, weil es aus dem endlosen Strom der alltäglichen Betriebsratsarbeit die wichtigen Aspekte aufgreift, sie heraushebt und sie kennzeichnet: «Das hier ist wichtig genug, um es strukturiert gemeinsam anzupacken und mit zeitlichen Ressourcen zu hinterlegen.» Ein Projekt ist ein klarer Ausdruck proaktiven Handelns, das aus dem II. Quadranten des Eisenhower-Prinzips heraus geplant wird.

Projektarbeit

Ein Projekt zeichnet sich dadurch aus, dass man

**Merkmale
eines Projekts**

1. ein messbares Projektziel festlegt,
2. den Sinn und die Absicht des Projektziels durchdringt,
3. Anfang und Ende des Vorhabens klar definiert,
4. das Vorhaben in sämtliche Arbeitsschritte zergliedert, die zu seiner Erfüllung benötigt werden,
5. die Zeitressourcen in Arbeitsstunden abschätzt, die zur Erfüllung der einzelnen Arbeitsschritte notwendig sind,
6. anhand der Abarbeitung einzelner Arbeitsschritte Meilensteine festlegt, an denen sich der Fortschritt des Projektverlaufs ablesen lässt,
7. die Verantwortung für das Gesamtprojekt, die Teilverantwortung für die einzelnen Arbeitsschritte und die jeweilige Mitarbeit vereinbart.

Brücke zwischen Wissen und Umsetzung

Das Beste daran ist, dass kein Diplom in Projektmanagement erforderlich ist, um diese einfachen Definitionen von Projektarbeit praktisch umzusetzen. Wir haben eine Reihe von Betriebsräten und Betriebsratsvorsitzenden kennengelernt, die sich jahrelang auf diesem Gebiet fortbildeten und von dieser Weiterbildung in hohen Tönen schwärmten. In keinem einzigen ihrer Gremien fand hingegen Projektarbeit Eingang in die Betriebsratsarbeit. Irgendwo fehlte die Brücke zwischen dem angesammelten Wissen und der praktischen Umsetzung. Nach unserer Erfahrung sind Betriebsräte meistens handfeste und praktische Leute. Projektarbeit muss also für sie entsprechend praktisch handhabbar gemacht werden, sonst funktioniert sie nicht. Das gelingt am besten in einem ganzheitlichen Rahmen, in dem Klarheit durch Rollenverständnis, Leitbild, proaktive strategische Ausrichtung und die darin enthaltenen Jahresziele geschaffen wurde. Das Gremium muss sich einig darüber sein, dass Projektarbeit das Mittel der Wahl für die praktische Umsetzung von Mitgestaltung im Unternehmen ist.

Beispiel Kulturwandel durch Umstellung auf Projektarbeit

Eines der besten Beispiele für die Wandlung der Betriebsratsarbeit durch konsequente und vorausschauende Projektarbeit haben wir bei den Betriebsräten eines Bosch-Rexroth-Werkes erlebt. Dort war es den Betriebsräten in der Krise gelungen, den drohenden Personalabbau von einem Viertel der etwa 2200-köpfigen Belegschaft zu verhindern. Seitdem aber jagte eine Neuerung und Umstrukturierung im Betrieb die nächste, wodurch die Stimmung in der Belegschaft bis hinein ins Gremium fortlaufend äußerst angespannt war. Im Herbst 2011 begann der Betriebsrat, vier Handlungsfelder entsprechend des II. Quadranten als strategisch wichtig zu markieren und sie in proaktive Projektpläne einzuarbeiten. Von dort an entfalteten sich die Themen «interne Umstrukturierungsmaßnahmen», «Bildung», «Gesundheit» und «Betriebsklima» an klaren Zielen und Messgrößen, eindeutigen Aufträgen und Spielräumen für die Verhandlungen mit der Unternehmensleitung und gut portionierten Arbeitspaketen in den jeweiligen Ausschüssen. Als eines der Veränderungsziele des Betriebsrats bei der laufenden Umstrukturierung wurde etwa die Mitarbeitergestaltung bei den Prozessen und Abläufen mit in die Verhandlungsstrategie aufgenommen. Messgrößen für die Erfüllung der Ziele wurden in diesem Fall durch eine Mitarbeiterumfrage in den betroffenen Abteilungen, durch regelmäßige Informationsrunden vor Ort und die Veränderung der wirtschaftlichen Kennzahlen dieser Abteilungen geschaffen. Auch die Arbeitsfortschritte der anderen drei Projekte wurden auf diese Art nachvollziehbar gestaltet. Durch die regelmäßige Arbeit in den Projekten erfuhr dieses Gremium einen regelrechten Kulturwandel: Die Arbeitsweise stellte sich in allen Bereichen um, es wurde beständig konzentriert an der Umsetzung der Projektpläne gearbeitet und interne Reibereien minimierten sich deutlich. Die Umsetzungsgeschwindigkeit und die Ergebnisqualität steigerten sich genauso, wie die Zufriedenheit der Betriebsräte und der Belegschaft mit den zunehmenden Projekterfolgen. Sowohl die Unternehmensleitung als auch die Geschäftsführung der IG Metall haben die Veränderung in der Zusammenarbeit mit dem Betriebsrat wahrgenommen. Die Verhandlungen wurden wesentlich schneller, konstruktiver und für beide Seiten ergiebiger.

Im Grunde ist Projektarbeit nichts anderes, als die strategische Planung und Umsetzung dessen, was man von sich aus anstrebt, beziehungsweise im Leitbild und in den wesentlichen Zielen beschreibt. Sie ist die effektivste Art, den Schalter von «Unter-der-Linie» umzulegen auf «Über-der-Linie». Sie ist das effektivste uns bekannte Instrument, die Haltungsänderung von reaktiv zu proaktiv praktisch umzusetzen.

Von «Unter»- zu «Über-der-Linie» durch Projektarbeit

Von den Bauhaus-Architekten der 20er-Jahre wurde der Satz geprägt: Die Struktur folgt der Funktion. Am Anfang stehen die Idee und die Formulierung von Rollenverständnis und Leitbild. Daraus leiten sich die Ziele des Betriebsrats sowie die Strategien, um diese Ziele zu erreichen, ab. Aus diesen Grundlagen ergeben sich konkrete Aufgaben und Prozesse, die zur Erfüllung der Aufgaben erforderlich sind. Auf funktionsfähige Prozesse und sinnvolle Prozessketten – und auf nichts anderes – muss die Gestaltung eines proaktiven, professionellen und profitablen Betriebsrats ausgerichtet sein.

Struktur folgt der Funktion

Im Standardwerk des Changemanagements von Klaus Doppler und Christoph Lauterburg wird dieser Punkt wie folgt ausgeführt:

Es geht darum, Aufgaben gänzlich anders anzupacken

«Zu Zeiten der Stabilität und Kontinuität, als die Aufgaben über lange Zeit unverändert bleiben konnten, hat man in Kästchen des Organigramms gedacht. In einer instabilen Umwelt aber sind die Aufgaben, und damit die Prozesse zu deren Bewältigung, einem ständigen Wandel unterworfen. Das organisatorische Denken entwickelt sich zu einem Denken in sich rasch ändernden Prozessketten. Flexible, auf begrenzte Zeit angelegte Projektorganisation – früher mal hier und mal da zur Erfüllung spezieller Aufgaben im Rahmen der Forschung und Entwicklung eingesetzt – wird im Vergleich zur Linienorganisation immer wichtiger … Was leider weithin verkannt wird, ist der Umstand, dass es sich bei diesem Konzept nicht um eine normale Anpassung der Organisation handelt. Wir haben es vielmehr mit einem radikalen strukturellen Umbruch zu tun. Den neuen Konzepten liegt ein völlig anderes Organisationsmodell zugrunde … Es geht nicht darum, durch Verschieben einiger Kästchen im Organigramm die Aufgaben etwas anders zu verteilen. Es geht vielmehr darum, die Aufgaben grundsätzlich anders anzupacken … Dabei ist ein zentraler Erfolgsfaktor die Fähigkeit zu echter Teamarbeit und der andere, dass auf allen Ebenen «unternehmerisch» gedacht und im Gesamtinteresse *(des Betriebsrats)* gehandelt wird.»

123

Die Angst vor Mehraufwand und Überforderung

Wenn Betriebsräte erkennen, dass sich ihre Absichten in gemeinsam vorgedachte Strukturen einbetten lassen, und dann die damit verbundenen Arbeitslisten sehen, dann werden bei vielen von ihnen Ängste vor Mehrarbeit und Überforderung wach. Diesen an sich berechtigten Ängsten begegnen wir auf drei Arten:

1. Ein Betriebsrat brachte einen interessanten Zusammenhang auf den Punkt: «Ob wir reaktiv oder proaktiv arbeiten, die Themen sind die gleichen und die Arbeit bleibt die gleiche. Im ersten Fall brauchen wir zwar vorab weniger Zeit zum Nachdenken und Projektieren, aber dafür nachher umso mehr, um die Scherben plötzlicher Veränderungen aufzukehren. Dabei ist die Wahrscheinlichkeit, zu bekommen, was wir wollen, geringer, als wenn wir proaktiv an Themen herangehen. Wenn wir proaktiv arbeiten, haben wir mehr Planungs- und Abstimmungsaufwand, aber dafür auch mehr Transparenz, bessere Planbarkeit und weniger Trümmerbeseitigung. Unterm Strich bleibt der Aufwand für uns der gleiche.»

2. Die Veränderung von reaktiv zu proaktiv erfordert möglicherweise in der Übergangszeit etwas mehr Arbeit. Sie ist (um es nach dem Eisenhower-Prinzip auszudrücken) ein Wechsel von dringlich zu wichtig. Wenn ein Gremium tatsächlich weniger von Dringlichkeit getrieben wird und sich mehr auf das wirklich Wichtige konzentrieren kann, dann wird sich die Investition der anfänglichen Mehrarbeit bald in der Rendite von konzentrierterem, effektiverem und entspannterem Arbeiten auszahlen.

3. Der mögliche anfängliche Mehraufwand lässt sich an ganz anderer Stelle wieder auffangen: Viele Betriebsräte führen ein arbeitsreiches, aber manchmal auch undiszipliniertes Leben. Sie arbeiten immer mehr und immer länger. Das kann auf Dauer nicht gut gehen. Jim Collins hat in seinem Buch «Auf dem Weg zu den Besten» vorgeschlagen, nicht nur To-do-Listen zu führen, sondern auch «Stopp-Listen».
Mit dieser Art von Listen-Führung hat man ein effektives Werkzeug in der Hand zum Ausschalten unwesentlicher Tätigkeiten, die sich im III. oder IV. Quadranten befinden und kaum etwas zur Umsetzung des Betriebsrats-Leitbildes und seiner wesentlichen operativen Ziele beitragen.

Werkzeug «Stopp-Listen»

Stopp-Listen haben sich bestens bewährt, um Betriebsräte von dem Syndrom der «eierlegenden Wollmilchsau» zu befreien und Abschied vom Anspruch zu nehmen, es allen recht machen zu wollen. Zudem fällt es damit leichter, liebgewonnene Felder netter Dienstleistungen fallen zu lassen, die wenig Profit für die Interessenvertretung der Mitarbeiter abwerfen. Sie helfen beim radikalen Ausmisten und können wie ein Frühjahrsputz wieder viel Klarheit und bessere Übersicht in die Betriebsratsarbeit bringen. Stopp-Listen sind eine gute Versicherung gegen die im Strategie-Kapitel geschilderte Dringlichkeitssucht. Hans Rudolf Jost macht an dieser Stelle einen schönen Punkt mit dem kurzen Satz: «One in – One out.» Für jede Tätigkeit, die an einer Stelle neu aufgenommen wird, fliegt eine andere wieder raus. Ganz einfach. Wenn der Betriebsrat dieses Prinzip verstanden hat und beherzigt, dann kann er sicher vielen Führungskräften dabei behilflich sein, es in ihren Bereichen anzuwenden. Ein solcher Schritt brächte sicher eine Rendite im zweistelligen Bereich für die Interessen der Beschäftigten.

3 Das Dach

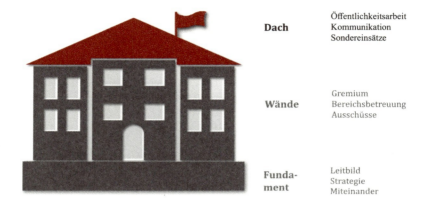

Dach	Öffentlichkeitsarbeit Kommunikation Sondereinsätze
Wände	Gremium Bereichsbetreuung Ausschüsse
Funda- ment	Leitbild Strategie Miteinander

In den ersten beiden Kapiteln wurde ein solides Fundament in Form von Leitbild, Strategie und Miteinander gegossen und stabile Wände beim Gremium, der Bereichsbetreuung und der Ausschuss- und Projektarbeit errichtet.

Im dritten Kapitel errichten wir ein wetterfestes Dach, unter dem eine reibungsfreie Kommunikation entsteht, sich das Image – und damit die Handlungsmöglichkeiten – des Betriebsrats verbessert und Beteiligung geschaffen wird an den Schnittstellen zum Unternehmen und zur Belegschaft.

Da das Ansehen des Betriebsrats in der Belegschaft und im Unternehmen die Qualität der Arbeitsergebnisse erheblich beeinflusst, werden im Teil Öffentlichkeitsarbeit die Schlüssel zur Verbesserung dieses Ansehens untersucht.

Mit dem Aufbau einer effektiven Kommunikation innerhalb des Betriebsrats beschäftigt sich der gleichnamige Teil dieses Kapitels und unter dem Punkt «Sondereinsätze» setzen wir uns mit den Themen Beteiligung, Betriebs- und Abteilungsversammlungen und Kampagnen auseinander.

Während sich die ersten beiden Kapitel mit den proaktiven Grundlagen und einer professionellen strategisch-operativen Arbeit beschäftigen, stellt das dritte Kapitel die Gewinnmaximierung für die Interessen der Beschäftigten sicher.

3.1 Öffentlichkeitsarbeit

«Wer auch immer meine Texte liest, wird mitten im Handgemenge sein. Wenn er das nicht mag und lieber einen sicheren Platz im Publikum möchte – dann soll er andere Texte lesen ...»

D. H. Lawrence

3.1.1 Wie wollen wir wahrgenommen werden?

Dieses Buch handelt vor allem davon, wie Betriebsräte sich die Arbeit erleichtern können, um mehr Kapazitäten zu schaffen für proaktive, professionelle und profitable Mitgestaltung im Unternehmen. Es geht darum, intelligenter statt härter zu arbeiten. Mit einer guten Kommunikation und Öffentlichkeitsarbeit kann der Betriebsrat einen Hebel ansetzen und mit relativ geringem Einsatz die Wirkung seiner Arbeit erheblich vergrößern. Dafür muss nicht übermäßig viel getan werden, sondern dafür muss das Richtige getan werden.

Intelligenter kommunizieren

Das Richtige muss sich immer an einer Priorität orientieren: Den Kollegen ein gutes Gefühl zu vermitteln über die Arbeit ihrer Interessenvertretung. Alle Marketingstrategien zielen immer wieder auf diesen einen Punkt ab. Egal wie gut Argumente für den Kauf eines Produkts sein mögen, es wird nur dann gekauft, wenn es den Leuten ein gutes Gefühl vermittelt. Dieses Gefühl wollen sie immer wieder haben. Davon lebt unsere gesamte Konsumgesellschaft einschließlich ihrer Werbeindustrie. Egal wie gut die Argumente für eine starke Arbeitnehmervertretung sein mögen, die Belegschaft kauft diese Argumente nicht ab, wenn sie nicht ein grundsätzlich gutes Gefühl versprechen.

«Gutes Gefühl»

**Die drei Voraus-
setzungen für
ein gutes Gefühl**

Über die Dauer der letzten zehn Jahre haben wir herausgefunden, dass die Belegschaft, im wesentlichen drei Dinge braucht, um ein gutes Gefühl über ihre Interessenvertretung zu bekommen. Sie fühlen sich gut vertreten:

- Wenn der Betriebsrat ein hohes Ansehen (Image) genießt
- Wenn der Betriebsrat die Interessen der Beschäftigten erkennbar erfolgreich vertritt
- Wenn der Betriebsrat erkennbaren Mehrwert für die Kollegen schafft

Hohes Ansehen des Betriebsrats

**Verbesserung
des Images**

Die Verbesserung des Images dient vor allem der Vergrößerung des Handlungsspielraums. Es ist also kein Selbstzweck, wenn der Betriebsrat bei den Kollegen und Führungskräften hoch angesehen ist, und dient keinesfalls der Erhöhung des Egos einzelner Betriebsräte. Ferdinand Porsche sagte einmal: «Niemand braucht unbedingt einen Porsche, aber jeder will ihn haben.» Das hilft Porsche auch 50 Jahre später noch bei der Durchsetzung von Gewinnmargen, von denen andere Marken nur träumen können. Je höher das Ansehen des Betriebsrats, umso höher ist seine Durchsetzungsfähigkeit im Betrieb. Dabei hat das Image wenig mit rationalen Erwägungen zu tun. Es ist in erster Linie eine «Bauchentscheidung.» Auch Leute, die nicht viel Geld haben, geben es für hochwertige Markenartikel aus, weil es schick (oder auf neudeutsch «cool») ist, den Status erhöht, schöner ist, und hauptsächlich ein gutes Gefühl auslöst. Marketingforscher haben herausgefunden, dass eine Entscheidung für ein Produkt zu 80 % im Bauch getroffen wird. Der Kopf muss zwar noch mit einigen Argumenten gefüttert werden, um die Entscheidung mit einer rationalen Begründung zu rechtfertigen, ist aber letztlich weitaus weniger ausschlaggebend für die Richtung der Entscheidung.

**Image ist
zu 80 %
Bauchgefühl**

Um ein positives Image zu erlangen, muss der Kern der Marke Betriebsrat sichtbar und erfahrbar werden. Es muss klar sein für welche Werte dieser Betriebsrat steht und was wäre, wenn es ihn nicht gäbe. Der Betriebsrat muss transparent machen, woran die Wähler ihn messen können und was er im Betrieb in der kommenden Amtsperiode für die Beschäftigten erreichen will? **Marke Betriebsrat**

Das sind die gleichen Fragen, die zur Erstellung des Leitbildes führten und spätestens hier zahlt es sich aus, wenn der Betriebsrat seine Hausaufgaben an dieser Stelle schon mit der Erstellung eines Leitbilds gemacht hat.

Weiterhin muss für das positive Image sichtbar und erfahrbar werden: Dieser Betriebsrat ist in der Lage, proaktiv zu handeln, er arbeitet professionell und profitabel für die Belange der Belegschaft und sein Handeln ist grundsätzlich geprägt durch Respekt und Beteiligung.

Wir gedenken an dieser Stelle der schon bei der Leitbilderstellung zitierten Worte des Betriebsrats von Kolbenschmidt: «Das Ding ist gefährlich! Wenn wir das glaubhaft leben und umsetzen wollen, wird es uns zwingen, uns zu verändern. Jeden Einzelnen von uns. Es wird uns in den Hintern treten und uns jeden Tag rückhaltloses Feedback geben.» Der Betriebsrat sollte sich nur dann aktiv um die Verbesserung seines Images kümmern, wenn er grundsätzlich bereit ist, seinen Worten auch Taten folgen zu lassen. Ansonsten wird das beste Leitbild bei den Kollegen zur Lachnummer verkommen, und das zu Recht. **Worten müssen auch Taten folgen**

Jeder Betriebsrat ist ein Teil dieser Öffentlichkeitsarbeit. Die Kollegen beobachten sehr genau, was die einzelnen Betriebsräte tun oder lassen. Deshalb sind sich proaktiv, professionell und profitabel arbeitende Betriebsräte auch jederzeit darüber im Klaren, was sie kommunizieren, wie sie es kommunizieren und was sie mit ihrer Kommunikation bewirken wollen. Jeder einzelne Betriebsrat ist ein aktiver Botschafter seines Leitbildes. Wenn also der Versatz zwischen den Inhalten des Leitbilds und den Handlungen des einzelnen Betriebsrats zu groß wird, dann kann keine noch so gute Image-Broschüre diese Diskrepanz wieder aufheben. **Jedes Betriebsratsmitglied ist Teil der Öffentlichkeitsarbeit**

Ein positives Image für den Betriebsrat aufzubauen kommt in vielen Unternehmen einem Kulturwandel in der Belegschaft und bei den Führungskräften nahe. An vielen Stellen ist es schlicht eine alte Gewohnheit, sich eher negativ über die Arbeitnehmervertretung zu äußern. Manche Manager verwenden hinter vorgehaltener Hand Begriffe wie «Besitzstandswahrer» oder «Fortschrittsbremsen»[2]. Bei den Kollegen hört man dagegen öfters: «Machen sowieso nichts» oder «Können auch nichts ändern». Dieser Kulturwandel erfordert einen langen Atem, aber wenn er gelingt, ist der Betriebsrat - ohne mehr dafür tun zu müssen - erheblich durchsetzungsfähiger.

---

2   Siehe dazu den Videoclip des DGB «Was haben die Gewerkschaften je für uns getan?»

Erkennbar erfolgreiche Interessenvertretung

Schluss mit dem «sich selbst schlecht reden»

In vielen Gremien überbieten sich die Mitglieder gegenseitig darin, ihre Arbeit und Ergebnisse schlecht zu reden. Selbstkritik ist zwar ein wichtiger Beitrag für gute Arbeit, aber eine Welt, die nur aus Problemen, unzureichenden Lösungen, misslungenen Ansätzen und ergebnislosem Einerlei besteht, ist sehr unattraktiv für Außenstehende. Das ist nicht nur sehr schädlich für das eigene Selbstwertgefühl, sondern auch für das Image der Arbeitnehmervertretung insgesamt.

Erfolge kommunizieren

Nichts ist so sexy wie Erfolg. Deshalb ist es fundamental, in jeder Art von Kommunikation genau festzuhalten, worin der Erfolg der einzelnen Bemühungen lag oder liegt. Selbst bei der Verkündung von möglichen Einschnitten kann immer noch ein Erfolg dargestellt werden durch den Vergleich mit dem, was verhindert werden konnte. Das ist entscheidend für das Image der Arbeitnehmervertretung. Die betriebliche Wahrnehmung will etwas von der erfolgreichen Vertretung ihrer Interessen erfahren und nicht von unzureichenden Ergebnissen einer Looser-Truppe. Das hat nichts mit einer Sicht aus der rosagefärbten Brille zu tun, sondern mit der Verschiebung des Fokus von halb-leer zu halb-voll. Wir ermuntern an dieser Stelle die Betriebsräte: «Hört auf, das für selbstverständlich zu halten was Ihr leistet, sondern redet darüber, wann immer Ihr könnt.» Die Belegschaft hat die Gremien dafür gewählt, sie erfolgreich zu vertreten und wird sich immer freuen, wenn sie in ihrer Wahl bestärkt wird. Die Belegschaft hört gerne gute Nachrichten – denn schlechte hat sie in vielen Fällen bereits genug.

Erkennbaren Mehrwert für die Kollegen schaffen

Beispiel Kürzung von Urlaubs- und Weihnachtsgeld

Folgendes ist vielen Betriebsräten leider sehr vertraut: Sie machen hervorragende Arbeit, setzen sich engagiert für die Interessen der Beschäftigten ein, erzielen ein sehr gutes Ergebnis und bekommen dennoch die verbalen Prügel ihrer Kollegen.

Dieses weit verbreitete Phänomen möchten wir am folgenden Beispiel noch einmal veranschaulichen.

Die Ausgangslage im Unternehmen

In einem normalen tarifgebundenen Betrieb bekommen die Mitarbeiter 12 Monatsgehälter plus Urlaubs-/Weihnachtsgeld. Das entspricht 13 Monatsgehältern, die von den Kollegen als 100 Prozent gesehen werden.

Maßnahmen des Arbeitgebers

Der Arbeitgeber erklärt eines Tages, dass er aufgrund der wirtschaftlichen Lage sowohl das Urlaubs- und das Weihnachtsgeld als auch eine Reihe von

Stellen streichen muss. Der Wegfall des 13. Monatsgehaltes würde 7,7 % Gehaltseinbuße ausmachen.

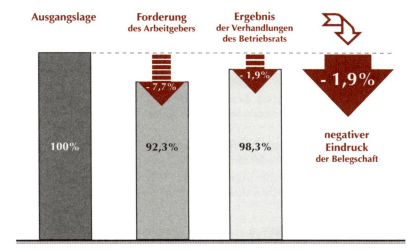

Der Betriebsrat
Der Betriebsrat arbeitet und verhandelt hervorragend und es gelingt, mit einer Reihe von intelligenten Maßnahmen die Kürzung auf nur noch die Hälfte des Urlaubsgeldes zu beschränken, also nur noch auf 1,9 Prozent Gehaltseinbuße.

Auf der Betriebsversammlung
Auf der Betriebsversammlung verkündet der Betriebsrat das Verhandlungsergebnis und die Kollegen sind wütend auf den Betriebsrat, weil «der uns an den Arbeitgeber verkauft und 1,9 % Gehalt aus der Tasche gezogen hat».

Fazit
Am Ende eines langen Kampfes steht der Betriebsrat trotz hervorragender Arbeit im Ansehen der Belegschaft schlechter da als vorher.

**Kardinals-
fehler in der
Öffentlich-
keitsarbeit**

Die genauere Betrachtung dieses Vorgangs verdeutlicht die grundlegenden Fehler auf Seiten des Betriebsrats:

- Es ist der Betriebsrat, der das Ergebnis verkündet und die schlechte Nachricht in Umlauf bringt. Ein altes Zitat trifft diese Situation sehr gut: «Dem Überbringer wird die Zunge herausgeschnitten, nicht dem Verursacher.»
- Der Betriebsrat kommuniziert nur am Ende des Prozesses und nicht von Anfang an und jeweils aktuell über Teilergebnisse im Prozessverlauf.
- Die Ausgangslage wird in ihrem Ausmaß nicht klar kommuniziert, sodass am Ende nur das Endergebnis gesehen wird und das ist natürlich negativ.
- Der Betriebsrat hat die Belegschaft nicht einbezogen und in Teilschritten gegebenenfalls Rückfragen an die Kollegen gestellt.
- Der wesentlichste Fehler jedoch ist, dass die Differenz zwischen der Forderung des Arbeitgebers und dem Verhandlungsergebnis nicht dargestellt wurde.

**Kennzeichnen
der Differenz
zwischen
Ausgang und
Ende**

Diese Differenz Δ, das heißt der Erfolg des Betriebsrats, sollte so sichtbar gemacht werden, dass alle Mitarbeiter sie schnell erfassen können.

Dann ist die wesentliche Kommunikation an die Belegschaft:

Die Lösung

«Der Betriebsrat hat durch seinen Einsatz ein Plus von 5,8 % aus einer schwierigen Lage herausgeholt!»

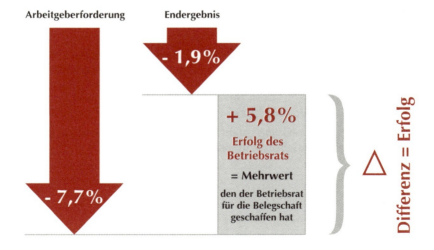

Das Verhältnis zwischen Ausgangslage (etwa der Forderung des Arbeitgebers) und dem Endergebnis muss immer im Vordergrund stehen und nicht das Endergebnis selber. Das ist der Mehrwert, den der Betriebsrat durch seine Arbeit für die Belegschaft erzielt hat. Deutlicher kann man den Kollegen im Betrieb nicht zeigen, dass sie für ihre Wahl einen realen Mehrwert erhalten, der nur dem Einsatz ihres Betriebsrats zu verdanken ist.

Im oben aufgeführten Beispiel hat der Betriebsrat durch seinen Einsatz für einen Kollegen, der etwa 36.000 Euro Bruttojahreslohn verdient, ganze 2.088 Euro pro Jahr herausgeholt. Ansonsten wäre das Geld einfach weg gewesen. Für viele Menschen sind Zahlen verständlicher, wenn Prozentzahlen in Euros umgerechnet werden.

Konkrete Zahlen sagen mehr als Prozente

3.1.2 Uns selbst darstellen

«Tue Gutes – und rede darüber!»

Das sind die meisten Betriebsräte, die wir getroffen haben, zunächst einmal nicht gewohnt. Als praktisch veranlagte Menschen wollen sie gute Arbeit machen, nicht sich selbst darstellen. Außerdem ist für viele Betriebsräte ihre Arbeit so selbstverständlich, dass sie gar nicht auf die Idee kämen, groß darüber zu reden. Hier müssen die meisten erst einmal über ihren Schatten springen, denn eine gute Selbstdarstellung ist der Dreh- und Angelpunkt für erfolgreiche Arbeit der Betriebsräte und vor allem für die Sicherstellung der Profite für die Arbeitnehmer. Dabei ist es ein weitverbreiteter Glaube, dass viel optisch ansprechendes Informationsmaterial über den Betriebsrat oder die Gewerkschaft und deren Arbeit vorhanden sein müsste, um «gut dazustehen». Mit diesem grundlegenden Missverständnis wird immer wieder viel schönes Hochglanzpapier bedruckt – ohne je seine Wirkung zu entfalten. Kein noch so gutes Material wird gute Kommunikation, Präsenz vor Ort, Professionalität der Gremien und persönliche Ansprache ersetzen können. Gelungene Öffentlichkeitsarbeit benötigt im Gegenteil zuerst die Erfüllung aller anderen bislang im «Haus der Entwicklung» aufgeführten Voraussetzungen, um ihre Wirkung voll entfalten zu können.

Weder falsche Bescheidenheit noch Hochglanzbroschüre

Kommunikation bedeutet in diesem Zusammenhang, dass die Gremien jederzeit und unmittelbar über das sprechen, was sie tun, oder zu tun beabsichtigen. Dadurch lassen sich Verständnis, Transparenz, Vertrauen und Beteiligung an den Arbeitsprozessen der Gremien herstellen. Gute Kommunikation beruht im Wesentlichen auf der Beantwortung von drei Fragen:

Die drei Grundfragen der Kommunikation

1. Was wollen wir eigentlich kommunizieren?
2. Was soll das Ergebnis unserer Kommunikation sein?
3. Wie lädt unsere Kommunikation zu Resonanz und Beteiligung ein?

133

Gute Kommunikation stellt eine unmittelbare Verbindung zu aktuellen Ereignissen her. Praktisch bedeutet dies, dass zeitnah vor, während und nach Ereignissen für Außenstehende ein Zusammenhang hergestellt wird, der in Kurzform zum einen die Fakten liefert und zum anderen das Ereignis in einen größeren (politischen) Kontext einordnet.

Weg zum Ergebnis darstellen Es wird also nicht erst gewartet, bis ein Ergebnis aus dem gegebenen Anlass verkündet werden kann, sondern der Weg zum Ergebnis wird dargestellt, und zwar mit Ausgangsbedingungen, Zwischenergebnissen, möglichen Rückfragen an die Kollegen, wo sie die Lösung sehen, Darstellung der Alternativen, Möglichkeiten und Schlussfolgerungen.

Hier kann der Betriebsrat die Kommunikation gezielt einsetzen, um nicht nur zu informieren, sondern um Beteiligung zu Themen einzuholen und Fragen an die Belegschaft zu stellen, anstatt ihr fertige Fakten zu liefern.

Stets auf Ballhöhe bleiben Das erfordert zunächst einen zusätzlichen Mehraufwand, aber der zahlt sich an anderer Stelle wieder äußerst profitabel aus: Aufkommende Gerüchte beispielsweise werden durch sofortige Information entweder direkt unterbunden oder schnell richtiggestellt – und zwar bevor «das Kind in den Brunnen fällt». Die Belegschaft fühlt sich jederzeit «auf Ballhöhe» und dazu eingeladen, sich aktiv in den Prozess mit einzubringen. Sie wird mitverantwortlich für die erzielten Ergebnisse.

Bestens bewährt hat sich dabei eine Form der Kommunikation, die kurz, präzise und prägnant ist. In der Regel reicht eine halbe DIN-A4 Seite, je nach Thema vielleicht etwas mehr, um in einfachen Worten die Essenz von Sachverhalten darzustellen. Mit einer einheitlichen und ansprechenden Vorlagengestaltung kann auf diese Art innerhalb von einer Stunde ein Flugblatt, ein Aushang oder eine elektronische Nachricht in Umlauf gebracht werden, die eine klare Botschaft hat.

Pointe setzen Das Wort Pointe bedeutet, den Punkt zu treffen. Jede Information des Betriebsrats nach außen braucht eine Pointe. Es geht also nicht darum, irgendwie zu informieren, sondern auf eine Art zu informieren, die bei den Lesern das hervorruft, was strategisch beabsichtigt ist. Jede Information unterstreicht, dass der Betriebsrat proaktiv, professionell und profitabel für die Interessen der Belegschaft handelt und dass Respekt und Beteiligung zu den grundlegenden Werten des Betriebsrats gehören. Jede Information ist ein Beleg dafür, dass dieser Betriebsrat in der Lage ist, Mehrwert zu schaffen für seine Wähler und dass er in erster Linie durch den Rückhalt der Mitarbeiter erfolgreich operieren kann.

Vorausschauend planen Proaktive Öffentlichkeitsarbeit bedeutet auch, vorausschauend für das kommende Jahr Artikel, Flugblätter und Aushänge zu planen. Damit wird für die anstehenden Themen ein kommunikativer Spannungsbogen aufgebaut, der vor, während und nach den Ereignissen berichtet. Eine strategische Kommunikationsplanung ist ein äußerst effektives Werkzeug, um Aktionen des Betriebsrats, Verhandlungen oder Veränderungen wirkungsvoll zu flankieren. Das kann für die Betriebsratszeitung eine Artikelserie zu einem Thema sein, das sich über mehrere Ausgaben hinzieht, oder ein regelmäßiges Flugblatt zum Thema des Monats.

3.1.3 Nichts ist so sexy wie Erfolg!

Manchmal fragen wir in Gremien, was der Betriebsrat im vergangenen Jahr oder in der bisherigen Amtsperiode für die Beschäftigten erreicht hat. Oftmals kommt auf Anhieb erst einmal wenig. Nach und nach beginnen sich Betriebsräte zu erinnern und dann sammeln sich oft eine ganze Reihe von Ergebnissen an, die durchaus beachtlich sind. Wenn wir dann fragen, wie viel die Kollegen da draußen im Betrieb von den zusammengetragenen Erfolgen wissen, dann kommt entweder ein Schulterzucken oder die Aussage: «Das Wenigste!» Wenn die Kollegen nicht regelmäßig darüber auf dem Laufenden gehalten werden, was ihr Betriebsrat alles für sie leistet, dann wird der Profit der Betriebsratsarbeit im Sinne eines höheren Ansehens und damit von mehr Durchsetzungsvermögen verschenkt.

Erfolgsgeschichte kommunizieren

Die zentrale Aufgabe von Betriebsratszeitungen, Intranet-Seiten oder Aushängen ist nicht die reine Information über Ereignisse, sondern ein Beitrag zur Meinungsbildung und zur Beteiligung der Beschäftigten an betrieblichen Themen. Jeder Artikel muss in der Lage sein, Mehrwert zu zeigen oder die Meinung der Kollegen aus dem Betrieb zum entsprechenden Thema zu bilden oder auch einzuholen.

Meinungsbildung versus Information

Für die Zuständigen für Öffentlichkeitsarbeit ist es allerdings oftmals frustrierend, wenn sie ihre Kollegen immer wieder aufs Neue vergeblich nach Artikeln fragen und letztendlich wiederholt alleine eine Betriebsratszeitung füllen müssen. In diesem Zusammenhang haben sich gemeinsame Schreibrunden bewährt, die dadurch effektiv sind, als alle Betriebsräte darin einbezogen werden und ihre Ideen einbringen können, ohne dass sie dafür gute Schreiber sein müssen. Wir haben gemeinsam mit den Betriebsräten eine einfache Vorgehensweise entwickelt, die das Artikel- oder Flugblattschreiben in regelmäßigen Abständen zur Angelegenheit des ganzen Gremiums macht. Daran sind alle Betriebsräte beteiligt, es macht ihnen viel Spaß und es kommen gute Ergebnisse dabei heraus.

Werkzeug «Gemeinsame Schreibrunden»

Zwei Faktoren sind entscheidend für eine ebenso einfache wie ansprechende Kommunikation: die Pointe, also der Nutzen, der gestiftet wurde im Verhältnis zur Ausgangslage und die Schaffung emotionaler Beteiligung der Kollegen. Wie wir gelernt haben, werden Entscheidungen zu 80 % aus dem Bauch getroffen, also müssen die Emotionen angesprochen werden. Das geschieht am besten, wenn Sachverhalte an einem persönlichen Beispiel geschildert werden. Dann entsteht eine emotionale Verbindung zum Thema.

Beispiel
Emotional
ansprechende
Flyer

Das Schema dafür ist einfach. Wir betrachten uns diese Vorgehensweise am Beispiel eines Erfolgs, den die Betriebsräte eines Neff-Werkes in ihrem Betrieb erzielen konnten. Zur gelungenen Darstellung ihres Erfolgs beantworteten sie innerhalb einer halben Stunde folgende vier Fragen:

1. Was genau ist von Nutzen gewesen?
2. Was ist die Differenz zur Ausgangslage?
3. Wie sieht der Nutzen für ein oder zwei konkrete Kollegen persönlich aus?
4. Was ist die Überschrift, die den Kern trifft?

Anschließend wurde ein roter Faden durch den Artikel gelegt in Form von 10 Stichwörtern, die wesentlichen Inhalt kennzeichnen. Aus diesen Stichwörtern wurden maximal 20 Zeilen Text erstellt.

Neff feuert Mitarbeiter ... Stammbelegschaft steigt

1. Was ist von Nutzen gewesen?
• Besseres Betriebsklima
• Zufriedene Mitarbeiter
• Stammbelegschaft
• Qualität und Produktivität
• Flexibilität

2. Was ist die Differenz zur Ausgangslage?
• Kündigungsschutz
• Motivation wird gesteigert
• Sicherheit (privat)
• Zugehörigkeitsgefühl
• Gleiche Konditionen für alle (Entgelt)

3. Wie sieht der persönliche Nutzen von «Hans Müller» aus?
• Vorher war er Leiharbeiter, jetzt genießt er Kündigungsschutz
• Ist jetzt hoch motiviert
• Hat endlich Sicherheit
• Gehört dazu
• Hat die gleichen Bedingungen, wie wir auch

4. Was ist die Überschrift, die den Kern trifft?
• Neff feuert Mitarbeiter ... Stammbelegschaft steigt

5. Zehn Stichwörter
Siehe Antworten 1 und 2

6. Zwanzig Zeilen
Fertig war ein Flugblatt, das den Erfolg des Betriebsrats auf ungewöhnliche
Weise kommuniziert:

> «Ab heute viele lachende Gesichter bei Haushaltgerätehersteller! Nach langen anstrengenden Gesprächen konnte sich der Betriebsrat mit der Geschäftsführung der Neff GmbH auf die Umwandlung weiterer Leiharbeits- in Stammverträge einigen. Als Leiharbeiter werden sie gekündigt und erhalten dafür einen regulären Arbeitsvertrag.
>
> Ab heute werden somit weitere Mitarbeiter der Stammbelegschaft angehören! Gerade in wirtschaftlich schwierigen Zeiten ist es umso wichtiger Mitarbeiter durch Stammverträge an das Unternehmen zu binden um die Ziele gemeinsam zu erreichen. Gleichzeitig können wir unsere Mitarbeiter in Privatbereich stärken und ihnen langfristige Sicherheit bieten – Uns als Unternehmen ist wichtig, Berufsalltag und das Familienleben in Einklang zu bringen! Auf weitere 135 Jahre.»
>
> *«Euer Betriebsrat»*

3.2 Kommunikation

«Gedacht ist noch nicht gesagt,
gesagt ist noch nicht gehört,
gehört ist noch nicht verstanden,
verstanden ist noch nicht einverstanden,
einverstanden ist noch nicht angewendet,
und angewendet ist noch nicht beibehalten.»
Konrad Lorenz

3.2.1 Wie wollen wir uns einander verständlich machen?

Wir haben die Verantwortung für das Gelingen der Kommunikation

Kommunikation (lat. gemeinschaftlich tun, mitteilen) ist die vollständige Prozesskette, die Gedanken in Ergebnisse umwandelt, wenn dafür die volle Verantwortung übernommen wird. Im Sinne von Verantwortung im «Linien-Werkzeug» ist es die Aufgabe desjenigen, der den Gedanken in ein Ergebnis umwandeln möchte, an jeder Stelle der Prozesskette sicherzustellen, dass die Übertragung funktioniert. Es reicht oft nicht, etwas zu sagen, wir müssen sicherstellen, dass es auch verstanden wurde. Wenn Kommunikation verstanden wurde, gehen wir oft davon aus, dass das Ergebnis automatisch folgt. Weit gefehlt! Jeder Elternteil kann am Beispiel «Kinderzimmer aufräumen» ein Lied davon singen, dass auch verstandene Botschaften noch lange nicht zum Aufräumen führten. Und selbst wenn das Aufräumen begonnen wurde, heißt das noch lange nicht, dass dadurch ein vollständig aufgeräumtes Zimmer gewährleistet ist. Nur durch das Nachhalten von jedem einzelnen Schritt können wir die Ergebnisse sicherstellen, die für Mitgestaltung benötigt werden. Das ist eine Führungsaufgabe und Betriebsräte sind Führungskräfte in der Interessenvertretung von Arbeitnehmern.

Dieses stetige Nachhalten und Sicherstellen jedes Prozessschrittes ist nicht leicht für ungeduldige Gemüter. Aber nur so funktioniert effektive Kommunikation. Bemerkenswert ist darüber hinaus die Übersetzung des Lateinischen «gemeinschaftlich tun.» Das heißt, dass Kommunikation etwas ist, das miteinander erschaffen wird und nicht gegeneinander durchgesetzt werden kann.

Viel mehr wäre darüber aus unserer Sicht nicht mehr zu sagen, wenn nicht die Meinungen im Betriebsrat zum Thema Kommunikation so weit auseinandergehen würden: Die einen beklagen sich über zuviel Informationen, die anderen über zu wenig, die Dritten erhalten die falschen Informationen, für die Vierten sind Informationen zu sehr gefiltert, die Fünften wittern Geheimniskrämerei und die Sechsten misstrauen grundsätzlich jeder Information. Wie im Kapitel Gremium unter dem Abschnitt «Teamentwicklung» bereits aufgeführt, sind Kommunikationsprobleme die Hauptursachen für offene oder verdeckte Konflikte im Gremium.

Zuviel oder zuwenig Information?

Was Betriebsräte im Umgang mit Informationen besonders sensibel sein lässt, ist die einfache Tatsache, dass einer Information das Potenzial zu Macht und Einfluss innewohnt. Wer nach dieser Logik über mehr Informationen verfügt, kann mehr Macht und Einfluss ausüben. Hat man also zu wenige Informationen, sind die Einflussmöglichkeiten geringer und darin liegen die Ängste vieler Betriebsräte.

Mit einer guten internen Kommunikation kann ein Gremium enorme Potenziale freisetzen, indem Reibungsverluste durch Unklarheiten, Missverständnisse und Wiederholungen vermieden werden. Mit einem Daimler-Gremium haben wir den tatsächlichen Informationsbedarf einmal mit den «3 N» auf den Punkt gebracht:

Werkzeug «3 N»

1. Need to know (muss man wissen)
2. Nice to know (schön zu wissen)
3. Not to know (muss man nicht wissen)

Das 4-Quadrantenprinzip nach Eisenhower lässt sich nicht nur auf Arbeiten und Themen anwenden, sondern genauso auf den Umgang mit Informationen. Stellt man die Fülle an Informationen, die Tag für Tag durch das Betriebsratsbüro laufen auf den Prüfstand, dann lassen sich mit Sicherheit zwei Drittel aller Informationen dem 3. und 4. Quadranten zuordnen, sind also unwichtig. Diese Informationen haben keine Relevanz zur Umsetzung des Leitbildes und der strategischen Ziele des Betriebsrats, sie geben keine Übersicht über wichtige bevorstehende Veränderungen und das tatsächliche Befinden der Kollegen. Sie sind trivial, haben keinen Mehrwert für irgendjemanden, und man muss sie einfach nicht wissen, um gute Betriebsratsarbeit leisten zu können. Ob es sich um einseitige Darstellungen von Kollegen über Konfliktsituatio-

Werkzeug «Vier-Quadranten-Matrix»

nen ohne Stellungnahme der zweiten Konfliktpartei handelt, oder um völlige Banalitäten aus der Tratsch- und Gerüchteküche, spielt überhaupt keine Rolle für proaktive, professionelle und profitable Betriebsratsarbeit. Diese und andere Beispiele sind Zeitfresser, die auf die «Stopp-Liste» gehören.

Werkzeug «Linien-Werkzeug» Die einzig funktionierende Kommunikation für eine effektive Mitgestaltung ist eine Kommunikation «Über-der-Linie». Anstatt einander zu beschuldigen, sich zu rechtfertigen, zu grollen, recht zu haben oder zu jammern können wir in jedem Moment innehalten, Verantwortung für unseren Anteil übernehmen und über die Lösung sprechen, anstatt über das Problem. Das ist effektive Kommunikation. M. Scott Peck, der die vier Phasen vom Aufbau eines realen Miteinanders (Pseudogemeinschaft, Chaos und Konflikt, Leeren, reale Gemeinschaft) sehr präzise beschrieb, gab den Teilnehmern seiner Workshops die Instruktion: «Sprich nur, wenn Du Dich wirklich bewegt fühlst, zu sprechen!» Wir selbst machten für uns die Probe aufs Exempel und taten im Selbstversuch einen Tag lang äußerst diszipliniert unser Bestes, diese Anweisung umzusetzen. Wir konnten fast minutiös den Impuls beobachten, zu allem und jedem etwas sagen zu müssen, ohne uns wirklich von innen heraus bewegt zu fühlen. Einfach aus Gewohnheit mussten wir zu jeder passenden oder unpassenden Gelegenheit unseren Senf abgeben. Aber zwischendurch, in den hellen Momenten kam Ruhe auf. Kein Stress, kein hektisches Bemühen, ständig etwas zum Besten geben zu müssen. Das war Friede am Arbeitsplatz. Wenn etwas wirklich wichtig war, dann konnte in Ruhe darüber gesprochen werden, weil alles Unwichtige, das sonst soviel Zeit und Raum beansprucht hatte, auf einmal abwesend war. Wir können uns immer wieder hinterfragen: «Was will ich eigentlich gerade sagen? Ist es wirklich wichtig? Schafft es Mehrwert für irgendjemanden anderen?»

Sprechen über Dritte Die Resultate werden noch besser, wenn wir aufhören, über Dritte – nicht anwesende Personen – zu sprechen. Dieses Reden über andere oder «Tratschen» kann ganze Unternehmen lahmlegen, denn niemand ist mehr sicher davor, dass er nicht irgendwann selbst zum Thema hinter vorgehaltener Hand wird. Tratschen ist eine Form von «Unter-der-Linie»-Kommunikation, die auf den ersten Blick völlig normal wirkt. Fast jeder, einschließlich der Autoren, tut es nahezu täglich. Beim genaueren Hinschauen können wir erkennen, wie durch diese Art des «Flurfunks» ein stetiges Klima von Misstrauen geschaffen wird. In der Auswertung sämtlicher Workshopergebnisse über die Werte von Betriebsräten steht Ehrlichkeit an dritter Stelle, gleich hinter Solidarität und Gerechtigkeit. Fängt der Betriebsrat an, diesen Wert in seinem eigenen Team zu leben, dann sagen sich die Mitglieder die Dinge direkt, anstatt über den Umweg von Dritten. Betriebsräte, die sich diese Übung zu eigen machen, berichteten über durchweg gute Ergebnisse in Form von mehr Offenheit, Klarheit und Respekt in ihrem gegenseitigem Austausch.

Dieser Respekt lässt sich nahtlos fortsetzen, wenn wir aufhören, einander mit ständigen E-Mails oder dem CC-setzen von E-Mails zu belästigen und wieder verstärkt dazu übergehen, direkt miteinander zu reden. Wir haben einige Firmenkulturen erlebt, deren Kommunikation durch die Angst bestimmt wird, etwas Falsches zu sagen oder mit Äußerungen anzuecken. Dort ist es gängige Praxis, jede schriftliche Äußerung zur Kenntnisnahme in den kompletten lokalen Verteiler einzuspeisen, um sich weitestmöglich abzusichern. In solchen Fällen sind wir sicher, dass der Betriebsrat an dieser Stelle auch vielen Führungskräften gegenüber mit gutem Beispiel vorangehen kann.

E-Mail-Flut versus persönlicher Kontakt

3.2.2 Real Zuhören und prägnant Reden

In der von Vertrauensleuten eines Automobilhersteller-Werkes durchgeführten Mitarbeiterbefragung gaben die Befragten an, dass der Betriebsrat nicht immer auf das hören würde, was die Kollegen ihm eigentlich zu sagen hätten. Das brachte uns auf einen zentralen Punkt, an dem die meiste Kommunikation scheitert: das Zuhören. Wie die meisten, glaubten auch die Autoren lange Zeit daran, dass sie in der Lage wären, jederzeit zuzuhören, waren sie aber auch nicht. Der einfachste Nachweis für diese Tatsache sind gelegentliche Rückmeldungen der Ehefrauen oder der Kinder. Die sagen es wenigstens ehrlich, wohingegen die meisten anderen das «Nicht-Zuhören» unangenehm berührt, aber ohne sonstige Reaktion zur Kenntnis nehmen.

Wir unterscheiden vom Grundsatz her zwei Arten des Zuhörens:

Zwei grundlegende Arten von «Zuhören»

1. Das neurotische Zuhören
2. Das respektvolle Zuhören

Das neurotische Zuhören ist der weitverbreitete Normalzustand in unserer Kommunikation. Es ist beim Zuhörenden entweder gekennzeichnet durch innere Abwesenheit, durch ins Wort fallen, durch leichte Ablenkbarkeit von äußeren Impulsen oder durch Vermeidung von Blickkontakt, genervtes Augenrollen, Gesprächsinhalte auf andere Themen lenken oder alle möglichen anderen Störungen, welche die Aufnahme und das wirkliche Verstehen der Gesprächsinhalte unmöglich machen. Dass Betriebsräte in unseren Workshops einen Heidenspaß daran haben, sehr kreativ verschiedenste Formen des neurotischen Zuhörens darzustellen, zeigt, wie geläufig es uns allen ist.

Neurotisches Zuhören

Neurotisches Zuhören ist so normal, dass es uns gar nicht mehr auffällt: Ich gehe zu meinem Kollegen, um ihm etwas Wichtiges zu erzählen, und der schaut auf seinen Bildschirm. Seine Aufmerksamkeit bleibt zu einem guten Teil dort gebunden. Der Kollege kommt mit einer wichtigen Mitteilung zu mir und in dem Moment klingelt das Telefon. Anstatt entweder nicht abzunehmen oder abzunehmen und zu fragen, wann ich zurückrufen kann, tauche ich sofort in ein anregendes Telefongespräch ein. Zwischendurch nicke ich dem Kollegen beschwichtigend zu und habe am Ende des Telefonats nicht nur für zwei Personen 10 Minuten verschwendet, sondern jemanden neben mir, der jetzt etwas genervt ist. Die Liste solcher Beispiele lässt sich beliebig lange fortsetzen und da ist es nicht erstaunlich, warum Kommunikation so häufig scheitert. In manchen Betriebsratssitzungen herrscht ein hoher Pegel an neurotischem Zuhören, der die Informationsübertragung dramatisch verschlechtert.

Respektvolles Zuhören

Respektvolles Zuhören hingegen hat etwas mit grundlegender Wertschätzung zu tun. Aufmerksamkeit ist ein kostbares Gut und wenn wir jemanden unsere volle Aufmerksamkeit schenken, dann zeigen wir Respekt und Wertschätzung für die Person und das, was sie zu sagen hat. Wir bleiben im Augenkontakt, wir unterbrechen nicht, außer, wenn wir etwas nicht verstanden haben. Wir sind wie ein leeres Gefäß, in das die Information des anderen hineinfließen kann. Wir bewerten erst einmal nichts von dem Gesagten und schieben alle Kommentare, die uns gerade einfallen, solange zur Seite, bis der andere ausgeredet hat. Es gibt einige wenige Menschen mit der Fähigkeit, auf eine Art zuhören, die nicht wertet oder urteilt. Wir brauchen uns in ihrer Gegenwart nicht zu verstellen und können erst einmal frei von jeglicher Bewertung drauf losreden. Diese Menschen brauchen nicht viel zu sagen, damit wir uns verstanden fühlen. So eine Art ist nicht jedem von uns gegeben, aber wir können uns darin trainieren und besser werden. Die Bedingungen für respektvolles Zuhören sind:

Werkzeug «Respektvolles Zuhören»

1. Alle Störquellen abschalten

2. Blickkontakt aufnehmen und halten

3. Mit der vollen Aufmerksamkeit gegenwärtig sein

4. Die innere Hintergrundkonversation beiseite schieben, um einen bewertungsfreien Raum zu schaffen

5. Beim Zuhören auf Kommentare, Zwischenrufe, Bewertungen oder Urteil verzichten

6. Den anderen ausreden lassen

7. Dem anderen zum Schluss bedeuten, dass er verstanden wurde, oder im Zweifelsfall inhaltliche Verständnisfragen stellen

Werkzeug «Hintergrund-konversation»

Der zentrale Punkt für das Gelingen von respektvollem Zuhören ist unsere innere «Hintergrundkonversation», die wir über den anderen oder die erzählten Sachverhalte mit uns herumtragen. Diese innere Kommunikation findet fortlaufend in unserem Hirn statt. Von einem Neurobiologen haben wir erfahren, dass jeden Tag von morgens bis abends etwa 50.000 Gedanken durch unseren Kopf sausen und sich das nachts nahtlos in unseren Träumen fortsetzt. Wir haben sofort zu allem und jedem eine Meinung und eine stetige innere Geräuschkulisse von Kommentaren, Bewertungen, Urteilen, Ängsten und vielem anderen mehr. Non Stopp. Dabei sind 90 Prozent dieser Gedanken und Meinungen jeden Tag die gleichen. Häufig äußert sich diese Hintergrundkonversation negativ über andere, über ihr Aussehen, ihr Verhalten, die Tonlage ihrer Stimme, ihre Art von Humor, ihren Kleidungsgeschmack, ihre Manieren, ihre politische Einstellung, ihren Fußballverein oder was auch immer unserem kreativen Hirn dazu einfällt. Im Comic sind das die Gedankenblasen, und wenn dort etwa die Sprechblase einer Figur zur anderen sagt: «Das finde ich gut!», dann kann im gleichen Moment in ihrer Gedankenblase stehen: «Du Idiot!»

Hintergrundkonversation

Das ist vollkommen normal, wir sind alle Menschen und ohne Einschränkung trägt jeder Mensch Hintergrundkonversation mit sich herum. Selbst Menschen wie der Dalai Lama. Als er in einem Interview gefragt wurde, ob er jemals an Frauen denken würde, war seine Antwort «Ich bin ein Mönch.» Er sagte nicht, dass er diese Gedanken nicht hat, sondern dass er ihnen nicht nachgehen muss. Entscheidend für den Umgang mit Hintergrundkonversation ist die Anerkennung, dass sie da ist, und dass sie alles beeinflusst und einfärbt, was wir im Vordergrund sagen. Sie wird immer durchscheinen, solange wir uns darüber nicht bewusst sind.

Respekt beinhaltet die Fähigkeit, unsere Hintergrundkonversation für einen Moment zur Seite stellen zu können, um offen für das zu werden, was der andere wirklich zu sagen hat. Der Schriftsteller George Bernard Shaw sagte in diesem Zusammenhang: «Der einzige Mensch, der sich vernünftig

Einen Moment beiseite treten

benimmt, ist mein Schneider. Er nimmt jedes Mal neu Maß, wenn er mich trifft, während alle anderen immer die alten Maßstäbe anlegen in der Meinung, sie passten auch heute noch.» Er meint damit, dass alle anderen nicht die Fähigkeit haben, andere aus den ihnen einmal zugewiesenen Schubladen hinauszulassen. Hintergrundkonversation zur Seite zu stellen, wie dieser Schneider es bildlich getan hat, erfordert eine Menge innerer Disziplin und Bereitschaft, liebgewonnenen Vorurteilen für diesen einen Augenblick einmal nicht zu folgen. Wenn es gelingt, steigt die Effektivität unserer Kommunikation sprunghaft.

Prägnant reden

So wie der Zuhörer die Kommunikation durch die Art seines Zuhörens erfolgreich beeinflussen kann, so gibt es auch für den Sender der Kommunikation einfache Möglichkeiten, zum Gelingen dieser Kommunikation beizutragen. Die Wichtigste davon ist prägnant zu reden. Prägnant reden heißt, vollkommen präsent zu sein und sich darauf zu besinnen, was eigentlich gesagt werden soll. Hintergrundkonversation blockiert nicht nur unsere Fähigkeit zum Zuhören, sondern auch unsere Fähigkeit zu sprechen. Es kann daher in schwierigen Situationen hilfreich sein, die Hintergrundkonversation nach vorne zu bringen und darüber zu sprechen. Oft entschärft das die Lage, weil es ohnehin die meisten gedacht haben. Ebenfalls hilfreich ist es beim prägnant Sprechen, sich an dem Ziel der Botschaft auszurichten. Was ist der Kern, der getroffen werden soll? Was soll beim Empfänger angestoßen werden?

Orientierung am Wesentlichen

Auf diese Art können wir uns am Wesentlichen orientieren und brauchen nicht vom hundertsten ins tausendste zu geraten oder in die Versuchung, Sachverhalte in epischer Breite auszuwalzen. Prägnant sprechen heißt auch präzise zu sein in seiner Kommunikation und nicht in Allerweltsfloskeln oder diplomatisch so verklausuliert zu sprechen, dass kaum mehr deutlich wird, was eigentlich gemeint ist. Beteiligung geht bei der Kommunikation los. Bin ich wirklich beteiligt beim Sprechen oder Zuhören? Beteilige ich andere an dem, was ich zu sagen habe? Anstatt anderen Informationen herunter zu laden, können wir sie beteiligen durch gezielte Rückfragen, was ihnen dazu einfällt oder wie sie an das Thema herangehen würden.

Vertraulichkeit im Gremium

Beteiligung steigt auch in dem Maß, in dem wir Dinge für uns behalten und mit Informationen vertraulich umgehen können, wenn es erforderlich ist. Viele Informationen, insbesondere von der Unternehmensleitung, sind informeller Natur. Sie werden nur in dem Umfang weitergegeben, in dem sorgsam mit ihnen umgegangen wird. Es erfordert Disziplin, nicht bei jeder sich bietenden Gelegenheit über möglicherweise brisante Sachverhalte zu sprechen. Wer diese Disziplin nicht aufbringt, braucht sich auch nicht darüber zu wundern, dass er an bestimmte Informationen nicht mehr herankommt.

Wir vereinbaren mit den Betriebsräten grundsätzlich so lange Vertraulichkeit, bis der gemeinsame Beschluss vorliegt, mit den Informationen nach draußen zu gehen. Dadurch kann jeder sichergehen, dass er durch seine Beträge in der öffentlichen Wahrnehmung nicht bloßgestellt wird.

Klare Kommunikation führt zu mehr Gestaltungskraft. Diese Klarheit kann von vorne herein in die Rahmenbedingungen eingebaut werden, wie zum Beispiel bei einer klaren Auftragserteilung an Betriebsräte mit Ergebnisbeschreibung, Meilensteinbeschreibung, Zeitvorstellungen und Verantwortlichkeiten. Für diese Klarheit lohnt es sich auch Abläufe und Prozesse im Gremium grundsätzlich zu durchdenken, vor allem im Hinblick auf die dafür erforderliche Kommunikation.

Klarheit führt zu Kraft

Das folgende gelungene Beispiel-Schema aus einem Daimler-Gremium zeigt, wie Themen innerhalb des Betriebsrats vom Ablauf her eingespeist, kommuniziert und verarbeitet werden. Wenn sich Betriebsräte auf diese Art ihre Abläufe systematisiert und bewusst gemacht haben, brauchen sie in Zukunft für die gleichen Ergebnisse deutlich weniger Kommunikationsaufwand:

Beispiel Abläufe bewusst machen

Steuerung von Themen im Gremium – Standardfall

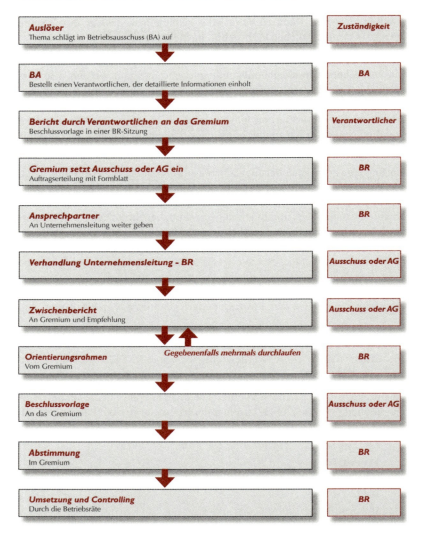

	Zuständigkeit
Auslöser Thema schlägt im Betriebsausschuss (BA) auf	
BA Bestellt einen Verantwortlichen, der detaillierte Informationen einholt	BA
Bericht durch Verantwortlichen an das Gremium Beschlussvorlage in einer BR-Sitzung	Verantwortlicher
Gremium setzt Ausschuss oder AG ein Auftragserteilung mit Formblatt	BR
Ansprechpartner An Unternehmensleitung weiter geben	BR
Verhandlung Unternehmensleitung – BR	Ausschuss oder AG
Zwischenbericht An Gremium und Empfehlung	Ausschuss oder AG
Orientierungsrahmen Vom Gremium *Gegebenenfalls mehrmals durchlaufen*	BR
Beschlussvorlage An das Gremium	Ausschuss oder AG
Abstimmung Im Gremium	BR
Umsetzung und Controlling Durch die Betriebsräte	BR

3.2.3 Konflikte und Lösungen

Kaum ein Bereich der Arbeitswelt ist so von Konflikten geprägt, wie die Tätigkeit von Betriebsräten. Häufige Konfliktfelder finden sich

1. zwischen Mitarbeitern und/oder Führungskräften
2. im eigenen Gremium
3. zwischen Betriebsrat und Gewerkschaftsvertretern
4. in tarifpolitischen Auseinandersetzungen im Betrieb
5. zwischen Betriebsrat mit Geschäfts- oder Personalleitung

Häufige Konfliktfelder

Ungelöste und schwelende Konflikte im Unternehmen kosten Unsummen an Geld, die Gesundheit von Mitarbeitern und enorm viel Zeit. Sie fressen Energie, die an anderer Stelle sinnvoller eingesetzt werden kann. Und sie kosten den Betriebsrat die knappen Ressourcen, die ihm so für seine proaktive Arbeit der Arbeitnehmervertretung fehlen.

Ungelöste Konflikte kosten Geld, Gesundheit und Zeit

Betriebsratsmitglieder sind gut beraten, sich intensiv mit der Thematik von Konflikten, dem eigenen Konfliktverhalten und den Möglichkeiten der Konfliktlösung auseinanderzusetzen, wenn sie auf Dauer gesund bleiben, und nicht zwischen den Fronten aufgerieben werden wollen. Die Beschäftigung mit der Konfliktthematik ist ein ständiger Prozess, der Betriebsräte nie wirklich loslässt. Hier lernt man nie aus, sondern gewinnt nur an Erfahrung.

Ein gesetzlicher Auftrag zur Vermittlung in betrieblichen Konflikten kann aus § 84 BetrVG abgeleitet werden. § 84 Abs. 1 BetrVG besagt, dass Mitarbeiter bei Vorliegen einer «Beschwerde» jederzeit einen Betriebsrat zur Vermittlung oder Unterstützung hinzuziehen können.

§ 84 BetrVG «Beschwerde»

An dieser Stelle werden die drei unterschiedlichen Rollen, in die ein Betriebsratsmitglied in betrieblichen Auseinandersetzungen geraten kann, deutlich:

Rollen von Betriebsräten in Konflikten

1. **Beteiligter**
   Der Betriebsrat ist selbst Konfliktpartei.
2. **Vermittler**
   Der Betriebsrat fungiert als Klärungshelfer zwischen den Konfliktparteien.
3. **Unterstützer**
   Der Betriebsrat begleitet eine Konfliktpartei und unterstützt diese (anwaltlich) im Klärungsprozess.

In der täglichen Praxis ist es nicht immer ganz einfach, die jeweilige Rolle sofort zu erkennen. Um in Konflikten nicht instrumentalisiert oder manipuliert zu werden, oder selbst «unter die Räder» zu kommen, ist es unabdingbar, sich stets die eigene Rolle bewusst zu machen. Häufig sind hierzu klärende Gespräche im Vorfeld des Tätigwerdens notwendig. Jede Rolle hat ihre eigene Dynamik und schließt die anderen beiden aus.

Finde ich mich als Betriebsrat in der Rolle des Beteiligten in einem Konflikt wieder, bin ich Konfliktpartei und kann weder vermitteln noch unterstützen. In diesem Fall brauche ich eventuell selbst Vermittlung beziehungsweise Beistand. Werde ich als Vermittler angefragt, muss ich für eine erfolgreiche Vermittlung Allparteilichkeit gewährleisten. Hierzu werde ich nicht in der Lage sein, wenn ich selbst Konfliktpartei bin und damit eigene Interessen verfolge. Ebenso kann ich eine unterstützende Rolle nur ausüben, wenn ich mich auf die Seite einer Partei schlage. Ist meine Rolle eine unterstützende Funktion, wie das beispielsweise bei der Begleitung eines Mitarbeiters im Konfliktgespräch mit der Personalleitung der Fall ist, so scheidet die Rolle des neutralen Vermittlers aus.

Kein Handeln ohne Auftragsklärung

In sämtlichen Konstellationen ist ein großes Maß an Klarheit gefragt und eindeutige Abgrenzung gegenüber den jeweils anderen Rollen notwendig, damit ich als Betriebsrat mit Rollenkonfusion den Konflikt nicht weiter eskaliere, oder mir gar selbst Schaden zufüge. Das Stichwort lautet hier «Auftragsklärung», und zwar immer bevor ich mich in einem Konflikt, auf welche Art auch immer, engagiere. Erst wenn ich meine Rolle völlig klar habe, beginne ich zu handeln. Niemals vorher.

Grenzen erkennen

Zur Auftragsklärung gehört neben der Rollenklärung, festzustellen, wer am Konflikt beteiligt ist, und wer bei einer eventuellen Klärung einbezogen werden muss. Werden wesentliche Beteiligte vergessen, so ist die Gefahr groß, dass einen dies später, während oder nach dem Klärungsprozess, wieder einholt.

Für Betriebsräte ist es auch wichtig, die jeweils eigenen Grenzen ihres Handelns zu erkennen. Sind sie bei Konfliktklärungen zwischen Mitarbeitern, oder zwischen Mitarbeitern und Führungskräften, häufig zur Vermittlung in der Lage, so ist dies bei Konflikten im eigenen Gremium, oder bei Auseinandersetzungen mit dem Arbeitgeber, meist nicht mehr gegeben. Sie sind in diesem Fall Betroffene mit eigenen Interessen. In diesen Fällen ist die Inanspruchnahme einer externen Vermittlung angezeigt. Dies kann beispielsweise ein professioneller Mediator sein. Wichtig bei der persönlichen Auswahl eines Konfliktklärers ist, darauf zu achten, dass der externe Dienstleister sich in der Thematik der Arbeitnehmervertretung sowie in der speziellen Konfliktdynamik zwischen Parteien in Unternehmen auskennt.

Professionelle Unterstützung einbeziehen

Betriebsräte können aufgrund ihrer meist sehr ausgeprägten fachlichen und menschlichen Kompetenzen, sowie dadurch, dass sie die Beteiligten häufig persönlich kennen, bei der Klärung von Konflikten im Betrieb weitreichende

Unterstützung geben. Stellen sie jedoch eine Überforderung fest, so sollten sie nicht zögern, den Beteiligten professionelle Unterstützung zu vermitteln.

Zur Einschätzung eines Konfliktes ist es hilfreich, zu wissen, wie weit ein Konflikt bereits fortgeschritten ist. Unbehandelte Konflikte tendieren dazu zu eskalieren, wenn sie nicht in einen kalten unterschwelligen Konflikt münden. Der Konfliktexperte Friedrich Glasl hat 1980 ein Phasenmodell mit neun Eskalationsstufen vorgestellt. Die neun Stufen werden wiederum in drei «Hauptphasen» unterteilt. Wobei davon ausgegangen wird, dass in der ersten Hauptphase die Lösung des Konfliktes noch durch Selbsthilfe möglich ist. In der zweiten Hauptphase ist in der Regel professionelle Unterstützung von Außen notwendig. In der dritten Hauptphase ist eine weitere Eskalation nur noch durch einen sogenannten Machteingriff von Außen möglich. Im betrieblichen Kontext kann dies beispielsweise die Versetzung von Mitarbeitern sein.

Eskalationsstufen von Konflikten

Eskalationsstufen nach Glasl

1. Hauptphase

Stufe 1: Spannung und Verhärtung
Erste Spannungen werden spürbar, verschiedene Meinungen prallen aufeinander. Noch fühlt es sich alltäglich an und wird nicht als Beginn eines Konflikts wahrgenommen. Wenn daraus ein Konflikt entsteht, verhärten und verkrampfen sich die Fronten.

Stufe 2: Debatte und Polarisierung
Ab hier überlegen sich die Konfliktpartner Strategien, um den anderen von den eigenen rationalen Argumenten zu überzeugen und unter Druck zu setzen. Jeder beharrt auf seinem Standpunkt. Meinungsverschiedenheit führen zu verbalem Streit.

Stufe 3: Taten statt Worte
Die Konfliktpartner erhöhen den Druck auf die Anderen, um sich oder die eigene Meinung durchzusetzen. Gespräche werden frustriert und ergebnislos abgebrochen. Das Einfühlungsvermögen für den jeweils anderen weicht Misstrauen, was den Konflikt weiter verschärft.

2. Hauptphase

Stufe 4: Koalitionen
Der Konflikt verschärft sich, indem man nach Anhängern und Verbündeten sucht, Parteien werden gebildet. Es werden böse Gerüchte über die andere Partei verbreitet. Es geht nicht mehr um die Sache, sondern darum den Konflikt zu gewinnen, damit der Gegner verliert.

Stufe 5: Gesichtsverlust

Die gegenseitigen Angriffe werden direkt und persönlich. Erste unmoralische Schläge «unter die Gürtellinie» finden statt. Der Verlust des gegenseitigen Vertrauens ist vollständig. Die Vernichtung des Gegners soll mit allen möglichen Unterstellungen erreicht werden.

Stufe 6: Drohungen

Durch Drohung und Gegendrohung versuchen die Konfliktparteien Oberwasser zu gewinnen, d. h. die Situation absolut zu kontrollieren. So soll die eigene Macht, beispielsweise mit dem Setzen eines Ultimatums, veranschaulicht werden. Es geht darum, wer die Macht hat.

3. Hauptphase

Stufe 7: Begrenzte Vernichtung

Der Gegner wird nicht mehr als Mensch, sondern als Ding ohne Gefühle wahrgenommen. Es werden sämtliche Tricks angewendet, um der anderen Partei empfindlich zu schaden.

Stufe 8: Zersplitterung

Oberstes Ziel ist die Vernichtung des Gegners. Die andere Partei wird attackiert bis zur physisch-materiellen, sozialen oder geistigen Zerstörung.

Stufe 9: Gemeinsam in den Abgrund

Ab hier kalkuliert man die eigne Vernichtung mit ein, um den Gegner zu besiegen.

Filmtipp Ein lehrbuchmäßiges Beispiel für das Durchlaufen aller Stufen ist der US-amerikanische Spielfilm DER ROSENKRIEG von Regisseur Danny Devito mit Michael Douglas und Kathleen Turner in den Hauptrollen.

Mediation – Methode zur Konfliktklärung

Mediation Mediation hat sich mittlerweile als anerkannte Methode zur Lösung von Konflikten etabliert. An dieser Stelle werden die Grundzüge und das Potential von Mediation in Kurzform beschrieben, damit im Bedarfsfall die Methodik bekannt ist und hinzugezogen werden kann, um einen Konflikt effizient und nachhaltig zu lösen. Sobald ein Betriebsratsmitglied als Vermittler in einer Auseinandersetzung tätig wird, können die Prinzipien der Mediation angewandt werden.

Definition Mediation Mediation kann definiert werden, als ein Verfahren zur Konfliktklärung, bei dem ein neutraler Dritter (Mediator) ohne eigene Entscheidungsbefugnis die Beteiligten darin unterstützt, eine Lösung zu finden. Es geht also darum, dass der Mediator den Beteiligten einen sicheren Raum zur Verfügung stellt, in dem diese ihre Lösungen selbst entwickeln. Der Mediator unterstützt die

Konfliktparteien also durch die Bereitstellung eines Prozesses, er unternimmt aber keinerlei Anstrengungen den Konflikt *für* die Beteiligten zu lösen. Diese «Abstinenz» zu verinnerlichen, fällt unerfahrenen Konfliktlösern nicht immer leicht, ist jedoch wesentliches und unabdingbares Merkmal der Konfliktvermittlung. Bringt sich ein Vermittler mit eigenen Vorschlägen ein, wie es beispielsweise nach dem Scheitern von Tarifverhandlungen praktiziert wird, so ist das unter dem Begriff der «Schlichtung» zu fassen. Der Mediator wird in diesem Fall zum Schlichter.

Die fünf Voraussetzungen für die Durchführung einer Mediation sind: **Voraussetzungen für Mediation**

1. Allparteilichkeit des Mediators
2. Vertraulichkeit
3. Ergebnisoffenheit
4. Freiwilligkeit der Beteiligten
5. Eigenverantwortlichkeit mit Willen zur Lösung des Konflikts der Beteiligten

Die Allparteilichkeit des Mediators ist die absolute Neutralität im Konflikt. Er selbst hat keinerlei Interessen bezüglich der Lösung. Auch ein Scheitern ist eine Option. Das ist mit Ergebnisoffenheit gemeint. **Allparteilichkeit**

Erfolgreiche Mediation braucht im buchstäblichen Sinn einen «sicheren Raum», der die gemeinsame Lösungsfindung ermöglicht. Hierzu zählt neben der Vertraulichkeit, die Notwendigkeit sämtliche Bewertungen und Urteile gegenüber dem Anderen außen vor zu lassen. Respekt, Wertschätzung und Gehört-werden sind zentral. Der Mediator achtet darauf, dass sich alle Parteien an grundsätzliche Regeln halten, wie sie für jede erfolgreiche Kommunikation notwendig sind, wie beispielsweise sich gegenseitig ausreden zu lassen. In optimaler Weise verkörpert der Mediator diese Fähigkeiten in seinem persönlichen Sein und modelliert somit ohne Worte einen bewertungs- und urteilsfreien Raum, in dem sich die Konfliktpartner entspannen können. Diese Fähigkeit lässt sich jedoch nicht in einer einzelnen Fortbildung erlernen, sondern ist ein lebenslanger Prozess stetiger Bewusstwerdung seiner selbst. **Sicherer Raum**

Wichtig ist die Freiwilligkeit der Beteiligten bezüglich der Teilnahme an einem Konfliktklärungsverfahren. Freiwilligkeit bedeutet auch, dass ein Beteiligter eine Mediation zu jedem Zeitpunkt abbrechen kann. Im betrieblichen Kontext ist der Parameter der Freiwilligkeit immer wieder relativ. Denn immer wieder entstehen Situationen, die denen zur Aufrechterhaltung des Betriebsfriedens, oder der Arbeitsfähigkeit eines Teams eine Klärung notwendig ist. Verweigert ein Beteiligter eine Vermittlung, so kann dies unangenehme Konsequenzen, wie Versetzung nach sich ziehen. Doch es bleibt **Freiwilligkeit** immer noch eine Wahl für oder gegen die Mediation. Insofern ist auch im letzteren Fall eine gewisse Freiwilligkeit gegeben.

Eigenverantwortlichkeit

Die Eigenverantwortlichkeit und der Wille zur Konfliktlösung erklären sich von selbst. Ist kein eigentlicher Wille zur Klärung vorhanden, so ist die Vermittlung in den meisten Fällen zum Scheitern verurteilt. Energie und Ressourcen für eine Mediation sind damit verschwendet.

Fünf Phasen der Mediation

Das Mediationsverfahren ist ein klar strukturiertes Verfahren. Es wird in fünf Phasen eingeteilt:

Phase 1: Einführung und Arbeitsbündnis

Phase 2: Bestandsaufnahme und Ermittlung der regelungsbedürftigen Themen

Phase 3: Hintergründe des Konflikts (Bedürfnisse und Interessen) klären

Phase 4: Lösungsmöglichkeiten erarbeiten und bewerten

Phase 5: Verhandeln und Beschreibung der Lösung in einer Vereinbarung

Werkzeug Modell der gemeinsamen Kontextfindung versus Kompromiss

Mediation ist eine Methode, die neben der oben beschriebenen Auseinandersetzung mit der eigenen Persönlichkeit einiges an methodischem Wissen und letztlich viel Übung benötigt, um sicher beherrscht zu werden. Daher empfehlen wir Betriebsratsgremien die Ausbildung zweier Gremiumsmitglieder zu Mediationsexperten. Zwei deshalb, weil diese dann bei schwierigeren Themen auch gemeinsam in Form einer sogenannten Co-Mediation Konfliktparteien begleiten können. Dies ist vor allem sinnvoll bei der Arbeit mit Konfliktparteien, die mehr als zwei Beteiligte haben.

Unser Verständnis von Konfliktlösung erklärt sich am Besten mit dem in Teil 3 «Die Nachbarn» vorgestellten Modell der gemeinsamen Kontextfindung. Bei der Lösung von Konflikten geht es idealer Weise nicht um das Finden von Kompromissen, sondern um die Erarbeitung eines (neuen) gemeinsamen Kontextes. Ein Kompromiss ist häufig die Sollbruchlinie für das erneute Aufflammen der Auseinandersetzung bereits innewohnt. Denn ein Kompromiss bedeutet oftmals nur zähneknirschendes Zustimmen. Von einer tiefgreifenden Heilung der Beziehung, die für eine anhaltende Lösung notwendig ist, kann keine Rede sein. Ist dagegen ein gemeinsamer neuer Kontext gefunden, so taucht die Lösung mühelos und wie von selbst auf. Eine Lösungsfindung ist dann nicht mehr anstrengend, sondern voller Inspiration und Innovation. Das Ergebnis wird dabei von beiden Konfliktparteien als Gewinn erlebt. Hierin liegt dann auch das Fundament für die nachhaltige Lösung eines Konfliktes. Die einstigen «Gegner» finden sich gemeinsam im neuen Kontext, heilen ihre Beziehung, und entwickeln Freude am gemeinsamen Miteinander und Tun.

Der «goldene Moment»

Das mag zwar idealistisch erscheinen, aber wir haben diesen Moment, vom Auftauchen des gemeinsamen Kontexts im Raum bereits viele Male erlebt.

Vormals Undenkbares wird auf einmal möglich und deshalb nennen wir ihn den «Goldenen Moment». Den kann der Mediator nicht «machen». Die Kunst der Mediation liegt vielmehr darin, die Voraussetzungen für das Auftauchen des goldenen Moments zu schaffen. Dieser Kunst und ihrer Weitergabe fühlen wir uns als Mitgestalter verpflichtet.

Die Werkzeuge für diese nachhaltige Form der Konfliktlösung sind v.a. die bereits genannten Voraussetzungen für einen sicheren Raum. Allem voran die Vertraulichkeit und die Garantie des bewertungsfreien Miteinanders in der Mediation. Doch das wesentlichste Element hierfür ist die Persönlichkeit des Mediators, der stets die Möglichkeit eines neuen gemeinsamen Kontextes für die Beteiligten in seinem persönlichen Sein lebendig hält, und damit auf die Konfliktpartner überträgt.

Werkzeug Bewertungsfreier Raum

Natürlich sind weitere Fähigkeiten und Methoden notwendig, um eine Mediation erfolgreich zu gestalten. Allem Voran sind Kompetenzen im Bereich der Kommunikation, wie bereits unter 3.2.1 beschrieben, zu nennen. Zentral ist beispielsweise die Fähigkeit des «respektvollen Zuhörens». Alleine dadurch konnten wir so manche gestörte Beziehung heilen. Aber auch die richtigen Fragetechniken und Methoden zur Lösungsfindung dürfen nicht unerwähnt bleiben. An dieser Stelle sei auch auf die «Grundregeln für Konfliktsituationen» unter 2.1.2 verwiesen. Für ausführlichere Beschreibungen der Werkzeuge sind in den Literaturhinweisen am Ende des Buches entsprechende Empfehlungen vermerkt.

Zur Illustration der Möglichkeiten der erfolgreichen und vor allem nachhaltigen Lösung von Konflikten im Bereich der Betriebsratsarbeit folgen hier einige Beispiele aus unserer eigenen Praxis.

Konflikt im Betriebsrat vor der Betriebsratswahl

Praxisbeispiel 1

Im Vorfeld der Betriebsratswahlen eines 21-köpfigen Betriebsratsgremiums zeichnete sich die Einreichung von Wahllisten ab, obwohl seit Jahrzehnten Persönlichkeitswahl praktiziert wurde. Die drohende Fragmentierung und die damit einhergehende Schwächung des Betriebsrats sollte möglichst vermieden werden. Darin waren sich die meisten einig. So wurden in einem zweitägigen Workshop die Ursachen für die mögliche Listenbildung untersucht. Dabei wurden nicht nur die Mitglieder des Betriebsrates einbezogen, sondern auch potenzielle Kandidaten, die dem Gremium noch nicht angehörten. Im Workshop wurden die Interessen und Hintergründe der einzelnen Gruppen herausgearbeitet und nach 1,5 Tagen tauchte der oben beschriebene «goldene Moment» im Raum auf. Der neue größere Kontext war gefunden: einende Ziele für die inhaltliche Arbeit nach der Wahl wurden gefunden, die um einiges größer waren, als die Anliegen der einzelnen Gruppierungen.

153

Übergeordnetes Ziel war die Sicherung des Standorts und der Erhalt der Arbeitsplätze in Deutschland. Dieser Kontext war schließlich stärker als die auseinanderstrebenden Kräfte. Im Klärungs-Workshop einigte man sich noch auf ein faires und transparentes Verfahren zur Aufstellung der gemeinsamen Wahlliste. Die anschließende Betriebsratswahl fand wieder als Persönlichkeitswahl statt, und das Gremium agiert bis heute als geschlossene Einheit.

Praxisbeispiel 2   **Konflikt im Büro unter den Freigestellten**

Im Rahmen eines Workshops mit einem 19er-Gremium wurde deutlich, dass es im Betriebsratsbüro der Freigestellten starke Spannungen gab, die die tägliche Arbeit sowie die Zufriedenheit der freigestellten Betriebsräte nachhaltig negativ beeinträchtigten. Als Intervention wurde ein «Teamtag» zur Klärung anberaumt. Zu Beginn des Workshops war viel Nervosität bei den Teilnehmern spürbar, was nachvollziehbar ist, weil zu diesem Zeitpunkt niemand wusste, wie mit der Situation umgegangen werden kann und wie es einem selbst im Klärungsprozess ergehen würde. Die Entscheidung, eine unbefriedigende Situation nicht mehr länger einfach aushalten zu wollen und sie stattdessen aktiv anzugehen, erfordert immer großen Mut und Risikobereitschaft. Es wird stets Neuland betreten, und niemand weiß im Voraus, was sich auf dem Weg alles zeigen wird. Ängste vor erneuten Verletzungen oder vor einem Scheitern der Klärung sind zu Beginn völlig normal. Im Workshop schilderten die Teilnehmer eingangs ihr Erleben der Spannungen im Büroalltag. Nach und nach wurden Themenfelder sichtbar, die Ursache für die erlebten Spannungen waren. Wie so häufig, gab es nicht nur einen Grund und die Situation stellte sich komplexer dar. Im weiteren Verlauf wurden die Themen, und die dahinterstehenden Bedürfnisse, der Einzelnen bearbeitet. Schwierige zu formulierende Themen, die in der Persönlichkeit von einzelnen Beteiligten lagen, wurden zum ersten Mal einfühlsam benannt. Den Teilnehmern wurden die Beziehungsdynamiken im Büro bewusst. Vieles war allein schon durch das «Gesehen-werden» und «Ausgesprochen-werden» geheilt. Einige der Spannungen resultierten, wie dies häufig der Fall ist, aus unklaren Abläufen und Strukturen in der täglichen Zusammenarbeit. Gemeinsam wurden hier die notwendigen Veränderungen vorgenommen, und es wurden klare Vereinbarungen für die zukünftige Zusammenarbeit getroffen. Nach und nach wurde die Stimmung gelöster, und nachdem alle Teilnehmer erlebt hatten, dass sämtliche Beiträge wertfrei gehört wurden und auch alle Beiträge und Teilnehmer grundsätzlich «in Ordnung» waren, entstand wieder eine tiefere Verbindung zwischen den Mitgliedern der Bürogemeinschaft. Ein Nachhaltetag nach vier Monaten erforderte noch einige wenige Korrekturen in den gemeinsamen Vereinbarungen, doch die Bürogemeinschaft konnte sich wieder offen begegnen.

Mehrere Fraktionen im Betriebsrat

Praxisbeispiel 3

Hatte bislang die IG Metall-Fraktion im Betriebsrat (29 Mitglieder) eine komfortable Mehrheit, so fanden sich nach der letzten Betriebsratswahl vier unterschiedliche Listen im Gremium wieder, und die IG Metall hatte ihre bisherige komfortable Mehrheit verloren. Die einzelnen Listen waren nach einem kräftezehrenden Wahlkampf, der durch gegenseitige Anfeindungen die Gräben weiter vertieft hatte, nicht dazu in der Lage, aus eigener Kraft eine tragfähige Neukonstituierung des Gremiums vorzunehmen. Der Auftrag an die Mitgestalter lautete: Herstellung eines handlungsfähigen Gremiums aus den vier Fraktionen. Als Intervention wurde eine zweitägige Klausur angesetzt, bei der die Interessen und Bedürfnisse jeder Liste herausgearbeitet wurden. Danach begaben sich die Gruppierungen auf die Suche nach einem größeren gemeinsamen Nenner. Ergebnis nach den zwei Tagen war ein Sich-aufeinander-zu-bewegen. Schließlich haben sich drei der vier Listen zusammengefügt und unter der Führung der IG Metall-Liste eine handlungsfähige Einheit gebildet. Die große Mehrheit des Gremiums (27 von 29) konnte sich auf die gemeinsame Arbeit einlassen. Auch drei Monate später bestätigten sich die positiven Ergebnisse auf dem Prüfstand des Nachhaltetags.

Betriebsrat im Konflikt mit dem Arbeitgeber

Praxisbeispiel 4

Zwischen dem 25-köpfigen Betriebsratsgremium und der Geschäftsführung kam es aufgrund geplanten Entlassungen wegen rückgängigen Umsatzzahlen zu einer zunehmend eskalierenden Auseinandersetzung. Beide Konfliktpartner konnten für einen vermittelnden zweitägigen Workshop gewonnen werden. Zu Beginn der Klausur stellten die Beteiligten ihre jeweiligen Positionen dar. Im Verlauf des weiteren Tages gelang es, dass beide Seiten ohne tiefergehende Bewertung die jeweiligen Bedürfnisse und Notwendigkeiten der anderen sehen konnten. Im Raum entstand eine Verletzlichkeit ob der Konsequenzen für die betroffenen Mitarbeiter. Im Klima des gegenseitigen Verständnisses, konnte schließlich eine Lösung erreicht werden, die weit weniger Entlassungen als geplant zur Folge hatte. Aufgrund der gegenseitigen Annäherungen in diesem Prozess gelang es zudem, dass sich beide Seiten auf ein gemeinsames Mitgestalter-Projekt verständigten, das die Optimierung der Prozesse und Strukturen im Unternehmen zum Inhalt hatte, von dem letztlich beide Seiten enorm profitierten.

Zusammen-
fassung

Unserer Erfahrung nach leisten Betriebsräte auf dem Gebiet der Konfliktlösung und Konfliktprävention Erstaunliches. Häufig sind sie diejenigen, die durch Vermittlung in alle Richtungen das Betriebsklima im grünen Bereich halten. Sie sind diejenigen, die die Produktivität sichern, indem sie durch ihre Vermittlungstätigkeit Arbeitsprozesse am Laufen halten und diese sogar häufig durch ihre Interventionen optimieren. Denn erfahrungsgemäß liegen die Ursachen für Konflikte im Betrieb vielmals an unklaren Prozessen und Strukturen. Betriebsräte kennen die Menschen und das Unternehmen so gut, dass ihre Beiträge von unschätzbarem Wert sind. Ihre eingesetzte Arbeitszeit für die Lösung von Konflikten zahlt sich in der dadurch gesteigerten Produktivität vielfach aus. Ihr Beitrag zu einer guten Unternehmenskultur ist für die Attraktivität eines Unternehmens in Zeiten des Fachkräftemangels nicht zu unterschätzen. Für Betriebsräte ist es wichtig, dass sie ihre Erfolgsgeschichten im Bereich der Konfliktlösung nicht nur offen im Betrieb kommunizieren, sondern auch den Wert ihrer eigenen Arbeit wertschätzen. Denn entgegen der allgemein verbreiteten Ansicht, stellt ihre Vermittlungsarbeit nämlich keine Selbstverständlichkeit dar.

3.3 Sondereinsätze

«Das Geheimnis des Erfolges ist, den Standpunkt des anderen zu verstehen.»
Henry Ford

3.3.1 Wie meistern wir besondere Herausforderungen?

Das folgende Beispiel ist für uns eines der herausragenden Best-Practice-Beispiele dafür, wie ein Betriebsrat außergewöhnliche Herausforderungen gemeistert hat. Es ist einzigartig in seinen besonderen Ausprägungen und steht gleichzeitig stellvertretend für andere Ereignisse, bei denen Arbeitnehmervertretungen ganze Standorte vor drastischen Einschnitten oder drohenden Schließungen bewahren konnten, in dem sie ihre Kernkompetenz zur Beteiligung und Mobilisierung der Beschäftigten und ihren Einfallsreichtum für intelligentere statt härtere Maßnahmen erfolgreich einbrachten.

Beispiel «Drohende Standortschließung»

2001 stand ein deutscher Produktionsstandort des Arcelor-Stahlkonzerns am unteren Ende des Benchmarks. Damit wurde er für die Konzernleitung zum Kandidaten für eine Schließung. Von den ursprünglich 4.500 Stellen sollten im ersten Schritt 1.700 gestrichen werden und zwar in den Kernbereichen des Standortes. Die Zukunftsaussichten eines entkernten Rumpfbetriebes wurden von den Arbeitnehmervertretern als schlecht eingestuft.

Der Betriebsrat nahm die Herausforderung an und verständigte sich mit der Werkleitung auf ein alternatives Programm, das durch Aktivierung der Belegschaft und ein «intelligentes Sozialplankonzept» den geplanten Stellenabbau deutlich verringern und die Zukunftsfähigkeit des Standortes erheblich stärken sollte.

Das zentrale Instrument der sich daraufhin anbahnenden Erfolgsgeschichte von Mitgestaltung war die aktive Beteiligung der Beschäftigten am Prozess. Diese Beteiligung wurde zu Beginn des Prozesses in einer eigenen Betriebsvereinbarung festgeschrieben. Sie wurde abgesichert durch die Garantie auf das bisherige Entgelt, den Verzicht auf betriebsbedingte Kündigungen und den Erhalt und Ausbau der Arbeitssicherheit. Die Bedingung des Betriebsrats an die Veränderungen war weiterhin, dass sie als offener Prozess, das heißt ohne «Hinterzimmer-Maßnahmen» durchgeführt wurden. Die Basis für die erfolgreiche Umsetzung der Maßnahmen bildete eine grundlegende Änderung in der Haltung gegenüber den Mitarbeitern, die von nun an als Leistungserbringer statt als Kostenverursacher gesehen wurden. Konkret organisierte der Betriebsrat über Monate hinweg in sämtlichen Abteilungen Beteiligungsrunden, in denen alle Tätigkeiten, Arbeitsabläufe und Kosten rückhaltlos betrachtet wurden. Dies galt für alle Abläufe und nicht nur die, die der Arbeitgeber betrachten wollte. Gleichzeitig wurden die Kollegen befragt, an welchen Stellen mit der Veränderung auch die Arbeitsqualität verbessert werden könne, damit die neuen Arbeitsanforderungen überhaupt erfüllt werden konnten. Auch die Sinnhaftigkeit der Arbeit selbst, die Gesundheit und die Sicherheit wurden in die Bewertung mit einbezogen.

Einsatz-Entwicklungs-Center als Drehscheibe Das Herzstück für die Umschichtung von Personal in diesen Veränderungsprozessen war das sogenannte Einsatz-Entwicklungs-Center, in das durch Rationalisierung weggefallene Arbeitsplätze überführt wurden. Hierher kamen auch Mitarbeiter, die aus anderen Gründen nicht auf ihrem alten Arbeitsplatz bleiben konnten. Von dieser Personaldrehscheibe aus wurden neue Geschäftsmodelle entwickelt, schnelle Eingreiftruppen zur Unterstützung anderer Abteilungen gebildet und der Kostenvorsprung des internen Personalverleihs gegenüber externen genutzt. Insgesamt durchliefen 600 Mitarbeiter diesen Bereich. Sie waren der wesentliche Baustein für die Flexibilisierung und für intelligente Lösungen in den Veränderungsprozessen.

Der Betriebsrat informierte jederzeit proaktiv und bezog die Belegschaft vom ersten Moment an in den Prozess mit ein. Erstmals wurde hier mit dem Wort «Arbeitsqualität» ein Begriff eingeführt, der später von der IG Metall unter dem Motto «Gute Arbeit» wieder aufgegriffen wurde.

Der Betriebsrat definierte acht Prüfsteine für gute Arbeit: Vernünftig organisiert, im Team, verantwortlich, abwechslungsreich, fachlich herausfordernd, mit Perspektive, gesund und sicher, kollegial und respektvoll. Er fasste zudem die Eckpunkte für diesen Zukunftsprozess auf dem Flugblatt «FIT: fair innovativ transparent gestalten» wie folgt zusammen:

> *«Alle vorhandenen Ideen sind einzubeziehen. Holt die guten Vorschläge aus der Schublade.*
> *Alle Kosten müssen gecheckt werden, es gibt keine Beschränkung auf Personalkosten.*
> *Alle Arbeitsabläufe müssen sinnvoll und handhabbar sein.*
> *Unsinnige Tätigkeiten müssen abgeschafft, interessante Aufgabenerweiterungen eingeführt werden.*

Beispiel
FIT: fair, innovativ, tansparent

Was folgte, war ein beispielloser Prozess, in dem der Betriebsrat gemeinsam mit dem Vorstand, den Arbeitnehmervertretern im Aufsichtsrat, der IG Metall, den Führungskräften und den Beschäftigten in den darauffolgenden beiden Jahren aus dem Konzernschlusslicht einen konzernweiten Vorzeigestandort machte. Das jährliche Kosteneinsparziel von 170 Mio. Euro wurde weit übertroffen, der Personalabbau kam ohne betriebsbedingte Kündigungen aus und lag deutlich unter den 1700 Stellen. Es gab keine Auflösungserscheinungen am Standort und das Selbstbewusstsein der gesamten Mannschaft des Standortes wurde gestärkt. Gleichzeitig blieb die Entgeltabsicherung bei einem Wechsel der Schicht und des Arbeitsplatzes erhalten.

Keine Kuschelveranstaltung

Der Betriebsrat hielt nach diesem Erfolg fest: «Das ist keine Kuschelveranstaltung. So eine Entwicklung bedeutet viel Kommunikation, tägliches Einfordern und erfordert neue Instrumente in der Auseinandersetzung.»

3.3.2 Veranstaltungen mit Leben füllen

Die Zusammenfassung von mehreren hundert Rückmeldungen von Mitarbeitern, Betriebsräten und Führungskräften über die Betriebsversammlungen in ihrem Unternehmen lässt sich in drei Worten ausdrücken: «Oft wenig profitabel».

Beispiel
«Betriebsversammlung»

Entweder sind sie schlecht besucht oder werden als langatmig, mit zuviel oder zuwenig Information empfunden. Die Arbeitnehmervertretung verkauft sich häufig unter Wert, und aus dem Publikum kommt wenig Resonanz, Interesse und Beteiligung. Auf Betriebsrat und Geschäftsleitungen lastet insbesondere bei schwierigen Themen ein hoher psychischer Druck, denn die Reaktion der Belegschaft ist manchmal schwer voraussehbar und das Risiko eines Imageschadens ist für beide Seiten enorm hoch. Gewerkschaftsvertreter haben manchmal damit zu kämpfen, dass vor ihrem Redebeitrag viele Teilnehmer den Saal verlassen und manche geschickte Unternehmensleitung funktioniert diese Versammlung zur Bühne ihrer Selbstdarstellung um und lässt die Arbeitnehmervertreter an ihrer Seite regelrecht verblassen.

Betriebsversammlung als Beleg für Gestaltungskraft des BR

Für Betriebsräte, die proaktiv, professionell und profitabel im Unternehmen mitgestalten möchten, sind diese Veranstaltungen jedoch willkommene Höhepunkte für den Austausch mit ihren Wählern und gelungene Belege ihrer Schaffens- und Gestaltungskraft. In diesem großen Forum können sie ihren Beitrag zur betriebspolitischen Meinungsbildung leisten und die Beschäftigten mit einbeziehen in ihr Leitbild, die strategischen Ziele und deren praktische Umsetzung.

Betriebsrat ist Hausherr

Der Betriebsrat ist Hausherr dieser Veranstaltung. Es ist seine Versammlung. Diese einfache Feststellung ist wichtig für die Gremien, die es mit der regelmäßigen «freundlichen Übernahme» ihrer Betriebsversammlung durch die Geschäftsleitung zu tun haben. Der Betriebsratsvorsitzende hat die Verantwortung für die Sitzungsleitung und Gestaltung der Versammlung. Aus dieser Verantwortung heraus hat er alleine über die Art und Dauer der Beiträge für die Versammlung zu entscheiden.

Formales kürzen zugunsten des Proaktiven

Er wird darauf achten, dass die vom Betriebsverfassungsgesetz vorgeschriebenen formalen Dinge, wie Tätigkeitsbericht des Betriebsrats und Berichterstattung des Arbeitgebers über personelle und wirtschaftliche Lage des Betriebs, so kurz wie möglich gehalten werden. Dadurch bleibt Zeit für Versammlungsteile, die Themen proaktiv aufgreifen, die Belegschaft beteiligen und inspiriert aus dieser Versammlung entlassen.

Die Choreografie der Versammlung wird sich also nicht an den geläufigen Routineabläufen orientieren, sondern an dem Ziel, das der Betriebsrat mit dieser Veranstaltung erreichen möchte. Die Form folgt der Funktion. Die Betriebsversammlung hört auf, die Bestandsverwaltung zu garantieren und wird stattdessen geplant und genutzt, um die Belegschaft zu aktivieren, sie zu bewegen und ihr ein lebendiges Forum zu präsentieren.

Beispiel Zwei Weihnachtsmänner auf der Bühne

Als im Dezember 2006 ein Werk von GE Healthcare aus dem Tarifvertrag aussteigen wollte, erschienen dort zwei Weihnachtsmänner auf der Betriebsversammlungsbühne. Der eine, wohlgenährt und mit einem prall gefüllten Sack auf dem Rücken, holte ein Tarif-Päckchen nach dem anderen heraus und verteilte es an die Beschäftigten: 30 Tage Urlaub, 35-Stunden-Woche oder Weihnachts- und Urlaubsgeld stand darauf. Der andere, ausgemergelt und lumpig, holte verschämt kleine Kartons heraus mit Aufschriften zu gesetzlichen Regelungen wie: 24 Tage Urlaub, 40-Stundenwoche oder kein 13. Monatsgehalt. Die Belegschaft hatte sofort verstanden, worum es ging und stellte sich geschlossen hinter ihren Betriebsrat, als der in die Verhandlungen mit dem Unternehmen ging. Nicht nur die Tarifbindung konnte gehalten werden, sondern darüber hinaus wurden die Betriebsversammlungen in diesem Werk wesentlich lebendiger und inspirierender durchgeführt. Sie sind bis zum heutigen Tag gut besucht.

Während der Betriebsversammlung eines Werks im Daimler-Konzern fuhren die Azubis mit einem selbst gebauten Wagen auf die Bühne und lieferten einen herzhaften Beitrag im Kampf um ihre Übernahme nach der Ausbildung. Der Betriebsratsvorsitzende und sein Stellvertreter standen währenddessen an Bistrotischchen im Vordergrund. Die Szene erinnerte an das Ambiente der Vorstellung neuer Modelle beim Genfer Autosalon. Sie stellten das Thema in Form eines Interviews vor und errangen vor ihrer Belegschaft gegenüber der Unternehmensleitung einen klaren Sieg nach Punkten, der durch lange anhaltenden Applaus unterstrichen wurde.

Beispiel
Mit dem Auto auf die Bühne

Als die Vertrauenskörperleitung im Werk eines anderen Automobilherstellers der Premiumklasse ihrer Belegschaft das neue Leitbild des Vertrauenskörpers vorstellte und ausführte, wie sich damit in Zukunft die Interessenvertretung verbessern werde, erhielt sie viel Beifall. Der verstärkte sich noch, als die Belegschaft dazu eingeladen wurde, sich aktiv in den Prozess der Ausgestaltung und aktiven Umsetzung des Leitbilds einzubringen.

Beispiel
Einladung zum Dialog über das Leitbild

Diese Beispiele sind stellvertretend für viele andere und zeigen, wie Betriebsversammlungen mit viel Kreativität und Klarheit Ergebnisse bei der Aktivierung der Belegschaft erzeugen und als strategische Meilensteine für die Stellung der Zukunftsweichen dienen können.

Wir sind gemeinsam mit Betriebsräten noch einen Schritt weitergegangen und haben begonnen, diese Versammlungen im Open-Space-Format durchzuführen. Im ganzen Saal werden dazu Wände und Flipcharts aufgestellt und die Belegschaft wird dazu eingeladen, sich an verschiedenen Stationen zu verschiedenen Fragestellungen zu äußern. An jeder Station steht ein Betriebsrat, der im Schnellkurs zum Moderator ausgebildet wurde, nimmt die Beiträge der Teilnehmenden auf und führt sie zu einer Präsentation zusammen, die am Ende der Betriebsversammlung vorgestellt wird. Die Resonanz ist überwältigend. Die Teilnehmer haben einen starken Drang nach Beteiligung und sind äußerst dankbar, ihre Meinung im kleineren und geschützten Rahmen beizutragen. Wenn dieses Format im Hinblick auf die Vor- und längerfristige Nachbereitung der Veranstaltung strategisch gut vorbereitet und gezielt an wichtige Themen gekoppelt wird, dann ist der Erfolg durchschlagend. Gut durchdacht und organisiert lassen sich diese Formate mit mehreren hundert bis zu dreitausend Mitarbeitern im Saal durchführen. Die große Hemmschwelle für Mitarbeiter, bei einer Wortmeldung öffentlich vor so vielen Kollegen etwas sagen zu müssen, ist mit einem Schlag verschwunden. Dieses Format muss aber dosiert und mit Bedacht eingesetzt werden und ein Gremium muss strukturell in der Lage sein, die Ergebnisse aus der Beteiligung wirkungsvoll anzugehen.

Werkzeug
«Open Space»

3.3.3 Bei uns kann jeder mitgestalten

Stellvertreter-
politik versus
Beteiligung

Die jahrzehntelange Stellvertreterpolitik der Betriebsräte für ihre Belegschaften ist nicht mehr zeitgemäß für proaktive, professionelle und profitable Betriebsratsarbeit auf Basis von Respekt und Beteiligung. Oft genug
haben Betriebsräte Annahmen darüber getroffen, was für ihre Kollegen das
Richtige wäre und haben nach Kräften versucht, in diesem Sinne zu handeln.
Damit lagen sie zum einen nicht immer richtig und zum anderen haben sie es
auf diese Art für die Kollegen gemacht und nicht mit den Kollegen. Dadurch
sind die Beschäftigten zu Konsumenten statt zu Protagonisten von Ereignissen geworden. Das wiederum lud sie entweder dazu ein, jedes beliebige
Ergebnis chronisch unzufrieden und negativ zu kommentieren oder sich fortlaufend als Opfer von Ereignissen zu fühlen.

Von Konsu-
menten zu
Beteiligten

Wir haben viele Betriebsratsgremien kennengelernt, die unter der hohen
Anspruchshaltung ihrer Belegschaft stöhnen. Diese bequeme Konsumhal-
tung, die sich bis zur Bestellung vergünstigter Fahrkarten oder Eintrittskar-
ten für Sport- oder Kulturereignisse über den Betriebsrat auswirkt, lässt sich
in vielen Betrieben selbst durch Krisen schwer erschüttern.

Der Betriebsrat kann sich selbst aus der gewaltigen Anstrengung und seine
Kollegen aus der unmündigen Rolle befreien, wenn er anfängt, Projekte mit
den Kollegen zu machen und nicht für sie. Das ist vor allem eine Haltungs-
änderung. Bei wichtigen Themen muss in geeigneter Form der Beitrag der
Beschäftigten mit einfließen. Sei es in Form eines Votums, in Form von konkreten Ideen und Lösungsvorschlägen oder einer aktiven Handlung. Ohne
Beitrag der Beschäftigten geht es nicht mehr.

Menschen
wollen sich
einbringen

Nur so können die Kollegen manche Herausforderungen im vollen Umfang
erfassen und den Wert von Entscheidungen erkennen. Insbesondere in den
Angestelltenbereichen können mit dieser Vorgehensweise offene Türen ein-
gerannt werden, denn die Menschen wollen gehört werden, sie wollen sich
einbringen. Sie wissen es zu schätzen, wenn sie das tun können, denn ihr
Unternehmen gibt ihnen nicht immer die Gelegenheit dazu. Der Erfolg vieler
Prozesse zur kontinuierlichen Verbesserung in Unternehmen (KVP) beruht
auf der immensen Bereitschaft der Mitarbeiter, sich aktiv an der Gestaltung
und Verbesserung ihrer Arbeitsumwelt zu beteiligen. Diese Bereitschaft kann
vom Betriebsrat jederzeit geweckt und mit einbezogen werden, sofern die
Beteiligungsmöglichkeit gut vorbereitet und strukturiert wird. Nicht bei
jedem Thema ist Beteiligung erforderlich oder wünschenswert und manchmal muss der Betriebsrat seinen eigenen Erfahrungen und seinem Know-
how in der Durchsetzung von Themen vertrauen und folgen. Vom Grundsatz
her jedoch ist bei Projektarbeit immer die Frage nach Beteiligungsmöglich-

keiten mit einzubeziehen. Sie muss genauso mitgedacht werden, wie die begleitenden Schritte in der Öffentlichkeitsarbeit.

Beteiligung kann durch eine einfache Umfrage zu einem Thema hervorgerufen werden oder durch gezielte Fragestellungen in eigens einberufenen Abteilungsversammlungen. Sie kann durch gezielte Stimmabgabe eingeholt werden, durch Open-Space-Veranstaltungen oder durch Interviews mit den Beschäftigten in den Arbeitsbereichen. Sie kann bei proaktiven Bereichsbegehungen genauso stattfinden wie in einem «Ingenieurforum» oder bei der Einbindung von Kollegen in Projektgruppen zum Thema.

Beteiligungsmöglichkeiten

Funktionierende Beteiligung kann nur «Über-der-Linie» stattfinden. Sie muss die Beschäftigten real mit einbeziehen in den Prozess von Erkennen, Lösen und Handeln. Solange die Kollegen keinen Anteil am Zustandekommen von Ergebnissen bekommen, werden sie in ihrer Konsumentenrolle verharren, und es bleibt schwierig, sie jemals zufriedenzustellen.

Teil 3
Die Nachbarn

Die ersten beiden Teile dieses Buches widmeten sich dem Auf- oder Ausbau des «Hauses der Entwicklung» und damit der systematischen Erschließung von Verbesserungsmöglichkeiten im Betriebsrat. Wenn diese Arbeit sorgfältig getan wurde, verfügt die Arbeitnehmervertretung nunmehr über eine starke Ausgangsposition und viel freigewordene Energie, die für erfolgreiche Mitgestaltung zur Verfügung steht.

Dieser Buchabschnitt beschäftigt sich damit, wie diese Energie am besten in profitable Ergebnisse für die Beschäftigten, die Zukunftssicherung der Unternehmen, den starken Rückhalt durch die zuständige Gewerkschaft und eine dauerhafte Verankerung in der Region umgewandelt werden kann.

Mitgestaltung erfordert den souveränen Umgang mit den Nachbarn um das Betriebsratsgebäude herum. Wir sprechen hier über einen Umgang auf Augenhöhe, der auf Qualität und Nachhaltigkeit ausgelegt ist. Für nachhaltig erfolgreiche Ergebnisse sind einige der bislang gewohnten Sichtweisen wie «Sieg und Niederlage», «Hauptsache solidarisch» oder «Das Hemd ist näher als die Hose» umzuwandeln in ein ganzheitlicheres Denken. Die Prozesse und Abläufe der Unternehmen und ihrer Mitbestimmungsorgane sind zu komplex geworden für simple Faustformeln, mit denen sich die Welt noch bis in die achtziger Jahre hinein relativ einfach erklären ließ.

Da der Umgang mit jedem Einzelnen dieser Nachbarn alleine schon genügend Stoff für ein eigenes Buch beinhaltet, haben wir uns im Folgenden darauf beschränkt, die Kerngedanken von proaktiv, professionell und profitabel auf der Basis von Respekt und Mitgestaltung im Umgang mit den Nachbarn fortzusetzen.

1 Das Unternehmen

«Es ist nicht gesagt, dass es besser wird, wenn es anders wird.
Wenn es aber besser werden soll, muss es anders werden.»
Georg Christoph Lichtenberg

Vision für das Unternehmen entwickeln

Gut aufgestellte Betriebsratsgremien mit strategischer Klarheit und geringen internen Reibungsverlusten haben eine genaue Vorstellung davon, in welche Richtung sich ihr Unternehmen langfristig durch ihre Mitwirkung entwickeln kann. Während unserer Zusammenarbeit mit Audi hörten wir den Betriebsratsvorsitzenden mit großem Selbstverständnis über seine Vision für das Werk im Jahre 2030 sprechen. Er gab eine Vorausschau, wie der Unternehmenserfolg auf Basis der Arbeitnehmerinteressen sichergestellt und die volle Gestaltungskraft des Betriebsrats in das Unternehmen mit eingebracht werden könnte.

Vom Mehrwert eines mitgestaltenden Betriebsrats

Ein mitdenkender und mitgestaltender Betriebsrat wird immer eine Bereicherung für die Unternehmensleitung sein und selbst in gut geführten Unternehmen wird die Einbeziehung der Sichtweise von Arbeitnehmervertretern Mehrwert für alle Beteiligten schaffen. Wir haben eine Reihe von weitsichtigen Managern kennengelernt, die den Betriebsrat konsequent zur Erweiterung ihrer eigenen Perspektive nutzten und manche Empfehlung der Basisvertreter mit in ihre Unternehmenskonzepte aufnahmen. In manchen Standorten großer Konzerne vergrößern kluge Werkleitungen ihren Einfluss in der Unternehmenszentrale beträchtlich durch ein gutes Zusammenspiel mit dem Betriebsrat. Bei zunehmenden Zentralisierungstendenzen im Konzern kann dieses Zusammenspiel im Hinblick auf Personal- und Investitionsentscheidungen entscheidend für die Zukunftsaussichten des Standortes werden.

Mitgestaltende Betriebsräte haben Managementfunktionen, aber sie sind keine Co-Manager. Co-Manager sind co-abhängig von den Ideen des Unternehmens und versuchen ihr Bestes, diese Ideen umzusetzen. Mitgestalter haben ihre eigenen Ideen, ihre eigene Vision von einem Unternehmen, das durch ihre Beteilung noch erfolgreicher und zukunftsfähiger ist, zum Wohle der Arbeitnehmer. Wenn die Ideen der Mitgestalter übereinstimmen mit denen des Unternehmens, dann ist das ein gutes Zeichen dafür, dass das Unternehmen insgesamt auf dem richtigen Weg zu sein scheint. Anhand ihrer eigenen Vision und ihres eigenen Leitbildes können Mitgestalter die Unternehmensstrategien jederzeit überprüfen und sich bei Abweichungen sofort entsprechend bemerkbar machen. Mitgestalter handeln selbstbewusst und auf Augenhöhe mit der Unternehmensleitung und sind bei Abweichungen vom Kurs durchaus in der Lage, auch in den Konflikt mit ihrem Arbeitgeber zu gehen.

Mitgestalter versus Co-Manager

Als 2010 beim Automobilzulieferer Kolbenschmidt zwei ehemals getrennte Betriebsteile miteinander fusioniert wurden, stand auch der Betriebsrat vor der Aufgabe, aus vormals zwei Gremien eins zu machen. Er machte zuerst seine eigenen Hausaufgaben in Form der vorher beschriebenen Prozesse zum Bau des «Hauses der Entwicklung» und ging dann einen Schritt weiter in Richtung Mitgestaltung. Ausgehend von seinem eigenen Leitbild formulierte der Betriebsrat seine Zukunftsvision des Betriebs unter dem Motto «Fabrik der Zukunft» und stellte sie auf einer Betriebsversammlung vor:

Beispiel «Fabrik der Zukunft»

«Wir haben einen Traum»

Wir haben einen Traum ...

... von Aufbruchstimmung in eine gemeinsame Zukunft.
Wir brauchen wieder realistische Ziele und müssen weg von Lethargie, Frustration und Resignation.

... von einer den globalen Veränderungen angepassten Produktpalette.
Wir brauchen neue, alternative Produktvisionen und deren Entwicklung bis zur Serienreife, hier am Standort. Wir müssen unser Know-how nutzen und unsere Innovationsfähigkeit einsetzen und so am Markt aktiv mit neuen und rentablen Produkten antreten.

... von profitablen Produkten, die die Renditeerwartungen erfüllen.
Wir brauchen eine transparente Preisgestaltung und eine Produktkalkulation, die langfristig Kunden und Aufträge bindet.

... von einer Perspektive und einer sozialen Absicherung für alle.
Wir brauchen eine langfristige Beschäftigungsgarantie. Wir alle brauchen einen sicheren Arbeitsplatz, denn nur ohne Existenzängste können wir unser Potenzial abrufen und uns frei und kreativ entfalten. Betreuungseinrichtungen wie Betriebskindergarten binden die Mitarbeiter langfristig an unsere Firma.

... von einer durch alle Ebenen strukturierten Arbeitsorganisation.
Wir brauchen Organisationsformen wie Schichtsysteme, Gruppenarbeit, funktionierende Prämiensysteme, welche die Mitarbeiter einbeziehen und deren Wissen nutzen.

... von einem gezielten Ideenmanagement über das betriebliche Vorschlagswesen hinaus.
Wir brauchen Innovationsteams, einen Lenkungskreis Zukunft und offene Projektgruppen, an denen alle mitarbeiten können. Wir können es uns nicht leisten, das Potenzial vieler Beschäftigter nicht zu nutzen.

... von einer transparenten und objektiven Informationspolitik.
Wir brauchen ein standortweites Informationskonzept, das die Beschäftigten mitnimmt und ganzheitlich, jedoch klar strukturiert und verständlich informiert.

... von einer Öffentlichkeitsarbeit, die unseren Betrieb darstellt und nicht die Holding.
Wir müssen die Außendarstellung von unserem Unternehmen und die Sichtweise darauf verändern. Regelmäßige Einladungen von Mandatsträgern (Bürgermeister, Gemeinderäte und Politiker) an den Standort verändern die Sichtweise und lenken das Interesse von Presse/Öffentlichkeit auf uns.

... von einer Bildungsallianz für eine qualifizierte Erstausbildung von Fachkräften.
Wir müssen Kooperationen mit Schulen und Bildungsträgern eingehen, um so Interesse an unserer Ausbildung zu generieren. Wir brauchen produktive, motivierte Facharbeiter, die ihre Zukunft bei unserem Unternehmen sehen.

... von einem ständigen Qualifizierungsprozess und einer langfristigen PE.
Wir brauchen Führungskräfte, die fördern und fordern, die erkennen, welches Potenzial in den Mitarbeitern steckt und diese in ihrer Entwicklung unterstützen. Wir brauchen aber ebenso auch qualifizierungswillige Mitarbeiter (lebenslanges Lernen).

... von altersgerechten Arbeitsplätzen.
Wir brauchen einen breiten Konsens darüber, dass die Gestaltung von altersgerechten Arbeitsplätzen eines der wichtigsten Projekte in der nächsten Dekade sein wird, um unsere hohe Produktivität aufrecht zu halten und unserer sozialen Verantwortung gerecht zu werden.

... von einer sozialen Begleitung des demografischen Wandels.
Wir brauchen variable, individuell abgestimmte Arbeitszeitmodelle für die Beschäftigten. Wir müssen Modelle wie Langzeitkonten, altersbedingte, stufenweise sinkende Arbeitszeiten und längere Altersteilzeiten zur Regel machen. Es muss uns gelingen, alle Beschäftigten gesund an die gesetzliche Rente heranzuführen.

... von einem klaren Bekenntnis zur Tarifbindung.
Wir brauchen die IG Metall als starken Partner an unserer Seite und als Garant für tarifliche Mindeststandards.

... von einer klaren Absage an Leiharbeit.
Wir brauchen keine dauerhafte Leiharbeit. Nur dort wo unbedingt nötig, kann Leiharbeit ein zeitlich begrenztes Mittel sein. Wir müssen dem Anspruch gerecht werden, alle benötigten Arbeitskräfte zu uns an Bord zu holen.

Ein weitsichtiger Vorstand griff die Steilvorlage des Betriebsrats umgehend auf und kurze Zeit darauf begaben sich Betriebsräte und Führungskräfte in gemeinsame Workshops, um die «Fabrik der Zukunft» miteinander auszuarbeiten. Betriebsräte und Führungskräfte schoben gemeinsame Projekte an und berichteten regelmäßig einem von beiden Betriebsparteien besetzten Steuerkreis von den Projektfortschritten. Durch den Schulterschluss zwischen Vorstand und Betriebsrat bei den Zukunftsprojekten entstand eine Zangenbewegung, die es veränderungsresistenten Führungskräften und Mitarbeitern schwer machte, sich der Dynamik zu entziehen. Der Betriebsrat war vor allem deshalb erfolgreich, weil er fortlaufend «Über-der-Linie» agierte. Seine Impulse waren ständig auf «Erkennen, Lösen, Handeln» ausgerichtet und vermieden jegliche «Unter-der-Linie»-Diskussion. Vom Vorstand wurde bemerkt, dass der Betriebsrat der Führung an dieser Stelle ein ganzes Stück voraus war und auch aus anderen Führungsteilen erhielt der Betriebsrat viel Anerkennung für seine Entwicklung.

Ein Betriebsrat agiert «Über-der-Linie»

Wie radikal ihr Ansatz des zukunftsgerichteten Miteinanders war, mussten die Betriebsräte feststellen, als der Vorstand vom Konzern aus zu anderen Aufgaben fernab des Standortes berufen wurde. Eine Allianz aus Veränderungsgegnern im oberen Führungskreis ließ einzelne Projekte geschickt aufs Abstellgleis rollen, pickte sich aus anderen die für sie wichtigen Elemente heraus und ließ die Betriebsratsinitiative insgesamt langsam auslaufen.

Gefahren für die Mitgestaltung

Betriebsver-einbarung zur Absicherung der Mitgestaltung

Wenn also Betriebsräte auf diese Art mitgestalten wollen, dann können sie als Lehre aus diesem anfänglich überaus erfolgreichen Projekt mitnehmen, dass ein Veränderungsprozess dieser Tragweite nur auf Basis einer Betriebsvereinbarung vonstattengehen kann, die Projektziele, Beteiligungsformen und die Ergebnisumsetzung klar und personenunabhängig festschreibt. Sie müssen zudem wesentlich mehr in ihre Öffentlichkeitsarbeit investieren und fortlaufend die Belegschaft über die Fortschritte informieren. Auf diese Art lassen sich Hindernisse für zukunftsweisende Veränderungen im Unternehmen rasch öffentlich kennzeichnen und es kann entsprechend schnell Druck in der Belegschaft zur Beseitigung dieser Hemmnisse aufgebaut werden. Es gibt manchmal Hardliner im Management, die «Über-der-Linie» operieren und bei denen andere Mittel zu versagen scheinen.

Zukunfts-lösungen durch Haltungs-änderung

Wenn Betriebsräte beginnen, aktiv an der Entwicklung ihrer Unternehmen mitzugestalten, benötigen sie flexiblere Instrumente als den üblichen Interessenausgleich, den sie in der Mitbestimmung praktiziert haben. Zukunftsweisende Lösungen müssen hinauswachsen können aus den überkommenen Vorstellungen von «Gegensatz», «Gegeneinander» oder «Nebeneinander». Das im Buchabschnitt Bauplatz beschriebene «Linien-Werkzeug» ist in der Lage, jede beliebige Situation von «Unter-der-Linie» (Beschuldigung, Rechtfertigung, recht haben, etc.) «Über-die-Linie» zu bringen. Der Erfolg in der Anwendung des Werkzeugs beruht auf einer Veränderung in der Haltung. So, wie sich die Haltung von «unter» zu «über» die Linie verändern lässt, kann sie sich auch in der Zusammenarbeit mit dem Unternehmen verändern, um bessere Ergebnisse in der Mitgestaltung zu erzielen.

Werkzeug «Gemeinsame Kontextfindung»

An den folgenden drei Schaubildern wird sichtbar, an welcher Stelle diese Haltungsänderung stattfinden kann und welche zusätzlichen Handlungsmöglichkeiten sie erschließt:

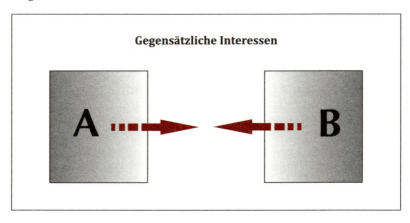

Der Austausch des Arbeitgebers (A) mit seinem Betriebsrat (B) findet vor dem Hintergrund eines grundlegenden Interessenkonflikts statt: Ein Unternehmen ist auf Gewinnerzielung ausgerichtet, muss seine Kosten im Griff behalten und benötigt die größtmögliche Arbeitsleistung seiner Mitarbeiter zum niedrigstmöglichen Preis. Die Mitarbeiter wiederum möchten ihre Arbeitsleistung zum größtmöglichen Preis und zu den bestmöglichen Arbeitsbedingungen zur Verfügung stellen. Dieser Mechanismus wurde bereits in «Arbeit und Kapital» von Karl Marx beschrieben und hat bis heute nichts von seiner Gültigkeit verloren. **1. Stadium: Interessen-konflikt**

Klassischerweise werden diese Interessenunterschiede in Form eines Gegensatz wahrgenommen und nicht in Form eines Miteinanders. Dabei wird entweder versucht, diesen Interessenkonflikt durch Ignorieren aufzuheben (siehe Pseudogemeinschaft im Buchabschnitt «Kommunikation») oder durch das Zurückdrängen des anderen (Konflikt). Da der Gegensatz sich aber in beiden Fällen nie vollständig aufheben lässt, wird versucht, zwischen den Gegensätzen ein Kompromiss zu finden.

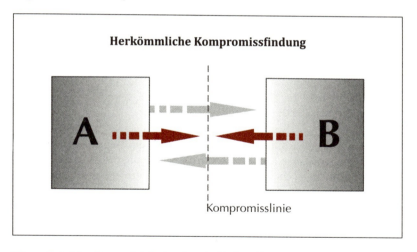

Herkömmliche Kompromissfindung

A B

Kompromisslinie

Wenn Betriebsräte und Arbeitgeber in Verhandlungen über den Ausgleich unterschiedlicher Interessen im Betrieb gehen, dann entscheiden meistens die aktuellen Machtverhältnisse im Betrieb über das Ergebnis. Die Lage der Kompromisslinie wird zusätzlich bestimmt durch das Verhandlungsgeschick der Beteiligten, mögliche Verbündete in Form von Gewerkschaft, Arbeitgeberverband, Aufsichtsrat, Gesamtbetriebsrat oder der regionalen Öffentlichkeit. Je nach Lage dieser Linie fühlen sich mal die einen mal die anderen als Gewinner oder Verlierer, oder können beide im Großen und Ganzen zufrieden sein mit dem Erreichten. Diese Art der Kompromissfindung scheint uns **2. Stadium: Kompromiss-findung** im Hinblick auf erfolgreiche Mitgestaltung immer noch zu begrenzt und unflexibel.

3. Stadium: gemeinsame Kontextfindung
Wenn wir den «Über-der-Linie»-Ansatz konsequent weiterverfolgen, dann löst sich Übernahme von Verantwortung aus der Ebene der Gegensätze und spannt einen neuen Rahmen oder Kontext auf, der groß genug ist, um beide Interessen in sich zu vereinen:

gemeinsame Kontextfindung

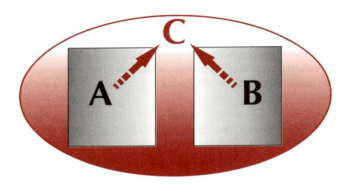

Der «Mitgestaltungs-Workshop»
Wir haben mit dem «Mitgestaltungs-Workshop» ein Verfahren entwickelt, dass diese gemeinsame Kontextfindung auch in konfliktträchtigen Situationen ermöglicht. Es ist ein sehr effektives Werkzeug, um Interessengegensätze zielorientiert zu überbrücken. Der Umgang mit diesem Werkzeug erfordert einen Wandel in der Haltung der Beteiligten. Es akzeptiert und wertschätzt die Unterschiedlichkeit der Beteiligten und überführt sie gleichzeitig vom Kontext des Gegensätzlichen in den Kontext des Miteinanders. Die Ausgangsfrage ist dann nicht ‹Wie gewinnt meine Seite?›, sondern ‹Wie können wir diese Herausforderung miteinander meistern?›»

Zukunftssicherung durch «Besser statt Billiger»
An dieser Stelle können Arbeitnehmervertretungen einen enormen Beitrag für die Sicherung der Zukunftsfähigkeit ihrer Unternehmen leisten, sofern sie sich selbst soweit entwickelt haben, dass sie diese Potenziale wirkungsvoll mobilisieren können. In einem scharfen globalen Wettbewerb, in dem es immer jemanden geben wird, der etwas billiger erzeugt, wird ein gelebtes Miteinander zur tragenden Säule für erfolgreiche «Besser-Statt-Billiger»-Strategien. Mitbestimmung alleine reicht nicht mehr aus, um diese Aufga-

ben zu bewältigen. Die Zukunft deutscher Unternehmen wird auch davon abhängen, wie weit sich die Arbeitnehmervertretungen auf den Wandel zur Mitgestaltung einlassen und durch konsequente Anwendung des «Linien-Werkzeugs» mehr Einfluss auf die Entwicklung ihrer Unternehmen ausüben.

Wenn wir in unseren «Mitgestaltungs-Workshops» Betriebsräte und Führungskräfte, fragen, was möglich wäre, wenn sie ihre vorab definierten Ziele zusammen angehen würden, dann kommen von beiden Seiten Antworten wie «gesteigerte Motivation der Mitarbeiter», «Veränderungen würden schneller und nachhaltiger», «Spaß statt Frust», «Unsere Firma könnte Marktführer sein»; «Durch eine bessere Ausstrahlung auf die Kunden hätten wir mehr Aufträge». Die Verblüffung ist an dieser Stelle jedes Mal groß, wenn beide Parteien erkennen, wie nahe sie unter allen rollenbedingten Gegensätzen beieinander liegen. Das Gleiche gilt für die Frage, was sie bislang daran gehindert hat, das zu tun: «Gegnerschaft statt Partnerschaft», «zuviel negatives Denken», «Ängste und Kleingeist», «Beharrung auf alten Positionen». Es erfordert von beiden Seiten viel Mut und Stehvermögen, diese Hindernisse zugunsten der zusätzlichen Möglichkeiten beiseite zu schieben, die ein ehrliches Miteinander beinhaltet. Insbesondere nach schmerzhaften Veränderungsprozessen im Unternehmen oder der jahrzehntelangen Pflege alter Feindbilder ist es für manche der Beteiligten nicht leicht, von den altgewohnten Vorurteilen und Meinungen «Unter der Line» loszulassen, vor allem wenn man weiß, dass man in vorhergehenden Auseinandersetzungen recht hatte mit seinen Annahmen über den anderen. Alles Recht haben hilft nicht weiter bei der Entwicklung von Lösungsansätzen, welche die Zukunft erschließen, statt weiter die Vergangenheit zu verwalten.

Profit durch gelebtes Miteinander im Unternehmen

Im Kontext von Mitgestaltung muss niemand seine Rolle verlassen, sich verbiegen oder seine Identität preisgeben. Im Gegenteil: Dieses Modell funktioniert nur auf der Grundlage von unterschiedlichen Positionen und bereichert die Lösungsmöglichkeiten dadurch erheblich. Dieser Kontext fordert vom Betriebsrat Stärke, Stehvermögen und Konfliktfähigkeit ein, denn echtes Miteinander heißt nicht, dass jetzt alles ganz toll ist, sondern dass man frei ist, einander auch unbequeme Meinungen sagen zu dürfen, solange der grundsätzliche Respekt voreinander gewahrt bleibt. Es bedeutet, dass man auch genügend Kraft in der Hinterhand hat, falls einer der Beteiligten wieder in alte Gewohnheiten zurückfallen sollte oder eine größere Bewegung ausgelöst werden muss. Ein hoher gewerkschaftlicher Organisationsgrad ist für den Betriebsrat in solchen Momenten sehr vorteilhaft. Im Kontext von Mitgestaltung können beide Seiten die Gelassenheit aufbringen auch die guten Lösungen des anderen anzuerkennen. Es gibt eine Reihe von Betriebsräten und Unternehmensleitungen, welche genügend Souveränität für diesen produktiven Umgang miteinander besitzen. Das war zum Beispiel im Arcelor-

Auch im Miteinander die eigene Identität leben

Stahlwerk so, das im vorangegangenen Kapitel geschildert wurde, und gilt auch für das im folgenden Kapitel beschriebene Audi-Werk. Dennoch sind die gelungenen Beispiele eher die Ausnahme als die Regel und nicht selten sind sie das Ergebnis der gemeinsamen Bewältigung dramatischer Umbrüche in der Historie des Unternehmens.

Beispiel
Neue Konzepte
sichern
Arbeitsplätze

Der Kontext des Miteinanders auf Augenhöhe ist gelebte Praxis im Mannheimer Traktorenwerk von John Deere. Die vormals sehr distanzierte Position des Unternehmens gegenüber IG Metall und Betriebsrat verwandelte sich zu Beginn der 1990er in eine für beide Seiten profitable Kooperation. Als Mitte der 1990er die Produktion von Gussteilen zunehmend in den Osten und Süden Europas verlagert wurde, gingen viele deutsche Gießereien in die Insolvenz. Vor diesem Hintergrund erhielten die Mannheimer Betriebsräte die Ankündigung aus der Konzernleitung, dass die Schließung ihrer Gießerei und gleichzeitige Vergabe der Gussteileproduktion nach außen erwogen werde. Zu diesem Zeitpunkt erzeugte die Mannheimer Gießerei im Traktorenwerk etwa 70.000 Jahrestonnen Gussteile und arbeitete profitabel. Es war allerdings absehbar, dass sich, einhergehend mit der technischen Weiterentwicklung, der Bedarf an Gussteilen für die Traktoren verringern würde und damit Auslastung und Rentabilität des Gussbetriebes sänke.

Das Mannheimer Management einigte sich mit dem Betriebsrat darauf, noch keinen Beschluss für die geplanten Maßnahmen zu verkünden, um in den darauffolgenden zwölf Monaten Alternativkonzepte entwickeln und prüfen zu können. Der Betriebsrat machte sich gemeinsam mit der IG Metall sofort an die Arbeit und bezog den Gießereiverband als Sachverständigen für die technische Lösung sowie neutrale Banker für das entsprechende Finanzierungskonzept hinzu. Als Lösung wurde die Umwandlung des eigenen Gussbetriebes in eine regionale Gießerei geplant, die den Gussbedarf von zwei weiteren Mannheimer Großbetrieben mit einbeziehen und dadurch eine gleichmäßige Auslastung auf hohem Niveau erzielen würde. Die Banker hatten grünes Licht gegeben, der Gießereiverband hielt den Plan für umsetzbar und die Gießerei für überlebensfähig. Die Gießereileitung stand ebenfalls dahinter und dennoch wurde er in letzter Minute von der Konzernzentrale gestoppt.

Lerninseln
und Definition
der Kern-
kompetenzen

Statt aber frustriert im Widerstand zu verharren, schwenkten die Betriebsräte und die IG Metall sofort um in die Entwicklung neuer Perspektiven für die Stärkung der anderen Kompetenzbereiche der Fabrik und die Eingliederung der Gießereimitarbeiter in diese Abteilungen über neuartige Qualifizierungskonzepte. Alle Mitarbeiter wurden über die Einrichtung von Lerninseln im Werk neu qualifiziert, um die als Kernkompetenzzentren definierten Werkteile zu verstärken. Sämtliche neuen qualifikatorischen Anforderungen wurden ermittelt und zeitnah umgesetzt, und das Verhältnis der an- oder ungelernten Arbeitern zu den Facharbeitern wandelte sich von ehemals 70 zu 30 Prozent in ein Verhältnis von 5 zu 95 Prozent um. Als Kernkompetenzen wurden die Montage, die Getriebeherstellung, die Logistik und das Marketing betrachtet, womit in etwa die komplette Wertschöpfungskette abgebildet ist. Deshalb gab es seitdem – im Vergleich zu anderen Unternehmen – auch keinen ernsthaften Versuch, Teilbereiche aus dieser Kette auszulagern.

Die enorme Kreativität, Flexibilität und Lösungskompetenz der IG Metall und ihrer Betriebsräte in diesem herausfordernden Prozess hatte zum einen eine hohe Akzeptanz der Belegschaft für die Maßnahmen zur Folge und zum anderen einen deutlichen Ansehenszuwachs der Metaller in der Unternehmensleitung bis hinauf in die Konzernspitze. Nicht zuletzt aus diesen Gründen wurde die Zukunftsfähigkeit des Mannheimer Standortes durch die Strategie- und Investitionsentscheidungen des Konzerns nachhaltig gefördert. Die Unternehmensleitung weiß aus den Erfahrungen der vergangenen 20 Jahre in der engen Zusammenarbeit mit Betriebsrat und IG Metall, dass das Werk aus jeder Veränderung gestärkt hervorging und in Bezug auf Zuverlässigkeit und Qualität sehr gut unterwegs ist. In diesem Vertrauen werden die Betriebsräte stets in alle strategischen Weichenstellungen miteinbezogen und gestalten fortlaufend aktiv die Entwicklung ihres Werkes mit.

Fortlaufende Mitgestaltung der Werksentwicklung

2 Die Gewerkschaft

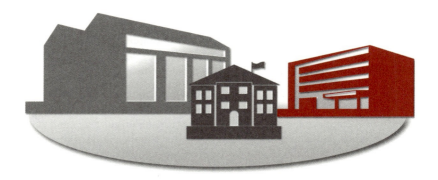

«Ich kann mir ein gutes Funktionieren unserer Wirtschaft ohne die
Gewerkschaften überhaupt nicht vorstellen.»
Bundeskanzler Konrad Adenauer

Der Kern der Gewerkschaftsidee

In einer englischen Wochenzeitung aus dem Jahr 1911 wurde die Frage gestellt: «Warum streikt der Arbeiter?» Für die beste Antwort war ein Preis von zehn Pfund Sterling ausgesetzt. Die mit dem Preis bedachte Antwort lautete:

> «Als Arbeitnehmer befinde ich mich im Besitz einer einzigen marktfähigen Ware, und das ist meine Arbeitskraft. Ich beanspruche das Recht, diese Ware zu ihrem Marktwert zu veräußern und suche, wie es ja mein Arbeitgeber auch mit seinen Waren hält, den möglichst hohen Preis dafür herauszuschlagen. Ferner trete ich, wiederum in Übereinstimmung mit den Methoden meines Arbeitgebers, einer Vereinigung bei, die den Preis, zu dem meine Arbeitskraft verkauft werden kann, festsetzt. Wir, die Mitglieder dieser Vereinigung, verpflichten uns, unsere Arbeitskraft nicht unter diesem Preis zu verkaufen. Das Recht, diese Methode anzuwenden, bestreitet mir mein Arbeitgeber, während er sie ungehindert befolgt und anwendet. Wenn ich seine Ware nicht mit dem von ihm festgesetzten Preis bezahlen will, erhalte ich sie nicht, und wenn er mir den festen Preis für meine Ware nicht zahlen will, erhält er diese auch nicht. Ich streike!!!»[3]

Der gesellschaftspolitische Kontext von Gewerkschaft

Dieses Grundprinzip hat auch nach 100 Jahren nichts von seiner Aktualität verloren, aber vor allem bei uns in Deutschland gehen die Aufgaben der Gewerkschaften mittlerweile weit über die reinen Lohnabsprachen hinaus. Hierzulande hat die Gewerkschaft einen gesellschaftspolitischen Auftrag

---

3 Aus der *Vertrauensleutezeitung* 01–2006 der IGM Homburg – Saarpfalz

angenommen, der einen viel größeren Kontext aufspannt und vor allem in den vergangenen Jahren systematisch Themen vorangetrieben hat, die vielen arbeitenden Menschen unter den Nägeln brennen. Nicht zuletzt diesem Einfluss ist es zu verdanken, dass Deutschland in einer Reihe von politischen Themen wesentlich besser aufgestellt ist, als manche seiner europäischen Nachbarn. Hunderttausende von Arbeitsplätzen konnten in der Krise 2008/2009 gerettet werden, als durch die massive Einflussnahme der Gewerkschaften die Politik dazu veranlasst wurde, Kurzarbeitsregelungen attraktiver zu machen. Die IG Metall hatte das Thema gesellschafts- und damit mehrheitsfähig gemacht durch die von ihr initiierte Kampagne «Keine Kündigung in der Krise». Viele Personalchefs nahmen die kompetente Unterstützung der Gewerkschaftsvertreter und ihrer Betriebsräte im praktischen Umgang mit diesen Instrumenten dankend an. Manche gingen gemeinsam mit den Betriebsräten aufs Arbeitsamt, um Kurzarbeit zu beantragen und dadurch den drohenden Stellenabbau zu vermeiden. Als der Aufschwung sich wieder abzeichnete, hatten die Unternehmen genügend Mitarbeiter an Bord, um die steigenden Auftragseingänge abzuarbeiten. Nirgendwo wurde der ausufernden Jugendarbeitslosigkeit wirkungsvoller begegnet als hierzulande und dazu trug die IG Metall Kampagne «Operation Übernahme», die für die Übernahme der Auszubildenden in unbefristete Arbeitsverhältnisse warb, maßgeblich bei. Dass die zunehmende Verschlechterung von Arbeitsbedingungen und Lebensperspektiven durch Leiharbeit, Werkverträge, endlose Praktika und die dramatische Ausweitung des Niedriglohnsektors zu großen gesellschaftspolitischen Themen wurden, ist unseren Gewerkschaften zu verdanken. Viele Arbeitsinhalte der im Jahre 2013 gewählten Bundesregierung, wie ein gesetzlicher Mindestlohn oder die abschlagsfreie Rente mit 63 nach 45 Arbeitsjahren, wurden durch den massiven Einfluss der Gewerkschaften aufgenommen. Das sichert vielen Arbeitnehmern in Zukunft nicht nur menschenwürdige Lebensbedingungen, sondern bewahrt unsere Gesellschaft insgesamt davor, zunehmend aus der sozialen Balance zu geraten. Nichts gefährdet die Stabilität unserer Gesellschaft langfristig so sehr, wie das schleichende Auseinanderdriften von zunehmender Armut auf der einen Seite und anwachsendem Reichtum auf der anderen. Der langfristige wirtschaftliche Schaden durch die soziale Destabilisierung würde beim weiteren Aufgehen dieser Schere, um ein vielfaches höher ausfallen, als die kurzfristige Gewinnmaximierung durch Niedriglöhne je wieder gutmachen könnte. Zudem beraubt diese Kurzsichtigkeit uns unserer traditionellen Stärken von gelebter Sozialpartnerschaft, Kreativität und Innovationsfähigkeit.

Die betriebliche Sozialpartnerschaft auf der Basis starker Gewerkschaften ist seit der Entstehung der Bundesrepublik ein zentraler Baustein des deutschen Wirtschaftswunders. Dieses Erfolgsmodell erfuhr spätestens von 2009 **«The German Wonder»** an viel internationale Aufmerksamkeit, als durch die vereinten Anstrengungen von Gewerkschaften, Betriebsräten, Unternehmen und Arbeitgeberverbänden «The German Wonder» relativ unbeschadet aus der Krise in den anschließenden wirtschaftlichen Aufschwung einschwenkte. Seitdem ist die Mitbestimmung zu einem weiteren deutschen Exportschlager geworden und dient einer Reihe von europäischen und außereuropäischen Ländern als Vorbild für die Modernisierung ihres eigenen sozialen Interessenausgleichs.

Krisenbewältiger und Innovatoren

Vor diesem Hintergrund halten wir für eine proaktive, professionelle und profitable Mitgestaltung am Unternehmen eine enge Kooperation mit der zuständigen Gewerkschaft für unabdingbar. Detlef Wetzel beschreibt in seinem Buch «Mehr Gerechtigkeit wagen» die Fülle an Insolvenzen, die er in seiner damaligen Funktion als Bevollmächtigter der Geschäftsstelle Siegen während des dramatischen Strukturwandels in der Metallindustrie Mitte der 1990er bewältigen musste. Er beschreibt dort, dass die Gewerkschaftler nicht selten diejenigen waren, die sich nach dem Schiffbruch einer verfehlten Unternehmensstrategie um die Reste des Unternehmens und seiner Mitarbeiter kümmerten.

Beispiel Die Gewerkschaft unterstützt einen Betrieb, sich neu zu erfinden

Im John Deere-Werk von Mannheim drohte 1993 die betriebsbedingte Kündigung von 751 Mitarbeitern. Die Traktorenproduktion war, bedingt durch die Krise in der Landwirtschaft, binnen eines Jahres um mehr als die Hälfte eingebrochen und es war kein Ende dieser Situation absehbar. In dieser Lage suchte die IG Metall gemeinsam mit ihren Betriebsräten den Dialog mit der Unternehmensleitung und beschritt völlig neue Wege. Gegenstand der Diskussion waren nicht die Versäumnisse der Vergangenheit, oder der aktuelle Zustand – der ohnehin offensichtlich war, sondern die Beschreibung der Zukunft. Wie werden Traktoren in 15 Jahren aussehen? Was wird in Zukunft von der Landwirtschaft gebraucht? Welche Kernkompetenzen haben wir jetzt, die auch in 15 Jahren noch benötigt werden? Zur Verhinderung der Kündigungen organisierten die IG-Metall-Betriebsräte in Absprache mit der Firmenleitung Zukunftswerkstätten, um ihren Betrieb neu zu erfinden. Sie beschrieben gemeinsam mit den Mitarbeitern eine profitable Zukunft, mit neuen Prozessen und Abläufen, einer neuen Arbeitsorganisation in Gruppenarbeit und Flexibilisierung von Arbeitszeiten. Die Kernkompetenzen der Fabrik wurden entlang der vorauszusehenden technischen Entwicklung neu definiert. Die Ergebnisse gingen als Wanderausstellung durch den Betrieb und Mitarbeiter konnten sich dort mit weiteren Ideen einbringen. Durch diese breit angelegte Beteiligung erfuhren sämtliche Umstrukturierungsmaßnahmen eine breite Zustimmung in der Belegschaft und konnten in Summe dazu beitragen, dass keine einzige betriebsbedingte Kündigung ausgesprochen werden musste. Der Standort ging gestärkt aus der Krise hervor.

Als vor Kurzem ein amerikanischer Investor nach der Übernahme eines Mannheimer Unternehmens durch seine Vorgehensweise und der Gesprächsverweigerung gegenüber Betriebsrat und örtlicher IG Metall Widerstand hervorrief, wandten sich die Manager hilfesuchend an die Konzernzentrale eines großen amerikanischen Konzerns, der auch in Mannheim ansässig ist, um Ratschläge für den Umgang mit diesem ihnen unbekannten Phänomen einzuholen. Sehr zur Überraschung des Investors wurde die gute und erfolgreiche Zusammenarbeit mit der IG Metall betont. Aus Sicht der Konzernleitung überzeugten die Gewerkschafter und die Betriebsräte mit guten Lösungsideen, die Verhandlungsergebnisse hatten jedes Mal den Standort gestärkt und das Mannheimer Werk galt im Konzern als Vorbild für Termintreue, Qualität, Zuverlässigkeit und Flexibilität.

Positive Rückmeldung aus den USA

So wie dieses Beispiel sind auch viele von den in der Einführung beschriebenen Firmenrettungen mit anschließender Erfolgsgeschichte der Kompetenz der Gewerkschaften in Sachen Arbeit und Durchsetzungsfähigkeit zu verdanken. In den wirtschaftlich schwierigen Jahren 2008/2009 hat insbesondere die IG Metall mit innovativen Konzepten und weitreichenden politischen Forderungen einen großen Anteil an der Meisterung der Krise in Deutschland. Aber nicht nur im Hinblick auf Krisenbewältigung, sondern auch für die Entwicklung von tragfähigen Zukunftsstrategien können Gewerkschaften mittlerweile umfassendes Know-how zur Verfügung stellen und innovative Ansätze der Betriebsräte wirksam flankieren. Die «Besser-statt-Billiger»-Kampagne der IG Metall lieferte gute Beiträge zur Steigerung der Innovationsfähigkeit vieler Unternehmen.

Innovative Konzepte und Zukunftsstrategien

Das Audi-Werk in Neckarsulm ist herausragendes Beispiel für ein Unternehmen, in dem die Stärke gewerkschaftlicher Interessenvertretung ein wesentlicher Faktor des Unternehmenserfolges ist. Der gewerkschaftliche Organisationsgrad dort beträgt rund 92 % und reicht bis ins Top-Management. Das Verhältnis zwischen Betriebsrat, Gewerkschaft und Werkleitung ist traditionell von einem sehr kooperativen Verständnis geprägt. Alle Seiten betonen, dass sie gerade diese gute Zusammenarbeit als Schlüssel dafür betrachten, dass dieses Werk 2013 als beste Automobilfabrik Asiens und Europas ausgezeichnet wurde. Ohne den massiven Einsatz der IG Metall und ihrer Betriebsräte wäre das Werk allerdings 1975 vom VW-Konzern geschlossen worden. Mit ihrem Beitrag zum Fortbestand des Werkes begründete die Gewerkschaft damals eine Erfolgsgeschichte, die sich bis heute in Rekord-Umsatzzahlen und ordentlichen Gewinnen niederschlägt. Hier weiß man sich auch miteinander zu verständigen, wenn es darum geht, gemeinsam mit den Betriebsräten vor Ort und den Aufsichtsräten der Arbeitnehmer im Konzern selbstbewusst für den Neckarsulmer Standort einzustehen. Der Austausch zwischen

Gewerkschaftliche Stärke als Erfolgsfaktor des Unternehmens

beiden Seiten findet auf Augenhöhe statt und hat bei allen Meinungsverschiedenheiten immer das Ganze im Blick.

Gewerkschaften im Wandel

Die Gewerkschaften haben in den vergangenen Jahren einen immensen Wandel durchlaufen und sich selbst an manchen Stellen neu erfunden. Sie haben sich vielerorts als Innovationsmotoren für zukunftsfähige Arbeitsmodelle von ihrem «Dinosaurier- oder Betonkopf-Image» befreit und sind durchaus in der Lage, auch für bislang gewerkschaftsfernere Klientel, wie Angestellte aus den Entwicklungs- oder Vertriebsbereichen, brauchbares Handwerkszeug bereitzustellen.

Wissen und Mobilisierungskraft für Turn-Around

Auch bislang gewerkschaftsfernere Betriebsräte sind gut beraten, sich nicht von alten Vorurteilen gegenüber Gewerkschaften oder dem momentanen wirtschaftlichen Erfolg ihres Unternehmens blenden zu lassen. Es ist vor allem in mittelständisch geprägten Familienunternehmen oft nicht so leicht, die gewerkschaftliche Stärke als Erfolgfaktor des Unternehmens darzustellen, wie in dem oben zitierten Audi-Werk. Aber wie viele einstmals starke Unternehmens-Ikonen sind durch falsche strategische Weichenstellungen in die Liquiditätskrise geraten und anschließend zur leichten Beute für Heuschrecken-Investoren geworden, filetiert, ausgeweidet und verramscht. Ohne einen breiten gewerkschaftlichen Rückhalt fehlt dem Betriebsrat spätestens in diesen Momenten das Wissen und die Mobilisierungskraft für den erfolgreichen Turnaround, der auch dem Unternehmen selbst zugutekommt. Wird bereits zu einem früheren Zeitpunkt auf «Besser-statt-Billiger»-Strategien zurückgegriffen, können die strategischen Entscheidungen des Unternehmens rechtzeitig mit einer zusätzlichen Perspektive flankiert und dadurch tragfähiger gestaltet werden. Der Bundesgerichtshof brachte diesen Zusammenhang in seinem Urteil aus dem Jahre 1984 auf den Punkt: «Ein Arbeitnehmer ist auf die Mitgliedschaft in der Gewerkschaft angewiesen, wenn er im sozialen Bereich angemessen und schlagkräftig repräsentiert sein will.»

Runder Tisch bündelt Kräfte zur Krisenbewältigung

In der Geschäftsstelle Gaggenau wurde beispielsweise 2009 von der IG Metall ein runder Tisch organisiert, an dem Betriebsräte und Unternehmer, Vertreter der Arbeitgeber- und Gewerbeverbände, Banker, Gemeinde- und Landkreispolitiker sowie Repräsentanten von Kirchen und Vereinen eingeladen wurden, den drohenden Auswirkungen der Krise auf die Region gemeinschaftlich zu begegnen. Die ganze Region erörterte auf diesem vertraulichen Forum, wie man drohenden Arbeitsplatzverlusten und platzenden Hauskrediten entgegenwirken kann, und durch eine Reihe von gemeinsamen Maßnahmen konnte anschließend der Krise die Spitze genommen werden. Die IG Metall stellte ihre gewerkschaftliche Kernkompetenz zur Organisation und Mobilisierung sämtlicher Potenziale zur Verfügung. Von den Ergebnissen konnten letztendlich viele Unternehmen profitieren.

Auch im Unternehmen selbst kann der Betriebsrat seinen Einflussbereich erheblich ausweiten, indem er auf die gute Organisation gewerkschaftlicher Strukturen in Form von Vertrauensleuten zurückgreift. Vertrauensleute sind die von Gewerkschaftsmitgliedern gewählten gewerkschaftlichen Interessenvertreter im Betrieb. Sie sind das Bindeglied zwischen Belegschaft und Gewerkschaft. Sie haben gewerkschaftliche Befugnisse und dürfen im Gegensatz zum Betriebsrat aktiv an Tarifrunden teilnehmen, Warnstreiks oder Streiks organisieren. Darüber hinaus operieren sie oft als Verbindung zwischen den Betriebsräten und den Beschäftigten an der Basis.

Vertrauensleute erhöhen den Einflussbereich im Betrieb

In den meisten Betrieben jedoch führen die Vertrauensleute bislang ein Schattendasein hinter dem Betriebsrat, so wie es vor dem Leitbild-Prozess im Neckarsulmer Audi-Werk der Fall war. Viele von ihnen stehen nur auf dem Papier zur Verfügung und manche Vertrauensleute sehen ihren einzig wichtigen Beitrag in der Teilnahme an den regelmäßigen Vertrauensleute-Sitzungen, bei denen Informationen mit dem Betriebsrat ausgetauscht werden. Es wird viel diskutiert, aber in den wenigsten Fällen findet gezielte Beteiligung oder geplante Mitarbeit statt.

Hier kann sich der Betriebsrat eine verlängerte Werkbank schaffen, indem er ein breit gefächertes Netzwerk von Vertrauensleuten aufbaut und in die praktische Arbeit einbindet. Vertrauensleutearbeit ist ein niederschwelligeres Angebot als die Betriebsratsarbeit und kann Menschen für die Vertretung von Arbeitnehmerinteressen gewinnen, wenn sie gut strukturiert und organisiert ist.

Unterstützung des Betriebsrats durch Vertrauensleute

Menschen werden durch attraktive Ziele und strukturiertes Vorgehen zur Mitarbeit inspiriert, und leisten dann auch gerne einen Beitrag. Nichts ist dafür geeigneter, als das Aufgreifen eines unmittelbar wichtigen, betrieblichen Themas, das in Absprache zwischen der Leitung der Vertrauensleute und dem Betriebsrat, als ein scharf umrissenes Projekt mit klar definierten Eckpunkten strukturiert wird und die Vertrauensleute gezielt in die Bearbeitung dieses Themas einbindet.

Im Strategiekapitel berichteten wir über die erfolgreiche Kampagne «Vereinbarkeit von Familie und Beruf», die 2008 am Standort eines Automobilzulieferers durchgeführt wurde. Dreh- und Angelpunkt des Erfolges dieser Kampagne war die aktive Beteiligung des Vertrauenskörpers mit etwa 150 Vertrauensleuten. Es wurde zu ihrer Aufgabe, die persönliche Verteilung und das Einsammeln von Fragebögen an ihre Kollegen durchzuführen und diese Kontakte auch zum persönlichen Austausch über das Thema zu nutzen. Die Vertrauensleute wurden durch dieses Projekt aus ihrer Hintergrundrolle hervorgeholt, konnten sich mit ihren Ideen innovativ und lösungsorientiert einbringen und wurden durch die positive Resonanz ihrer Kollegen

Praktische Erfolge der Vertrauensleutearbeit

zur Intensivierung ihrer Arbeit angespornt. Die Geschäftsleitung setzte die Lösungsvorschläge der Vertrauensleute in entsprechende Maßnahmen um, und damit konnten die Vertrauensleute auch praktische Erfolge vorweisen. Gleichzeitig konnten in den Schulungen für das Projekt soziale Kompetenzen erlernt werden, die sich auch persönlich in Situationen im Betrieb oder anderen sozialen Zusammenhängen nutzen ließen. Dieses Vorgehen wurde von den Vertrauensleuten als überaus profitabel erlebt und machte Lust auf mehr Mitgestaltungsmöglichkeiten.

Vertrauensleute als Sachverständige des Betriebsrats Vertrauensleute können vom Betriebsrat jederzeit als Sachverständige zu Themen hinzugezogen werden und dadurch gemeinsam mit den Betriebsräten an Themen arbeiten oder in den Austausch mit Führungskräften gehen. Wir haben Betriebsräte kennengelernt, die ihren Vertrauensleuten auf dieser Basis viel Verantwortung übertrugen, sie in wichtige Verhandlungen mit Führungskräften mitnahmen und dadurch das Ansehen der Vertrauensleutearbeit deutlich steigerten. Vor allem in größeren Betrieben, in denen ein Betriebsrat die Interessen von mehreren hundert Beschäftigten zu vertreten hat, müssen gut qualifizierte und strukturiert aufgestellte Vertrauensleute Betreuungsaufgaben übernehmen, um den Wirkungskreis des Betriebsrats auch in die Randbereiche des Unternehmens auszudehnen. Solange der Betriebsrat betriebliche Themen proaktiv und beteiligungsorientiert verarbeitet, sind die Ängste mancher Betriebsräte vor der Abgabe von zuviel Verantwortung und Kompetenzen an die Vertrauensleute unbegründet. Ganz im Gegenteil können die Betriebsräte dadurch wiederum mehr Verantwortung für die aktive Mitgestaltung ihrer Arbeitswelt übernehmen.

«Vorsprung durch Menschen» Um diese Ressourcen wirkungsvoll zu nutzen und eine Vielzahl von Multiplikatoren für eine erfolgreiche Interessenvertretung zu gewinnen, können die Vertrauensleute den gleichen Veränderungsprozess durchlaufen, wie er im «Haus der Entwicklung» für die Betriebsräte skizziert wurde. Die Vertrauensleute aus Neckarsulm leisten auf diesem Gebiet gerade Pionierarbeit. In den kommenden Monaten werden sicher eine Reihe von weiteren innovativen Ansätzen aus diesem Gremium zu erwarten sein. Mit einem klaren Rollenverständnis, einer schlüssigen Strategie, einem guten Miteinander, proaktiven Projekten und guter Öffentlichkeitsarbeit können viele Vertrauenskörper regelrecht revitalisiert werden. Das Konzept der Audiander «Vorsprung durch Menschen!» hat uns davon überzeugt, dass sich die Kraft vieler Vertrauensleute problemlos auf die Straße bringen lässt, wenn der Bau des «Hauses der Entwicklung» sorgfältig durchgeführt wurde. Hier findet eine grundlegende Restrukturierung und Neuausrichtung der Vertrauensleutearbeit statt, die auch die Interessenvertretungen anderer Betriebe dazu anregen könnte, sich in diese Richtung weiterzuentwickeln.

Wenn dieser Schritt gegangen wird, hat das wiederum unmittelbare Auswirkungen auf die Gewerkschaft vor Ort. Ihre Mitarbeiter sehen sich auf einmal ganz anders gefordert, als es in der Vergangenheit der Fall war. So wie der Betriebsrat von Kolbenschmidt sein neues Leitbild als gefährlich ansah, weil es die Betriebsräte auf eine bislang unbekannte Art in die Pflicht nehmen würde, so kann eine proaktive, professionelle und profitable Allianz aus Betriebsrat und Vertrauensleuten beträchtlichen Druck auf die Hauptamtlichen der Gewerkschaft ausüben.

Auswirkung auf die Geschäftsstelle

Es gibt viele gewerkschaftliche Geschäftsstellen, die personell, strategisch und strukturell in der Lage sind, diesen zusätzlichen Druck aufzugreifen und in bessere Ergebnisse umzuwandeln. Sie sind jederzeit auf Ballhöhe und liefern rechtzeitig, was inhaltlich und logistisch für eine gelebte Mitgestaltung in den Betrieben gebraucht wird. Sie sind optisch ansprechend gestaltet, operieren professionell und lassen keine Spur aufkommen von der altbackenen Piefigkeit, die mancher Funktionär vergangener Tage um sich herum verbreiten konnte. Ihre Hauptamtlichen arbeiten dort, wo die höchsten Profite für die Interessenvertretung der Arbeitnehmer zu erwarten sind und haben sich im zweiten Quadranten des Eisenhower-Modell entsprechend strategisch positioniert.

Proaktive, professionelle und profitable Gewerkschaft

Manchmal sind die Geschäftsstellen auf diesem Gebiet ihren Gremien ein Stück voraus und manchmal ist es umgekehrt. Deshalb ist es an dieser Schnittstelle elementar, dass beide Seiten sich eng darüber austauschen, wie die Prozesse der Interessenvertretung fortlaufend gemeinsam optimiert und vorangetrieben werden können, um das Maximum an Mitgestaltung sowohl in den Unternehmen vor Ort als auch bei den gesellschaftspolitisch relevanten Entwicklungen zu erzielen.

3 Die Region

«Tradition heißt nicht, Asche verwahren,
sondern eine Flamme am Brennen halten.»
Jean Jaures

**Wertschätzung
der Region**

Der letzte Abschnitt dieses Buches widmet sich der Verankerung von Arbeitnehmervertretungen in ihrer Region. Hinter jedem Arbeitsplatz stehen Angehörige und Familien, Zulieferer, Händler, Handwerker und kommunale Steuereinnahmen. Um viele Unternehmen herum ist über Generationen hinweg ein soziales Geflecht entstanden, bei dem es keine Seltenheit ist, dass Kinder ihre Ausbildung und ihren beruflichen Werdegang am gleichen Arbeitsplatz beginnen, wie ihre Eltern. Häufig verbindet die Mitarbeiter eine hohe Identifikation mit ihrem Unternehmen, oft sogar regelrechter Stolz.

Ganze Infrastrukturen sind um die Betriebe herum gewachsen: Straßen, Bahn- und Hafenanschlüsse, Berufsschulen und andere Bildungseinrichtungen, von denen das Unternehmen mit qualifizierten Arbeitskräften, funktionierender Verkehrsanbindung und Versorgungseinrichtungen gespeist wird. Manche Unternehmen sind in ihrer Region in enge Kooperationen mit dort ansässigen Hochschulen und anderen Unternehmen eingebunden und an einigen Stellen haben sich sogenannte Cluster von branchenübergreifender Zusammenarbeit entwickelt. Diese Verbundenheit und regionale Verwurzelung ist ein kostbares Gut, das vor allem bei den zunehmenden Zentralisierungstendenzen großer Konzerne immer weniger Wertschätzung erfährt. Aus Konzernsicht erscheinen einzelne Standorte im globalen Wettbewerb austauschbar, Produktionen beliebig verlagerbar und mittlerweile werden selbst die Quellen von Know-how im eigenen Land infrage gestellt.

Umso wichtiger ist es für Betriebsräte, das regionale Bewusstsein aktiv in ihre Mitgestaltung mit einzubeziehen, entsprechende Netzwerke in ihrer Region gezielt auszubauen und immer wieder die Rückbesinnung auf den Erfolgsfaktor der Verbundenheit anzumahnen. Was dadurch im Extremfall bewirkt werden kann, möchten wir hier zum Schluss an einem Beispiel verdeutlichen, das uns in unserer Zusammenarbeit mit den Betriebsräten von Siemens in Bad Neustadt begegnet ist:

Regionale Netzwerke

Zwei Tage nach der Hauptversammlung der Siemens AG im Januar 2010, bei welcher der Vorstandsvorsitzende Peter Löscher einen Quartalsgewinn von 1,5 Milliarden Euro verkündet hatte, erhielten die Kolleginnen und Kollegen bei einer Informationsveranstaltung die Nachricht, dass 840 von den etwas über 2.000 Arbeitsplätzen in Bad Neustadt abgebaut werden müssten, damit Siemens konkurrenzfähig bleibe.

Beispiel Die Rhön steht auf!

Am gleichen Tag begann mit einer ersten Protestkundgebung vor dem Werktor eine kraftvolle Demonstration von Solidarität, spontan organisiert durch die Betriebsräte und die IG Metall und unterstützt durch den DGB, den Bürgermeister, den Landrat, die komplette Belegschaft und etwa 1.000 Mitarbeiter anderer Bad Neustädter Betriebe. Der Landrat setzte schon am Vormittag alle Hebel in Bewegung und informierte die Fraktionsvorsitzenden des Kreistags. Die Bezirksregierung Unterfranken wurde bereits am darauffolgenden Tag im bayerischen Wirtschaftsministerium in München vorstellig und setzte auch Ministerpräsident Horst Seehofer gehörig unter Druck.

Die Lokalzeitung «Rhön- und Saale-Post» stellte sich vom ersten Tag an hinter die Betroffenen und begleitete in den folgenden vier Monaten äußerst engagiert die Ausweitung der Solidaritätsbewegung unter dem Motto «Die Rhön steht auf!»

Drei Tage nach der Verkündung des Stellenabbaus trafen sich bereits Abgeordnete verschiedener Parteien aus Landtag und Bundestag mit dem Betriebsrat und der Werksleitung in Bad Neustadt und in den kommenden Tagen formierte sich auf allen politischen Ebenen ein breites Bündnis, in dem FDP-Politiker genauso anzutreffen waren, wie ihre Kollegen von Freien Wählern, den Grünen, der SPD und der CSU. Als am 3. Februar der Wirtschaftsminister vor Ort eintraf, fand er sich nicht nur einer breiten Masse von Siemensianern und sich solidarisierenden Demonstranten aus anderen Betrieben der Region gegenüber, sondern auch einer Resolution, die unter anderem von den Oberbürgermeistern von Würzburg und Schweinfurt, den Geschäftsführern der IHK und der Handwerkskammer, den Präsidenten der Universität Würzburg und der Fachhochschule Schweinfurt sowie allen Landräten der Region unterzeichnet war: «Die Region Mainfranken fordert von der Siemens AG nachdrücklich, den Standort in Bad Neustadt im eigenen Interesse in der derzeitigen Struktur zu erhalten oder die bestehenden Arbeitsplätze durch die Verlagerung von neuen Produkten und Funktionen dauerhaft zu sichern ...»

Die IG Metall brachte gemeinsam mit ihren Betriebsräten nicht nur ihre Kernkompetenz zur Organisation und Mobilisierung der Arbeitnehmer mit ein, sondern machte von Anfang an klar, dass es hier nicht um einen sozialverträglichen Stellenabbau gehe, sondern um eine Zukunftsperspektive. Nicht zuletzt stand die Kaufkraft einer ganzen Region auf dem Spiel. Der Stadtkämmerer von Bad Neustadt flankierte diese Position durch die Befürchtung von einem drohenden Minus von bis zu 30 Millionen Euro in der Stadtkasse. Zur gleichen Zeit schrieb der Bischof von Würzburg einen offenen Brief an den Vorstandsvorsitzenden Herrn Löscher, in dem er ihn darum bat, die getroffenen Entscheidungen zu überdenken und zum sozialen Frieden im Land beizutragen. Er rief gleichzeitig die katholische Kirche zur Teilnahme an der für den nächsten Tag geplanten Demonstration in Bad Neustadt auf. Dieser Aufruf wurde von der Regionalstelle Jugendarbeit an Schüler- und Jugendgruppen weitergegeben, die dazu angehalten wurden, mit Transparenten und Trillerpfeifen daran teilzunehmen. Insgesamt folgten dem Aufruf aus IG Metall, Politik, Kirche, Stadtverwaltung, Lokalzeitung, Jugend- und Sozialverbänden zwischen 8.000 und 10.000 Menschen, die sich auf dem Marktplatz von Bad Neustadt versammelten.

Es folgten in den kommenden Wochen eine Fülle offener Briefe der katholischen und evangelischen Dekanate, von Politikern aller Couleur und schließlich – nach entsprechenden Aufrufen von Betriebsrat, Landrat und Bürgermeister an die Öffentlichkeit – sogar hunderte von Briefen an Herrn Löscher und die bayerische Landesregierung. Parallel starteten in vielen katholischen und evangelischen Kirchen sogenannte Montagsgebete (analog zu den Montagsgebeten, die 20 Jahre zuvor von Leipzig ausgehend den Stein zum Mauerfall ins Rollen gebracht hatten) gegen den Stellenabbau.

Es gab über Monate hinweg im Wochentakt weitere Protestkundgebungen bei Siemens und den umliegenden Betrieben, die die Ende Februar begonnenen Verhandlungen zwischen Betriebsrat und Firmenleitung begleiteten. Immerhin gesellte sich von Mitte März an eine technische Kommission zu den Verhandelnden, um Alternativen für das Standortkonzept zu prüfen.

Am 18. März versammelten sich hunderte von Auszubildenden und Schülern der Region unter der Motto «Bau mit – hier ist Deine Zukunft» auf dem Marktplatz und entfalteten ein Feuerwerk an Kreativität, um die Region vor dem Ausbluten zu bewahren. Zehn Tage später zogen 2.000 Anhänger beider Konfessionen am Ende der vorösterlichen Fastenzeit auf einem «Kreuzweg» quer durch die Stadt, um ein deutliches Zeichen gegen den Stellenabbau zu setzen.

Am 20. April meldete der Landrat, dass Bewegung in die Sache gekommen sei. Er habe in einem Telefonat mit dem Ministerpräsidenten erfahren, dass in Spitzengesprächen der Landesregierung bereits von der Konzernzentrale zugesagt wurde, 200 Arbeitsplätze weniger zu streichen und an anderer Stelle 100 neue zu schaffen.

Hallo München – Die Rhön kommt

Bislang war allerdings keiner der Siemensmanager selbst vor Ort erschienen. Der Betriebsratsvorsitzende quittierte diese Tatsache mit der Bemerkung «Wenn Sie nicht nach Bad Neustadt kommen, um mit uns zu reden, dann kommen wir eben nach München». Er ließ es nicht bei den Worten bewenden und so fuhren am 28. April unter dem Motto «Hallo München, die Rhön kommt» rund 50 Busse mit 2.300 Menschen aus der Rhön zur Konzernzentrale am Wittelsbacher Platz, unweit der bayerischen Landesregierung. Zwar ließ sich aus der Konzernführung niemand sehen, aber die Wirkung der Aktion war offensichtlich, als die Verhandlungen im Mai fortgesetzt wurden. Bei der anschließenden Verhandlung wiederum konnte eine Sammlung von 75.000 Unterschriften übergeben werden, die sich gegen den Stellenabbau richteten. Das entspricht in etwa der Einwohnerzahl des Landkreises Rhön-Grabenfeld.

Immerhin konnten als Verhandlungsergebnis betriebsbedingte Kündigungen verhindert und eine Personaluntergrenze von 1.600 Mitarbeitern festgezurrt werden. Gleichzeitig wurde mit dem Aufbau von 130 Stellen in neuen Produktbereichen begonnen. Von diesem Zeitpunkt an wurde in Bad Neustadt in Zusammenarbeit mit der bayerischen Landesregierung ernsthaft daran gearbeitet, die Region zur Modellregion für Elektromobilität auszubauen. Die IG Metall unterstützte das Projekt über ihren Sitz im Lenkungskreis der nationalen Plattform für Elektromobilität.

Eineinhalb Jahre nach dieser Auseinandersetzung beschäftigt Siemens in Bad Neustadt 2.300 Menschen. Weniger rentable Bereiche sind geschrumpft, dafür wurden neue und äußerst profitable Produkte aufgebaut. Die Firma konnte beim Produktneuaufbau unmittelbar auf ihren eigenen Personalstamm zurückgreifen und der Standort schreibt gute Zahlen. Rückblickend stellte der Bürgermeister von Bad Neustadt fest: «Die Solidarität aller hat nicht nur in Richtung der Siemens AG und der Staatsregierung gewirkt, sondern auch nach innen in unsere Stadt, in die gesamte Region. Wir sind uns bewusst geworden, dass wir geschlossen regional denken und handeln müssen. Das sollte auch künftig unser Denken und Handeln bestimmen. Wir entscheiden in den allermeisten Fällen selbst, was wir an Lebensqualität, an Einrichtungen, an Erzeugerbetrieben, an Einzelhandelsgeschäften und damit an Arbeitsplätzen in der Region erhalten oder gar zusätzlich schaffen können. Wir alle können uns auch künftig auf die Aktion «Die Rhön steht auf!» besinnen, wenn es darum geht, für unsere Region einzutreten, Probleme anzugehen und für die Menschen in der Region zu kämpfen.»[4]

Viele der damals Beteiligten befinden sich bis heute im regelmäßigen und freundschaftlichen Austausch, um die Herausforderungen in ihrem Umfeld weiterhin ganzheitlich und gemeinsam zu betrachten.

---

4   Aus dem Vorwort zum Buch *Die Rhön steht auf! Chronik eines Arbeitskampfes*

Anhang

Literatur

Breitbach, Michael / Hering, Klaus / Kruse, Wilfried: *Globale Unternehmen und lokale Interessenvertretung: Stahl-Betriebsräte vor Ort: Machtvoll & ohnmächtig?* VSA-Verlag, Hamburg 2013.

Collins, Jim: *Der Weg zu den Besten. Die sieben Management-Prinzipien für dauerhaften Unternehmenserfolg.* Campus-Verlag, Frankfurt / New York 2011.

Connors, Roger / Smith, Tom / Hickmann, Craig: *The OZ Principle.* Prentice Hall Press, New York 2004.

Covey, Stephen R.: *Die sieben Wege zur Effizienz.* Gabal Verlag, Frankfurt am Main 1999.

Doppler, Klaus / Lauterburg, Christoph: *Change Management. Den Unternehmenswandel gestalten.* Campus-Verlag, Frankfurt / New York 2005.

Jost, Hans Rudolf: *Best of Bullshit. Worthülsen aus der Teppichetage.* Orell Füssli-Verlag AG, Zürich 2009.

Peck, M. Scott: *Der wunderbare Weg.* Golmann, München 1997.

Sauer, Stefan: *Die Rhön steht auf. Chronik eines Arbeitskampfes.* Rhön- und Saalepost, Bad Neustadt 2011.

Thomann, Christoph: *Klärungshilfe 2. Konflikte im Beruf.* Rowohlt Taschenbuchverlag, Reinbek bei Hamburg 2004

Wetzel, Detlef: *Mehr Gerechtigkeit wagen. Der Weg eines Gewerkschafters.* Hoffmann und Campe, Hamburg 2012.

Nähere Informationen zum Buch, zum Thema «Mitgestaltung» und den darauf aufbauenden Workshops erhalten Sie unter:

Web: www.die-mitgestalter.com

E-Mail: info@die-mitgestalter.com

Autoren

Dirk Reiche

... ist einer der beiden Gründer der Firma «Die Mitgestalter». Er arbeitet seit seiner Ausbildung zum Automechaniker vor 30 Jahren und seinem anschließenden Studium zum Maschinenbauingenieur an der Verbindung zwischen Bodenständigkeit und Dynamik, zwischen praktisch Bewährtem und erneuernden Impulsen sowie zwischen dem Funktionalen und dem Visionären.

Aufgrund dieser Erfahrungen und seiner gewerkschaftlichen Verwurzelung zeichnet sich seine Arbeit mit Arbeitnehmehervertretungen durch Leidenschaft, Stehvermögen und Effektivität aus. Er ist in der Lage, die Geradlinigkeit des Engineerings mit tiefer Einsicht in die zwischenmenschliche Dynamik von Organisationen zu kombinieren.

Arbeitnehmervertreter und Unternehmer schätzen gleichermaßen die frische und unkonventionelle Art, mit der er alle Mitglieder eines Unternehmens dafür gewinnt, miteinander an die Arbeit zu gehen, gemeinsam zu gestalten und angestrebte Resultate zu erreichen.

Rainer Wietstock

Seit seiner Ausbildung 1970 zum Elektromechaniker in den John Deere Werken Mannheim ist
es für ihn eine Berufung, für die Interessen der
Arbeitnehmer einzutreten.

Besonderen Wert legt er darauf, praktische Solidarität zu leben und mitzugestalten – ob als IG-Metall-
Vertrauensmann, Betriebsrats-, Gesamtbetriebs-
ratsvorsitzender oder Vorsitzender des europäischen Betriebsrats.

Die größte Herausforderung sieht er darin, in den
demokratisch gewählten Gremien mit wiederholt wechselnder Zusammensetzung ein stetig erfolgreiches Team zu organisieren, das sowohl Altbewähr-
tes erhalten als auch Neues ausprobieren kann. Nur ein solches Team ist in
der Lage, im Interesse der Arbeitnehmer auf Augenhöhe mit der Unternehmensleitung zu verhandeln und sich auch an den Ergebnissen messen und
beurteilen zu lassen.

Eine starke und durchsetzungsfähige IG Metall, in der er auch als Tarifkom-
missionsmitglied und ehrenamtliches Vorstandsmitglied tätig ist, bildet aus
seiner Sicht neben einem professionell arbeitenden Betriebsratsgremium
den Schlüssel zum Erfolg.

Klaus Wolf

Klaus Wolf, Mechaniker aus Leidenschaft, ist der andere Gründer der Firma «Die Mitgestalter». Zuvor war er Mitglied im Leitungsteam einer Fachklinik, die Menschen mit Abhängigkeitserkrankungen behandelt, und hatte neben seiner fachlichen Tätigkeit das Amt des Betriebsratsvorsitzenden inne. In dieser Zeit konnte er die Freuden und Leiden der Arbeitnehmervertretung persönlich erfahren und zudem sein umfangreiches Wissen als Lehrbeauftragter auch an den Hochschulen für Sozialwesen in Freiburg im Breisgau weitergeben.

Durch seine Tätigkeit in Leitungsfunktionen ist er vertraut mit der Führung von Mitarbeitern, Organisationsentwicklung, Moderationstechniken und der Steuerung von Gruppenprozessen. Als zertifizierter Mediator löst er erfolgreich Konflikte. Teambildung, Prozessberatung und Coaching zählen seit über 20 Jahren zu seinem Handlungsfeld.

Seine Stärke liegt in der schnellen, klaren und präzisen Analyse. Er steht für klare Strukturen, gibt der Intuition Raum, und stellt stets die Menschen in den Mittelpunkt.